高等院校旅游管理专业大专教材

旅 游 经 济 学

（第二版）

罗明义　编著

南开大学出版社
天　津

图书在版编目(CIP)数据

旅游经济学 / 罗明义编著. —2 版. —天津：南开大学出版社，2004.3 (2008.8重印)

高等院校旅游管理专业大专教材

ISBN 978-7-310-01142-1

Ⅰ.旅... Ⅱ.罗... Ⅲ.旅游经济学－高等学校－教材 Ⅳ.F590

中国版本图书馆 CIP 数据核字(2003)第 101336 号

南开大学出版社出版发行

出版人:肖占鹏

地址:天津市南开区卫津路 94 号 邮政编码:300071

营销部电话:(022)23508339 23500755

营销部传真:(022)23508542 邮购部电话:(022)23502200

*

天津泰宇印务有限公司印刷

全国各地新华书店经销

*

2004 年 3 月第 2 版 2008 年 8 月第 10 次印刷

880×1230 毫米 32 开本 10 印张 2 插页 284 千字

定价:16.00 元

如遇图书印装质量问题,请与本社营销部联系调换,电话:(022)23507125

出版说明

旅游业作为21世纪的第一大产业和重要经济增长点，以其强劲的发展势头，受到世界各国和地区的广泛关注和积极扶持。由于我国改革开放和市场经济的发展，促使旅游业也取得了举世瞩目的辉煌成就，成为国民经济部门中颇具生机和活力的强劲产业。

随着我国旅游业的迅速发展，旅游教育事业也取得了很大的进步。目前全国已有300多所院校设立了旅游专业，旅游专业的学科建设有了较大的进步。我国旅游专业已具备了多层次的学历教育，教材建设也日益完备。我社是出版旅游教材最早的出版社，曾出版了一批适用于旅游教学的教材。之后，全国同类教材逐渐增多，但是，综览各类教材，可以看出相对成熟、多种版本的是本科教材，而适用于旅游管理专业大专层次的教材还较少，且不够系统完整。因此，为了满足高等院校旅游管理专业大专层次的教学需要，我们特地组织全国众多长期从事旅游研究、旅游教学和管理的知名专家、学者，共同编著了这套具有时代气息、可读性强、可操作性强的“旅游管理专业大专教材”。

这套教材先出版10册，分别为：《旅游学概论》、《旅游经济学》、《旅游市场营销》、《旅游心理学》、《饭店管理概论》、《导游概论》、《中国旅游地理》、《旅游会计》、《旅游公共关系》、《旅游英语》。每册书约18万字～20万字。在原有教材基础上，这几年我们又组织出版了《饭店财务管理》、《饭店设备管理》、《旅游实用礼貌礼仪》、《旅游与中外民俗》等。这些教材选题面宽，涵盖了旅游基础理论、旅游经济、旅游管理、旅游服务等几个方面，比较系统、全面地反映了当代国内外旅游专业的基本理论、方法和最新成果，适应了旅游管理大专层次教育的需要。

教材注意了知识的系统性、创新性和实用性，包括了旅游专业主要的课程，使旅游管理专业大专层次的学生能够系统、全面地学习旅游专业知识；在编写内容上，既阐明了现代旅游学的基本理论和基本知识，又在此基础上有所创新和突破，具有较高的学术水平；同时充分考虑到教学的需要，既注重理论方法，又强调管理实务与技能培养，结合大专层次的教学要求和特点，具有很强的实用性和针对性。

这套教材由湖北大学旅游学院院长马勇教授担任主编，参与教材编写的单位有南开大学、西安交通大学、云南大学、山西大学、湖北大学、重庆师范学院、暨南大学等院校，是众多专家、学者集体智慧的结晶，出版后对我国旅游管理专业大专层次的教学具有十分积极的意义。

这些教材出版后，得到了众多旅游院校的好评，并且也提出了中肯的批评意见，因此我们又将其中部分教材进行修订，重新出版，以便更好地服务于教学，我们再次恳请广大专家、同行和读者批评指正。

南开大学出版社

2003 年 8 月 30 日

再版前言

《旅游经济学》(大专版)自1998年出版以来,由于全书融理论与实践为一体,定性与定量相结合,既突出重点,又简明扼要、通俗易懂,受到了广大旅游院校师生的普遍好评,被列为许多大专院校的指定教材。为了更好地满足我国旅游教育事业发展的需要,应出版社和广大读者的要求,决定对《旅游经济学》修订再版。再版的《旅游经济学》具有以下几个特点:

1. 充实了最新旅游经济理论研究成果。再版《旅游经济学》在上一版基础上,不仅对旅游经济的基本概念、基本原理和方法进行了订正,而且汲取了国内外最新旅游经济理论的研究成果,丰富和完善了《旅游经济学》的学科体系。如在"旅游经济的发展特点"中增加了"旅游经济产业的敏感性",在"旅游产品的构成"中增加了"旅游产品的市场构成",在"旅游需求"中增加了"旅游需求的衡量和预测",在"旅游供给与需求的长期平衡"中增加了"旅游供求的稳定性长期动态均衡",在"旅游消费"中增加了"旅游消费水平的测定",在"旅游经济发展"中增加了"旅游经济增长波动"、"旅游经济发展模式比较"和"政府主导型发展模式"等内容。

2. 增加了大量的计算例题和案例分析。由于《旅游经济学》(大专版)主要是以旅游专科院校、高等职业学校学生为对象,为了帮助学生更好地掌握《旅游经济学》的基本理论,因此再版中增加了大量计算例题,以帮助学习者提高理解能力和学习效果。同时,还配合每章内容介绍了旅游经济发展的实际案例分析,以开拓学生的眼界,培养和增强学生理论联系实际以及应用理论分析实际问题的水平和能力。

3. 更新了部分数据资料。《旅游经济学》是一门应用经济学,与现实发展具有密切的联系,从而要求学习者必须及时了解旅游经济的发展状况和趋势。因此，修订版及时更新了书中的有关数据资料，增加了部分国内外旅游发展的最新数据和资料，这样既有利于学习者了解国内外旅游发展情况，也为教学研究人员提供了丰富的参考数据和资料。

总之，《旅游经济学》是一门新兴学科，必须不断充实、丰富和完善。随着国内外旅游经济的蓬勃发展，我们既要不断地用科学的理论指导实践，也要不断地总结实践经验和成果并上升为科学的理论，以促进旅游经济学科体系的建设和健康发展。

参加这次修订工作的还有杜靖川、吕婉清、仇学琴、毛剑梅、王静。

作　者

2003 年 7 月于云南大学北院

前　言

《旅游经济学》以社会主义市场经济理论为指导，全面系统地阐述了旅游经济的基本概念、基本原理和基本方法。其内容包括：旅游经济的概念、性质特征、发展特点及在社会经济中的地位和作用，旅游产品的概念、构成、类型及开发内容和策略，旅游需求的概念、特点及旅游需求规律和弹性，旅游供给的概念、特点、规律性及旅游供求矛盾与平衡，旅游市场的概念、功能、分类、机制及旅游市场的开拓，旅游消费的概念、特点及旅游消费方式和消费效果，旅游投资的概念、旅游投资项目可行性研究和旅游投资项目评价，旅游经济结构的概念、特征、内容及旅游经济结构的合理化，旅游经济效益、旅游收入、旅游成本及旅游经济效益的分析和评价，旅游经济可持续发展的概念、意义、规律及重点等。

《旅游经济学》一书融理论与实践为一体，定性与定量相结合，既突出重点，又简明扼要、通俗易懂。不仅是旅游大中专学生必不可少的专业教科书，也是从事旅游经济研究与管理人员的重要参考书。

本书在编写中参考了许多国内外书籍和资料，其中主要参考资料附录于后，并向作者表示谢意，同时感谢南开大学孙淑兰老师对本书的编辑出版做了大量工作。由于作者水平所限，书中尚有疏漏和不足之处，恳请读者批评指正。

作　者

1998年3月于昆明

本书图表一览表

一、本书插图

二、本书表格

目　　录

绪　论

学习目的

● 熟悉旅游经济学的概念

● 掌握旅游经济学的特点

●了解旅游经济学的研究对象

基本内容

旅游经济学的特点

●基本概念：旅游经济学

●旅游经济学的特点

旅游经济学的研究对象和内容

●旅游经济学的研究对象

●旅游经济学的研究内容

旅游经济学的研究方法

●理论联系实际的方法

●现代系统分析的方法

●定性与定量分析相结合的方法

●应用多学科知识的方法

研究一门学科必须了解该学科的形成历史、研究对象和研究方法，才能全面掌握该门学科的理论和内容，并有效地指导人们的社会实践活动。旅游经济学是伴随着旅游经济的产生及发展而逐渐形成的一门新兴学科，是对人类社会旅游经济的实践所进行的理论概括和总结。旅游经济学绪论主要是阐明旅游经济学的学科特点、研究对象、研究内容和研究方法，以便从总体上掌握旅游经济学的理论体系和结构，有效地指导以后的学习。

一、旅游经济学的特点

旅游经济学是现代经济学的一个分支。经济学是研究人类社会各种经济活动、经济关系和经济规律的学科总称，而旅游经济学则是以经济学的一般理论为指导，研究旅游经济活动中各种经济现象，经济关系和经济规律的科学。因此，旅游经济学同其他学科相比较，具有不同于其他学科的特点。

（一）旅游经济学是一门应用性学科

旅游经济学同经济学之间既有区别，又有联系。经济学是把整个社会经济作为一个整体，从生产、交换、分配和消费诸环节的内在联系及其矛盾运动中，揭示整个社会经济发展的一般规律性，属于理论经济学的范畴。而旅游经济学则是以经济学的一般理论为指导，专门研究旅游经济活动中特有的现象及矛盾，揭示旅游经济发展的规律及其作用的条件、范围及表现形式，用以指导旅游经济健康地发展，因而具有较强的应用性，属于应用经济学的范畴。

（二）旅游经济学是一门产业经济学

旅游经济学本质上属于产业经济学的范畴。产业经济学是针对某一部门及领域的经济活动进行研究，从而揭示该部门经济运行的内在规律及其外在形式的科学。旅游经济学作为一门产业经济学，是研究旅游经济活动过程中各种经济现象之间的内在联系，揭示旅游经济运行中的特殊矛盾及规律，并把经济学的一般原理用于指导旅游经济活动，以促进旅游产业健康、持续地发展的科学。

（三）旅游经济学是一门基础性学科

旅游经济学是旅游专业的基础学科，但又不同于旅游学和旅游管理学。旅游学是以世界为整体，研究旅游活动产生、发展及其运行规律的科学，目的是揭示旅游活动的内在性质、特点及发展趋势。旅游经济学则是在旅游学理论指导下，揭示旅游活动在经济领域中所发生的矛盾运动、经济关系的发展规律等。旅游管理学又是在旅游经济学的指导下，研究旅游经济活动的合理组织及科学管理，以提高旅游经济运行的效率和效益。因此，旅游管理学实质上是旅游经济学的延伸，是在旅游经济学揭示了旅游经济运行规律的前提下进行的经济管理活动。

（四）旅游经济学是一门边缘性学科

旅游经济学随着其产生和发展已逐渐形成一门独立的学科，具有区别于其他学科的不同特点。但是，由于旅游经济活动的综合性特点，使旅游经济学同其他学科相比较，实际上是一门新兴的边缘科学。因为研究旅游经济不仅要以经济学、旅游学的理论为指导，还必须借助各种学科的理论及研究成果来丰富旅游经济学的研究内容。例如，运用心理学、地理学、资源学、社会学、统计学、市场学等学科理论和方法，来综合考察旅游活动在经济领域中的各种反映，才能加深对旅游经济内在规律及其运行机制的认识，更好地掌握旅游经济的理论和方法。

二、旅游经济学的研究对象

各门科学有各自不同的矛盾规定性，从而决定了不同的科学有各自不同的研究对象。正如毛泽东同志所说："科学研究的区分，就是根据科学对象所具有的特殊的矛盾性。因此，对于某一现象的领域所特有的某一种矛盾的研究，就构成某一门科学的对象。"[①] 由于旅游经济活动过程中总是存在着旅游需求与旅游供给的主要矛盾及由此而产生的各种矛盾，因而旅游经济学就是要揭示旅游经济活动过程中的内在规律及其运行机制，以有效地指导旅游工作实践，促进旅游业持续、协调地发展。具体地讲，旅游经济学的研究对象和任务主要表现为以下几方面。

（一）研究旅游经济的形成过程及规律

旅游经济是伴随着旅游活动的发展而形成的。旅游活动作为人类社会生活的一部份，并非生来就是商品。旅游活动成为商品是人类社会

① 《矛盾论》，《毛泽东选集》第1卷，人民出版社1966年，第284页。

发展到一定阶段的产物，是商品生产和商品交换发展的必然结果。因此，旅游经济学研究的首要任务就是要分析旅游经济的形成条件和过程，揭示旅游活动商品化过程的客观规律性，以及旅游经济在社会经济发展中的作用和影响。

（二）研究旅游经济运行的机制及实现条件

旅游经济运行是旅游活动在经济领域的表现，而贯穿旅游经济运行的主要矛盾是旅游需求与旅游供给的矛盾，它决定了旅游经济运行中其他一切矛盾。因此，旅游经济学的研究应以分析旅游需求和旅游供给的形成、变化及其矛盾运动入手，揭示旅游经济运行的内在机制，分析旅游供求平衡的实现条件，为旅游经济有效运行和顺利实现提供科学的理论指导。

（三）研究旅游经济活动的成果及实现状况

在旅游经济活动过程中，不同的参与者（如旅游者、旅游经营者）有不同的目标和要求，因而旅游经济活动是否有成效就看其达到各参与者的目标的状况，简言之就是旅游经济活动的效益。这些效益主要体现在三方面：一是旅游经济活动是否满足了旅游者的需求，从而需要对旅游者的消费进行分析和研究；二是旅游经济活动是否满足了旅游经营者的需求，从而需要对旅游经营者的收入和分配进行研究；三是旅游经济活动是否满足了旅游目的国的需求，从而要求对旅游经济活动的宏观效益和微观效益进行综合分析研究。

（四）研究旅游经济的地位及发展条件

旅游经济是国民经济的有机组成部分，在国民经济中占有十分重要的地位，旅游经济的形成和发展必须以整个社会经济发展为基础，同时旅游经济的发展又对社会经济、文化及环境产生重要的影响作用。因此，必须研究旅游经济与社会经济各产业、部门间的相互联系，从整个社会的角度为旅游经济的发展创造良好的条件，以促进旅游经济健康、快速、持续地发展。

三、旅游经济学的研究内容

旅游经济学研究的目的是通过对旅游经济活动过程中各种经济现

象和经济规律的研究，揭示影响和作用于旅游经济活动的基本因素和经济关系，探索支配旅游经济运行的内在机制和规律性，寻求获取旅游经济效益、社会效益及环境效益的最佳途径，并为各级政府制定旅游业发展规划及各项方针、政策和法规提供理论依据。为达到上述研究目的，旅游经济学的研究内容主要有以下几方面。

（一）旅游经济的形成及产业标志

现代旅游经济是社会生产力发展到一定历史阶段的产物，是国民经济的有机组成部分。因此，研究旅游经济学首先应明确旅游经济的形成及发展特点；明确旅游经济产业的性质及主要标志；并从社会经济发展的角度把握旅游经济在国民经济中的重要地位，及其对社会、文化和生态环境的作用和影响。

（二）旅游产品的开发及其供求关系

旅游经济活动是以旅游产品的需求和供给为出发点的，但由于旅游产品具有不同于其他物质产品的属性和特点，因而必须研究旅游产品的科学含义及构成，把握旅游产品的市场寿命周期，制定合理的旅游产品开发策略，并根据旅游产品在市场上的需求和供给状况，分析旅游产品供求的变化及影响因素，掌握旅游产品供求的矛盾和问题，努力实现旅游产品的市场供求平衡等。

（三）旅游市场及其开拓策略

旅游产品的供给和销售离不开旅游市场。因此，必须加强对旅游市场的研究，掌握不同类型旅游市场的特点及竞争态势，采取合适的市场开拓策略；并遵循旅游市场经济规律的要求，充分运用旅游市场机制，完善旅游市场法制体系，掌握旅游市场竞争规律和策略，积极促进旅游产品的销售和旅游市场的拓展。

（四）旅游消费及其合理化

旅游产品的消费是旅游经济活动的重要环节。由于旅游产品的特殊性，使旅游消费直接表现为旅游经济活动过程之中的现实消费。因此，必须研究旅游者的消费倾向、消费行为和消费结构，科学地分析和评价旅游消费水平的发展变化，积极地探寻旅游消费的合理化途径，以实现旅游者消费的最大满足。

（五）旅游收入、成本及效益

讲求旅游经济效益是旅游经营者从事旅游经营活动的主要目标，也是旅游目的地国家发展旅游业的基本目标之一。因此，要研究旅游经营成本及投资情况，研究旅游业的收入及分配，研究旅游经济效益指标体系，并通过对宏观旅游经济效益和微观旅游经济效益的分析，对旅游经济效益的实现作出合理的评价，制定提高旅游经济效益的对策措施等。

（六）旅游经济结构及发展

旅游经济不仅研究旅游经济现象及其运行机制，还要研究旅游经济活动中各种经济关系，它们对旅游经济的发展会从不同方面产生影响。因此，要研究旅游产品结构、产业结构、地区结构，以寻求旅游经济结构的合理化；要研究旅游经济增长与发展的关系，并从旅游经济发展与资源、环境的相互关系中，探寻促进旅游经济可持续发展的最佳模式和途径。

四、旅游经济学的研究方法

旅游经济学是一门综合性的学科，其研究的内容十分广泛，涉及多种学科的内容。因此，要使旅游经济学的研究成果具有科学性、系统性，并能对实际工作具有指导意义，就必须采用科学的研究方法。马克思主义的辩证惟物主义和历史唯物主义，是研究任何学科都必须遵循的根本指导思想和方法，也是研究旅游经济学必须遵循的基本指导思想和方法。具体地讲，研究旅游经济学必须坚持以下方法。

（一）坚持理论联系实际的方法

科学是对事物运动的客观规律性的理论概括。任何科学的理论都是来源于实践，又对实践起指导作用。只有通过实践，才能发现真理，才能证实和发展真理。旅游经济学是对旅游经济活动实践的科学概括和总结，因此研究旅游经济学必须坚持实事求是的科学态度，将理论与实践相结合。

坚持理论与实际相结合，一方面，要求一切研究都要从旅游经济活动的客观实际出发，运用现代经济理论分析旅游活动中的各种经济现象和经济关系，解决旅游经济发展中的实际问题，揭示其发展变化的客观规律性，并上升为科学的理论，用以指导旅游经济的实际工作；另一方面，必须以“实践是检验真理的惟一标准”为准绳，把对旅游经济现象、经济关系及经济规律的科学总结和概括，再拿到实践中进行反复检验，并根据实践的发展进行修改、完善和充实，才能使旅游经济理论体系不断成熟和发展。

（二）坚持系统分析的方法

建立在系统论、信息论和控制论基础之上的系统分析方法，是一种新型的、综合型的研究方法。它强调从系统、综合的角度研究事物运动的客观规律性，从而克服研究问题中的狭隘、片面、孤立、静止及封闭的观点和方法。旅游经济虽然是从属于国民经济系统的一个部分，但其本身也是一个系统，只有运用系统分析的方法，才能真正掌握旅游经济的整个理论体系和方法，有效地指导实际工作。

坚持系统分析的方法，首先，要坚持全面分析的方法。旅游经济活动是社会经济活动的一个子系统，其本身又是由各种要素所组成的系统。因此，旅游经济的研究要着眼于旅游经济活动的全局，以整个社会经济为背景，才可能揭示和掌握旅游经济的客观规律性。

其次，必须坚持历史的观点和方法。根据历史唯物主义的原理，从旅游活动的起源、旅游活动的商品化过程开始研究，并把它置于社会发展的不同历史时期来分析，按照社会生产力及经济发展水平的差别，认识旅游经济在不同社会发展阶段的特点及作用，才能科学地把握旅游经济的发展趋势，有效地指导旅游经济活动的实际工作。

再次，必须对旅游经济进行动态的分析。因为运动是客观世界永恒的规律，旅游经济活动也是动态发展的，这就要求运用动态发展的观点和方法分析和研究旅游经济活动。在对大量旅游经济的资料、信息进行客观静态分析的基础上，要把旅游经济理论和方法应用于实践，还必须根据各种因素及条件的变化，对旅游经济作动态的分析和运用。

（三）坚持定性分析与定量分析相结合的方法

辩证唯物主义认为，任何事物都既有质的规定性，又有量的规定性。一定的质包含着一定的量，而量变发展到一定程度必然会引起质变。旅游经济活动中的各种经济现象也都是质和量的统一。一方面，旅游经济学中的范畴应具有质的规定性，才能区别各种不同的旅游经济现象；另一方面，旅游经济的许多范畴同时又具有量的规定性。因此，在旅游经济学的研究和学习中，必须把定性分析与定量分析有机地结合起来，通过定量分析揭示各种旅游现象之间的变动关系及发展趋势，为定性分析提供科学的依据；通过定性分析，准确界定事物的本质属性，为定量分析提供指导，从而达到事物的质和量的统一，促进旅游经济的持续发展。

（四）坚持运用多学科知识的方法

旅游经济活动是一项综合性的社会经济活动，其内容涉及人类生活、生产的诸多方面，所以旅游经济的研究必然要涉及经济学、旅游学、社会学、心理学、统计学、会计学、计算机科学等多学科的知识。因此，在研究旅游经济学时，要拓宽思路，开阔眼界，注意学习和了解其他相关学科的理论研究及发展，并充分运用其他学科的最新研究成果，不断丰富本门学科的内容，提高旅游经济的研究水平和对实践的指导性。

复习与思考

一、重点概念

经济学　旅游经济学　旅游学　旅游管理学　产业经济学

二、简答题

1. 旅游经济学具有哪些特点？
2. 旅游经济学的研究对象是什么？
3. 旅游经济学的研究内容有哪些？
4. 为什么研究旅游经济学要坚持系统分析方法？
5. 为什么研究旅游经济学要坚持应用多学科知识？

三、论述题

1. 阐述旅游经济学的研究对象和内容。

2. 阐述旅游经济研究中定性与定量分析相结合的方法。

第一章　旅游经济概述

学习目的

●熟悉旅游经济的基本概念
●掌握旅游经济的性质及特点
●了解旅游经济的地位及作用

基本内容

旅游经济的性质和特征
●基本概念：现代旅游经济
●现代旅游经济的性质
●旅游经济的产业特征
旅游经济的形成与发展
●旅游经济的萌芽阶段
●旅游经济的形成阶段
●旅游经济的发展阶段
●旅游经济的发展特点
旅游经济的地位及作用
●旅游经济在社会经济中的地位
●旅游经济对经济发展的作用
●旅游经济对社会文化的作用
●旅游经济对生态环境的作用

案例分析

●2002 年世界旅游经济发展分析

第一节　旅游经济的性质

一、现代旅游的概念

旅游是在一定的社会经济条件下产生的、并随着社会经济发展而发展的一种综合性的社会文化活动。在古代社会中，旅游实际上是旅行和游览的结合。旅行是指人们离开居住地而客居异地的行为，是一种为了生存或某种特定目的而进行的被动性的活动；而游览则是以消闲为主的、积极主动的活动，是一种追求享乐、调节生活情趣的活动。由于旅行和游览在古代社会中具有本质的区别，因而旅行主要是人民群众为生计或特定目的而四处奔走的活动，而游览则仅仅是王公贵族、富豪人家消闲、寻乐的行为。

在现代社会中，由于社会经济的发展和人们生活水平和条件的不断改善，旅行和游览已有机地结合起来，形成以游览为目的、以旅行为手段的现代旅游活动。因此，现代旅游是指人们暂时离开居住地而到异地进行各种包含游览、度假在内的、有目的的全部活动的总称。如果从更广泛的角度看，凡是包含着游览内容在内的各种旅行活动都可称之为现代旅游，诸如公务出差、参加会议、宗教朝拜、探亲访友、科学考察、康复疗养、体育竞赛、商务活动等。因此，现代旅游与古代旅游相比，具有以下几方面的区别：

（一）现代旅游已成为人们物质文化生活的组成部分

不断提高人们的物质文化生活水平是社会经济发展的基本目标。在人们的物质文化生活消费中，一般包括生存消费、享受消费和发展消费，而旅游消费则属于享受消费和发展消费。随着社会经济的发展及个人可支配收入的提高，人们为了减少或消除工作带来的身心疲劳，丰富物质文化生活，就会主动外出旅游。或游览名胜古迹、欣赏山水风光，或了解异地风情以增长见识，或探亲访友以追怀故旧，或休闲度假以增进身心健康。从而使旅游活动成为人们物质文化生活的重要组成部分，并使人们用于享受和发展的消费支出也相对增加，进而增加旅游消费的支出。

（二）现代旅游是有益于人们身心健康的文化审美活动

现代旅游不仅是物质资料的消费，更是一种精神文明的享受。因此，从文化角度看，旅游是一种文化活动，既是文化的创造过程，又是文化的消费过程。作为文化的创造过程，通过旅游活动体现出一种社会、民族文化的内涵及特质，从而创造出一种包括食、住、行、游、购、娱在内的、新的物质文化生活方式。作为文化的消费过程，通过旅游活动可使旅游者对旅游目的地国家或地区优美的自然风光和奇异的民风、民俗进行认识和鉴赏，从而旅游不仅成为一种有益于人们身心健康的审美活动过程，而且有利于促进不同国家、不同民族之间的文化交流，增进国家之间、民族之间的团结。

（三）现代旅游是一种积极而健康的社会交往活动

交往是人类生活中一种最基本的社会活动。没有交往就不能结成人群，没有交往就不能成其为社会，没有交往就没有人类认识自然、改造自然的力量。尤其是当今的国际社会，是一个开放的、相互联系、相互依存的社会，社会交往活动已成为当今国际社会的基本特征之一。而旅游活动，不仅促进了国际社会中国与国之间、民族与民族之间的广泛交流和理解，进而加强了不同国家、不同民族之间的文化交流和经济往来；而且通过对自然界优美环境的感受和多姿多彩的旅游消闲活动，开阔了人们的胸襟，沟通了彼此之间的思想感情，从而调动了人们交往的主动性和积极性，并在自然、轻松而愉快的气氛中产生其他交往形式不能达到的积极效果。

（四）现代旅游是以经济活动为基础的综合性活动

现代旅游虽然不是以经济活动为目的，但其整个活动过程必须以经济活动为基础。因为任何旅游者要想在旅游活动过程中，有效地达到旅游的目的并满足旅游需求，都离不开食、住、行、游、购、娱等各方面的服务，这样就需要有专门的服务部门提供相应的服务，并与之发生一定的交换行为，从而产生一系列经济活动。因此，现代旅游已不是一种单一的社会文化活动，而是建立在以经济活动为基础、多种要素集合在一起的综合性社会活动。特别是随着以提供旅游服务为主的旅游业的产生和迅速发展，现代旅游已逐渐发展成为以旅游为目的、以经济活动为基础的旅游经济活动。

二、现代旅游经济的性质

旅游活动发展成为现代旅游经济，并成为社会经济的重要组成部分，是现代科学技术进步、社会生产力提高和商品生产与交换长期发展的结果。因此，现代旅游经济是以现代旅游活动为前提，以商品经济为基础，依托现代科学技术，反映旅游活动过程中旅游者和旅游经营者之间，按照各自利益而发生经济交往所表现出来的各种经济活动和经济关系的总和。现代旅游经济作为社会经济的重要组成部分，具有以下主要的性质特征：

（一）旅游经济是一种商品化的旅游活动

在自然经济条件下，旅游活动主要表现为旅游者依靠自己力量而满足自我需求的活动，一般不涉及旅游产品的生产和交换。而现代旅游经济是建立在商品经济基础之上的，是以旅游产品的生产和交换为主要特征的旅游活动，因而必然要产生经济活动中的供需双方和相互交换的对象。一方面，只有当市场上存在着旅游经济活动的需求主体——旅游者时，才可能产生大量的旅游需求。而旅游需求的规模数量、消费水平、旅游目的、游览内容等，不仅决定着旅游经济活动能否有效地进行，而且对旅游经济发展的规模和水平具有决定性的影响和作用。另一方面，只有当市场上存在着旅游经济活动的供给主体——旅游经营者时，才有可能为旅游者提供各种旅游产品，满足旅游者的各种需求。因此，旅游经营者既是旅游产品的生产者，又是旅游产品的经营者，是保证旅游产品价值得以实现，并促进旅游经济活动有效进行的重要前提和基础。

此外，现代商品生产和交换的发展，还为旅游活动的商品化提供了相应的媒介和手段。这样，旅游活动便完全建立在以旅游产品为对象、以旅游者和旅游经营者为主体、以货币为交换媒介的基础上，真正成为一种商品化的社会经济活动。

（二）旅游经济是一种综合性的服务经济

旅游活动虽然不是以经济活动为目的，但其整个活动过程是以经济活动为基础的。特别是在现代旅游活动中，旅游者要有效地满足其旅游需求都离不开食、住、行、游、购、娱等各种综合性服务。因此，从供给角度看，旅游经济是一种以服务为主，并涉及众多企业和行业的服务性经济活动。这种服务性经济活动，既可以借助物的形式提供，也可以通过活劳动本身发挥作用来提供。正如马克思所强调的："服务无非是某种使用价值发挥效用，而不管这种使用价值是商品还是劳动。"①

由于现代旅游经济是一种以服务为主的经济活动，因而不仅要为旅游者提供包括食、住、行、游、购、娱在内的各种直接旅游服务，而且还要为旅游者提供汇兑、通信、医疗、保健、商务等多种辅助性服务。因此，现代旅游经济活动不仅涉及旅行社、旅游饭店、旅游餐馆、旅游交通等企业，还要涉及金融、邮电、医院、公安、海关、商检等相关企业和部门。所以现代旅游经济实质上是以旅游为目的，以经济为基础，以服务活动为主体的综合性服务经济。

（三）旅游经济是以市场为基础的法制经济

发展旅游经济必须有安定团结的社会环境和规范有序的法制体系作保障。按照现代市场经济的要求，首先，必须牢固树立旅游经济是法制经济的思想观念，并结合旅游经济发展的实际，建立健全国家的旅游法规体系，建立和完善地方旅游立法和政府规章，使旅游管理做到有法可依。其次，要增强旅游执法的权威性，发挥旅游质量监督和各有关部门的联动作用，加大旅游执法的力度，做到有法必依、执法必严。再次，要针对现代旅游发展的实际，按照国际惯例和要求整治旅游市场秩序，形成良好的旅游环境，维护旅游者的消费权益；创造公平竞争的市场条件，使所有旅游经营者能够真正实现公平竞争、优胜劣汰。总之，只有通过推进旅游经济的法制化，才能为旅游经济健康有序地发展提供充分的法制保障。

---

① 马克思：《资本论》第 1 卷，人民出版社，1975 年，第 218 页。

（四）旅游经济是一个相对独立的经济产业

现代旅游经济在其长期的发展过程中，逐渐形成一个包括食、住、行、游、购、娱等在内的相对独立的经济性产业。特别是第二次世界大战以后，旅游经济发展速度之快，综合经济效益之高，产业带动力之强，吸收劳动力就业之多，以及其发展的光明前景，促使许多国家、特别是发展中国家都把旅游业作为经济发展的重点产业，积极扶持和发展。随着旅游产业规模的迅速扩大，产业结构体系的不断完善，产业范围的全球性扩展，使旅游业不仅成为现代经济发展中的"朝阳产业"，而且成为第三产业中的带头产业，带动第三产业及相关物质生产部门的发展，在整个社会经济发展中具有十分重要的地位和作用。

三、旅游经济的产业化标志

旅游经济作为一个相对独立的经济产业，具有 4 个显著的基本特征。其一，旅游经济产业是派生的，是随着物质生产的发展和人民生活需要的扩大而逐渐从商业中派生出来的；其二，旅游经济产业是相对独立的，有相对集中的旅游需求和供给，并形成相对独立的市场结构和生产经营体系，具有独立的分工领域；其三，旅游经济产业是以服务为主的，即旅游产品的生产和消费是同时进行的，因而旅游经济属于第三产业的范畴；其四，旅游经济产业在长期的发展过程中已形成了自己的主体部门和产业结构体系，具备了成为一个经济产业的基础。根据以上分析，现代旅游经济已发展成为相对独立的经济产业，并且正日益成为社会经济发展中的重要产业。其具体标志主要体现在以下几方面：

（一）旅游消费需求的集中化

根据现代经济理论分析，工业化的推进不仅使物质生产获得很大的发展，而且促使国民收入水平不断提高，人民群众的生活水平不断改善，并引起需求结构发生很大的变化。特别是随着人们从注重物质生活的需求向更注重满足精神生活需求的转变，旅游活动越来越成为人们生活中必不可少的内容。据有关研究表明：当人均国民生产总值达到 300 美元时，人们即产生旅游需求；当人均国民生产总值达到 1000 美元时，人们即产生去邻国旅游的需求；当人均国民生产总值达到 3000

美元以上时，人们即产生远距离的国际旅游需求。[1] 可见，随着人们收入水平的不断提高和生活条件的改善，人们对于休闲、娱乐、观光、游览、度假等旅游需求日益增长，从而为旅游经济产业的发展提供了广泛的市场需求。据世界旅游组织（WTO）预测，到 2020 年全世界国际旅游人数将达 15.6 亿人次，国际旅游消费支出将达到 20 000 亿美元，这种高速发展的旅游消费标志着旅游经济产业的成熟和发展。

（二）**旅游业生产供给的专业化**

伴随着旅游消费需求的不断增长，旅游业逐渐从商饮服务业中分化出来，形成以旅游经济活动为中心，根据旅游者需求，把多个企业和行业集合起来，向旅游者提供食、住、行、游、购、娱等综合性服务的新兴产业。而这些专门经营旅游产品和服务的企业，尤其是旅行社、旅游饭店和旅游交通，不仅对旅游产业的形成和发展具有十分重要的作用，而且成为现代旅游经济的三大支柱，标志着现代旅游经济的成熟。

旅行社是指依法成立并具有法人资格，在旅游经济活动中从事招徕、接待旅游者，组织旅游活动，获取经济收入，实行独立核算、自负盈亏的旅游企业。旅行社在旅游业内部各行业部门中发挥着“龙头”作用，既是旅游产品的“生产者”，又是旅游产品的营销者，通过自己的活动把旅游者和旅游经营者联结起来，促使旅游经济活动的有效进行。

旅游饭店是为旅游者的活动提供旅游住宿、餐饮、娱乐和其他服务的旅游企业。旅游饭店是一个国家或地区发展旅游业必不可少的物质基础，也是衡量一个国家旅游业是否发达的标志。旅游饭店发展的数量、规模、档次和服务质量，在一定程度上决定和影响着一个国家旅游业的发展规模和水平。

旅游交通是旅游业的重要组成部分。没有发达的现代交通运输业，就不可能有发达的现代旅游业。因此，旅游交通和食、住、游、购、娱等共同构成综合性旅游产品，提供旅游者消费，并保证旅游经济活动的正常运行。

---

① 魏小安等:《中国旅游业:产业政策与协调发展》，旅游教育出版社，1993 年。

（三）旅游经济运行的规范化

在市场经济条件下，旅游经济的运行实质上就是旅游者和旅游经营者之间的旅游产品交换过程，包括旅游产品的购买与销售两个对立统一的活动过程。一方面，旅游者通过支付一定的货币购买旅游产品，以获得旅游活动中的各种体验和享受；另一方面，旅游经营者将旅游产品销售给旅游者，以获取一定的经济收入。由于旅游产品是一种以服务为主的产品，因而旅游产品的构成要素可以多次重复使用，从而在旅游经济运行过程中，以旅行社为主将各种旅游产品要素进行有机组合，提供给旅游者。而以旅行社为主的经营活动，促进了旅游经济运行的规范化，促使旅游经济产业遵循客观经济规律有效地进行，从而促进了旅游业作为一个独立经济产业的发育和成熟。

（四）旅游产业发展的规模化

旅游业作为一个经济产业，是国民经济的重要组成部分。国民经济作为一个有机整体，要求各产业部门之间保持一定的比例关系，而每一个产业部门在整个国民经济中的地位，则取决于其本身的发展规模和运行状况。因此，旅游业在国民经济中的地位如何，主要取决于旅游业的发展规模及运行状况。从旅游业的发展规模看，随着社会生产力提高和社会经济的发展，旅游业在国民经济中日益占据重要地位。因为，人们的消费水平是随社会经济发展而不断提高的，随着人们经济收入的增多，用于精神需求及满足享乐方面的开支就相对增加，从而促进以满足人们精神和享乐需求为主的旅游业迅速发展，产业规模不断扩大，进而在国民经济中占据重要的地位。从旅游业的运行状况看，旅游业不仅是一个“无烟工业”，符合当今世界经济发展的总潮流，与发展“绿色产业”相适应，而且旅游业还是一个“朝阳产业”，正展现着良好的发展势头。从现代旅游业发展的实证分析来看，当今世界上经济发达的国家，同时也是旅游业发达的国家，即经济越发达，旅游业在国民经济中的地位就越高。

第二节　旅游经济的形成及发展

一、旅游经济的萌芽阶段

旅游业作为一个相对独立的经济产业，是伴随着社会生产力的发展和社会分工的深化，伴随着人民生活水平的不断改善和提高，伴随着人们对旅游需求的不断增加，而逐步从商业中分化出来，形成在第三产业中具有综合性带动效应的“龙头”产业。旅游经济的形成和发展过程，大致可以划分为萌芽、形成和发展三个阶段。

旅游经济是在旅游活动有了一定的发展、并具备了一定物质条件的前提下才产生的一种社会经济活动。因此，旅游经济萌芽于现代旅游的发展，而现代旅游的起源可追溯到人类社会的初期。

早在原始社会时期，由于社会生产力水平低下，人们的生活条件极为艰苦，特别是各种自然环境变化所引起的各种灾害及民族部落之间的械斗，使人们不得不为了生存而发生经常性的空间迁徙活动。尽管这种为生存而进行的空间迁徙并不是旅游，甚至也不是旅行，但其事实上已蕴含着旅游活动最基本的雏形。从原始社会、奴隶社会到封建社会的长期发展过程中，人类社会经历了三次大规模的社会分工，促进了社会生产力水平的不断提高。社会生产力的提高又促进了生产发展和剩余产品的增加，产生了私有制、阶级和国家，促进了社会分工和商品经济的进一步发展，促进了市场空间的不断扩大和商品交换活动范围的拓展。于是围绕以商品生产、商品交换及各种商业活动为中心的旅游活动就产生了。

在漫长的古代历史中，旅游的发展与当时的社会政治、经济及文化发展相适应，出现了各种各样的旅游形式。例如，摩西出埃及，耶稣周游列国传教，古希腊的朝拜、祭祀，马可·波罗的出游，阿拉伯民族的经商往来，孔子周游列国，玄奘西域取经，鉴真东渡日本，郑和七下西洋，徐霞客遍游中华大地等等，一度使东西方旅游形成高潮，为旅游经济的产生打下了基础。但是，由于古代社会生产力尚不发达，社会经济的发展水平还不能促使旅游活动商品化，因而旅游活动最终没有成为一种商品化的社会活动，而仅仅是孕育了旅游经济的萌芽。

二、旅游经济的形成阶段

旅游经济的形成是旅游活动向商品化发展的过程。从旅游经济的发展历史看，现代旅游经济的形成主要发端于 18 世纪的产业革命。18 世纪的产业革命，以机器大工业代替了工场手工业，形成了以机器大工业为基础的社会化大生产，促使社会生产力得到了迅速的提高，促进了资本主义商品生产和交换的迅速发展，从而为现代旅游经济的形成和发展提供了物质技术基础和经济条件。

（一）产业革命为旅游经济形成提供了物质技术基础

产业革命促进了生产手段尤其是交通运输工具的改善，不仅使社会化大生产的规模扩大、市场空间范围扩展，而且汽船、火车的产生为人们有目的的大规模、远距离的旅游活动提供了便利的物质技术条件。例如，美国于 1807 年开辟汽船内河定期客运航班，紧接着欧洲许多国家相继开设了蒸汽客轮经营服务，英国于 1830 年在利物浦到曼彻斯特之间开设了火车客运服务，到 1890 年，已吸引了大批国内外旅游者。

（二）社会生产力发展为旅游经济形成提供了经济条件

产业革命还促进了资本主义制度的形成和发展，使资本主义社会生产力有了迅速的提高，随着商品经济繁荣、兴旺，人们生活水平迅速提高，这就为现代旅游经济的产生和发展创造了大量的社会需求。于是，伴随着人们可支配收入的日益增加，交通运输条件的不断改善，以及近代工厂化制度的建立，使旅游活动逐渐成为人们物质文化生活的组成部分，从而为现代旅游经济的形成提供了需求前提和经济条件。

（三）旅游服务机构的产生为旅游经济形成奠定了产业基础

在产业革命为旅游经济的产生奠定物质技术基础、资本主义商品经济发展为旅游经济形成创造大量需求的同时，各种专门从事旅游服务机构的建立，标志着现代旅游经济的产生和形成。特别是 1845 年，英国的托马斯·库克成立了第一家包括食、住、行、游等旅游活动在内的旅行社，开创了有组织地提供旅游活动的各种专门性服务，从而促进了旅游活动的商品化进程。以后，诸如旅行社、旅游饭店、旅游交通等各种以经营旅游业务为主的企业纷纷建立，各种旅游住宿、餐饮接待设施不断建设和完善，从而使旅游活动发展成为一种商品化的经济活动，逐渐成为社会经济活动的重要组成部分。于是，具有现代意义的旅游经济就正式形成了。

（四）相关经济产业的发达为旅游经济形成提供了重要前提

旅游业不仅是一个派生的经济产业，同时也是关联性和依存性很强的经济产业，其形成必须以其他产业的存在为前提，其发展也必须以其他产业的发达为条件。例如，没有发达的交通运输业就不能提供方便快捷的旅游通达条件，没有发达的建筑业就不能提供良好的住宿设施条件，没有发达的现代农业就不能保证丰富多样的食品供应，没有发达的加工业就不可能提供各种各样的旅游购物商品，没有发达的信息产业就不可能提供大量的旅游信息，没有发达的服务业就不可能提供优质的综合性旅游服务等。因此，旅游业的形成和发展与国民经济中许多经济产业之间有着十分密切的联系，这些经济产业的存在是旅游业形成的重要前提条件，而这些经济产业的发展水平和发达程度则为旅游业的持续发展提供了重要的保障。

三、旅游经济的发展阶段

现代旅游经济虽然形成于19世纪中叶，但直到20世纪50年代以后才进入一个快速发展时期（见表1-1）。特别是在跨世纪发展中，旅游业已成为世界经济中发展势头最为强劲的产业，突出表现在以下几方面：

表1-1　全世界接待国际旅游者人数和国际旅游收入

年代	接待国际旅游者		国际旅游收入	
（年）	人数（千人次）	年均增长率（%）	金额（百万美元）	年均增长率（%）
1950	25 282	—	2 100	—
1960	69 320	10.61	6 867	12.58

续表

年代（年）	接待国际旅游者		国际旅游收入	
	人数（千人次）	年均增长率（%）	金额（百万美元）	年均增长率（%）
1970	165 787	9.11	17 900	10.05
1980	285 328	5.58	105 320	19.39
1990	457 647	4.84	268 258	9.80
2000	698 300	4.32	476 000	4.50

资料来源：世界旅游组织（WTO），2001 年统计报告。

（一）国际旅游人数和旅游收入快速增长

从世界旅游业的发展规模和速度看，2000 年全世界的国际旅游人数已达到 6.98 亿人次，比 1950 年增长了 27.6 倍，年均递增 6.8%；国际旅游收入达到 4760 亿美元，比 1950 年增加了 225.7 倍，年均递增 11.5%。旅游业的增长速度不仅远远超过了世界经济的平均增长速度，而且也超过了增长势头最好的工业平均增长速度。

（二）旅游经济增加值贡献率不断提高

从世界旅游业对国民经济的贡献看，2000 年旅游经济年新增价值已占到世界年新增价值总额的 10.7%[①]，提供的税收也占当年世界企业提供税收的 7.6%。根据国际旅游与观光理事会的研究报告，在美、英、法、日、德五国旅游业同其他产业新增价值的比较中，五国旅游业新增价值分别是五国农业的 3.1 倍，汽车工业的 3.6 倍，金属工业的 4.3 倍，纺织工业的 5.7 倍。[②] 这充分表明，当代旅游业对国民经济的贡献远远高于那些被认为发展势头较好的产业。

（三）旅游业吸收就业和创汇水平日益提高

从世界旅游业吸收就业人员及创汇水平看，全世界每年新增就业人员中每 10 个人中就有 1 人进入旅游产业工作。从前述五国就业人数比较看，旅游业吸收就业人数分别是农业的 1.7 倍，纺织业的 3.8 倍，汽车工业的 4.8 倍，金属工业的 6.2 倍。2000 年世界旅游经济外汇收入达到 9776 亿美元，占世界总出口收入的 12.8%，一些发达国家旅游

① 世界旅游与观光理事会：2001 年旅游卫星账户报告。

② 根据世界旅游与观光理事会 1992 年年度报告数据整理。

业创汇占出口总收入的比重已高达20%以上，[①] 成为国民经济中重要的创汇产业。

（四）旅游经济关联带动效应增大

从世界旅游业的地位看，其在国民经济中是一个综合带动效应较强的产业，不仅可以直接创汇，吸收大量的劳动力，而且可以带动相关产业的发展，尤其是对第三产业的带动力强，吸收更多的间接劳动力就业，增加更多的间接收入，并带动旅游目的国家的对外开放和经济发展。

综上所述，由于现代旅游经济已发展成为一个高增长、高增值、高就业、高创汇、高效益的新兴产业，因而旅游业在世界经济及各国经济发展中占有越来越重要的地位。许多国家，特别是发展中国家不仅积极推进旅游经济的产业化进程，而且都把旅游业作为经济发展的重点产业，积极扶持和发展。

四、旅游经济的发展特点

根据对现代旅游经济形成和发展过程的回顾和分析，自20世纪50年代以后，现代旅游经济具有以下几方面显著的发展特点。

（一）旅游经济活动的大众性

自20世纪50年代以来，旅游活动不再是以少数富有者为主的活动，而是一种面向人民群众的社会经济活动。特别是随着社会生产力的迅速提高，人们可支配收入的不断增加，以及工作时间的缩短，使许多人不仅具备了旅游消费的能力，也具备了外出旅游的时间条件和交通运输条件，从而推动了旅游活动的大众普及性。而旅游活动的大众化发展，创造了大量的旅游需求，又促进了旅游资源的开发和旅游接待设施的建设，为旅游者提供了更为方便的旅游条件和旅游服务，从而促使旅游经济活动又进一步向大众化普及和发展。

（二）旅游经济服务的全球性

现代旅游经济活动已经不再局限于国内旅游或近距离旅游，而是

① 世界旅游与观光理事会：2001年旅游卫星账户报告。

打破了地域、疆域的界限，发展成为一种全球性的社会经济活动。特别是上世纪50年代以来，科学技术的进步促进了通信技术和手段的现代化，促进了交通运输条件（尤其是民用航空）的极大改善，使人们可以在较短的时间内，以较少的经济支出周游世界各地，获得更多的旅游需求的满足。同时，旅游经济活动的全球化发展，又增进了世界各国政府、企业及人民之间的交流和联系，为推进全球化的旅游活动创造了更好的条件。

（三）旅游经济运行的规范性

现代旅游经济活动在其发展过程中，还逐渐形成了一种有组织的规范化旅游模式。无论是国际旅游还是国内旅游，通常都是由旅行社作为主要的组织者，依托各类旅游企业和旅游风景区，按照预定的旅游线路、活动内容和时间，提供综合性的旅游服务，满足旅游者多方面的需求。而旅游者只需承担一定的费用就可以尽情地享受旅游的愉悦，不用再为旅游活动中的食、住、行等问题操心。正是由于旅游经济活动的规范性发展，才推动了旅游经济活动的大众化和全球化发展，才促使现代旅游业逐渐成为一个相对独立的经济产业，成为国民经济的组成部分。

（四）旅游经济发展的持续性

自20世纪50年代以来，整个世界旅游经济的发展盛况空前，始终保持着较高的增长率并经久不衰。虽然世界旅游业一度从50年代的12.6％的增长率下降到90年代的4.5％（见表1-2），但同世界经济及世界工业的增长率比较，始终保持了一种高速发展的态势。同时，旅游经济的迅速发展，使其在国民经济中的地位和作用有了显著的提高；旅游活动成为人们生活中的一个重要组成部分，成为人们的一种经常性活动。此外，随着旅游经济活动的广泛开展，促使人们更加重视生态环境的保护，更加重视对环境污染的治理，以谋求旅游与自然、文化和人类生存环境融为一个和谐的整体，促进社会经济的持续发展。

表 1-2　20 世纪 50—90 年代世界旅游经济增长水平比较表

比较项目	50 年代	60 年代	70 年代	80 年代	90 年代
世界旅游经济增长率(%)	12.6	10.1	19.4	9.8	4.5
世界经济增长率(%)	5.4	4.9	3.5	2.8	3.0
世界工业经济增长率(%)	6.8	6.5	5.3	2.6	3.2

资料来源:① 世界旅游组织(WTO):2001 年统计报告。
② 世界经济年鉴,2000—2001 年。

(五)旅游经济产业的敏感性

旅游经济是一种依存性较强的产业经济,其健康发展不仅依赖经济社会的发展和人们收入水平的不断提高,而且也取决于安定的国内外政治经济形势,安全的社会治安环境,以及国家或地区之间的友好往来。因为,旅游经济活动的核心是人员的流动,由于人们对各种政治经济形势和社会安全状况非常敏感,因此动荡的局势或不安全的环境必然使旅游者的流向、流量迅速发生变化。如 1991 年海湾战争一度使该地区旅游业发展遭受严重影响,1997 年亚洲金融危机曾经使泰国旅游业大幅度下滑,2001 年美国“9·11”事件严重打击了美国旅游业和世界旅游业,连续两年旅游经济增长率为负数。旅游经济产业的敏感性,决定了必须十分重视国际局势的变化,努力营造安全的旅游目的地形象,才能确保旅游经济持续健康地发展。

第三节　旅游经济的地位及作用

一、旅游经济在社会经济中的地位

旅游经济作为一个经济性产业,是国民经济的重要组成部分。国民经济作为一个有机整体,要求各部门之间保持一定的比例关系,而每一个经济部门在整个国民经济中的地位,则取决于其本身的性质、规模和运行状况。因此,旅游经济在国民经济中的地位如何,主要取决于旅游业的性质、发展规模及运行状况。

从旅游业的性质看，旅游业是一个以提供服务为主的综合性服务行业。通过为人们提供食、住、行、游、购、娱等各种服务，不仅为物质资料生产部门的简单再生产和扩大再生产提供了实现的途径和方式，即满足人们对物质生活和精神生活的需求；而且也是社会总产品实现的重要环节，促使社会产品和社会劳动进行合理分配，并不断创造着新的需求。

从旅游业的发展规模看，随着社会生产力提高和社会经济的发展，旅游业在国民经济中日益占据重要地位。因为，人们的消费水平是随社会经济发展而不断提高的。随着人们经济收入的增多，用于精神需求、满足享乐方面的开支就相对增加，从而促进以满足人们精神、享乐需求为主的旅游业的迅速发展，规模也不断扩大，进而在国民经济中占据重要的地位。

从旅游业的运行状况看，旅游业不仅是一个“无烟工业”，符合当今世界经济发展的总潮流，与发展“绿色产业”相适应；而且旅游业还是一个“朝阳产业”，正展现着良好的发展势头。从现代旅游经济发展的实证分析可知，当今世界经济发达的国家，同时也是旅游经济发达的国家，即经济越发达，旅游业在国民经济中的地位就越高。

二、旅游经济对经济发展的作用

旅游经济不仅在国民经济中占有重要地位，而且其对国民经济的发展及促进，对相关产业的带动，对经济结构的改善等都具有十分重要的作用。具体表现在以下几方面：

（一）增加外汇收入

任何国家要扩大对外经济合作关系，就必须扩大外汇收入，而扩大外汇收入，一是通过对外贸易获得贸易外汇收入；二是通过非贸易途径而获得非贸易外汇收入。在当今世界贸易竞争剧烈、关税壁垒林立的背景下，旅游业作为非贸易外汇收入的来源，作用是非常突出的。因为，旅游业是一个开放性的国际性产业，通过旅游经济的发展，不仅能吸引国际闲置资金的投入，参与国际市场竞争，改善对外经济关系；而且通过发展旅游业，吸引国外大量旅游者入境旅游，能增加非贸易外汇收入，因此人们通常把旅游创汇称为“无形出口”收入。特别是由于旅游业创汇能力强、换汇成本低，又不受各国税制限制，因而已成为各国创汇的重要手段。

（二）加快货币回笼

积极发展国内旅游业，不仅能够满足国内广大人民群众对旅游的需求，而且能够大量回笼货币，促进市场的稳定和繁荣。特别是随着人们收入增多，生活水平提高，必然促使人们的消费结构改善，从而有更多的可支配收入用于旅游活动。因此，大力发展旅游经济，激发人们的旅游动机，促进各种旅游活动的进行，就能扩大旅游消费，加速货币回笼；同时还能减少人们持币待购而造成的市场压力和风险，促进市场的稳定和繁荣。

（三）扩大就业机会

旅游业是一个综合性服务行业，能为社会提供大量的就业机会。因为旅游业本身就是包含多种服务内容的产业，并且许多服务项目不是用现代技术手段就能取代人力的，因而旅游业所需的就业人数相对于其他产业要高得多。再加上旅游业的带动力较强，除了自身迅速发展外，还能带动相关产业的发展，增加相关产业的就业，从而为社会提供较多的就业机会。

（四）带动相关产业

旅游业虽然是一个非物质生产部门，但它的关联带动功能很强，不仅能带动物质生产部门的发展，而且能带动第三产业的迅速发展。一方面，旅游业的发展必须建立在物质资料生产的基础之上，没有一定水平的物质生产条件，就不可能为旅游业的发展提供物质基础，因此要发展旅游业，必然要促进各种物质产品生产的发展。另一方面，旅游业作为国民经济中的一个相对独立的综合性产业，其生存和发展与其他行业密切相关，能够直接或间接地带动交通运输、商业服务、建筑业、邮电、金融、地产、外贸、轻纺工业等相关产业的发展，从而促进整个国民经济的发展。

（五）积累建设资金

任何经济产业的发展都离不开资金的投入，但相对于传统产业而言，旅游业的发展主要是依靠自身的经济效益，并且还为其他产业发展积累资金。从中国旅游业看，“八五”期间旅游业总投资为250亿元人民币，而国际国内旅游总收入则达到1135亿元人民币，投入产出比为1∶4.6。此外，旅游创汇之比也为1∶2.03。说明旅游业是一个高投入、高产出、高创汇的产业。其经济效益的增长，不仅为自身发展创造了良好的条件，同时也为整个国民经济及社会发展积累了资金。

（六）促进贫困地区脱贫

贫困问题是全人类面临的巨大难题，世界许多国家都十分关注并提出许多解决问题的对策及措施。从实际上看，贫困地区多数是少数民族地区和经济不发达地区，同时也是旅游资源富集的地区。因此，通过开发贫困地区的旅游资源，大力发展旅游业，不仅有利于充分发挥贫困地区旅游资源富集的特点，开发特色鲜明、品位较高的旅游产品，而且能够通过旅游开发及旅游业发展，带动贫困地区人民群众脱贫致富，加快贫困地区的综合开发和社会经济的发展。

三、旅游经济对社会文化的作用

旅游经济的发展不仅对一个国家或地区的经济产生作用和影响，而且对一个国家或地区的社会、文化、环境也具有相应的作用和影响。

（一）旅游经济对社会的作用及影响

旅游经济发展对社会的影响，主要表现在以下几方面：一是大规模的旅游经济活动，使社会信息得到充分的交流，从而传播了现代文明，促进了各种社会关系的协调及进步。即使是一些非常落后的国家，也因旅游经济发展的影响而不得不打破陈腐的观念及限制，实行对外开放的政策，接受现代文明的洗礼，从而推动了整个人类社会的进步。二是当外国旅游者进入旅游接待国时，引起旅游接待国价值观念和道德准则的变化，如对生活方式的看法，对人生价值标准的转变等等。三是会引起旅游接待国社会结构的变化，特别是由于旅游业收入较高，女性就业率较高等特点，使旅游接待国的就业结构发生相应变化。四是引起社会环境的改善，例如在交通条件、住宿设施、餐饮特色乃至个人安全等方面，促使旅游接待国必须加以改善，才能满足国际旅游者的需求。

但是，旅游经济的发展对旅游接待国也会产生一些消极的社会影响。例如，旅游业把过多的基础设施和良好的旅游条件提供给国外旅游者消费，会使国内人民产生不平等的社会心理；国外旅游者的挥霍消费，把富裕展现于贫穷面前，造成对人们价值准则、心理压力的影响；国外一些不健康的思想、行为的渗入，会造成一些令人不满的社会行为等。总之，旅游经济发展对旅游接待国的社会影响是多方面的，有些是可见的、显在的，但有些也是潜移默化的；有些是积极的，但有些也是消极的。因此，要注意分析和研究，制定正确的对策措施，促使旅游业健康地发展。

（二）旅游经济对文化的作用及影响

文化是人类在社会发展过程中所创造的全部物质财富和精神财富的总和。文化作为一种社会现象，是以一定的物质基础为前提的。其内容随社会物质生产的发展而发展，具有很大的内涵性，以至于有人认为，人类社会的发展实质上是一种文化的变迁。因此，旅游经济的发展必然与文化产生密切的关联性。一方面，旅游经济活动中的各个过程及内容，无一不是与文化的接触，以至于有旅游就必然有文化，文化是旅游业发展的基础；另一方面，旅游活动是一种流动的活动，是一种文化与另一种文化的交流过程。随着旅游者的流动，就为不同的社会群体及民族文化的接触和交流创造了良好的条件，因而旅游经济的发展过程，也就是世界各个民族文化频繁交流的过程。旅游经济对文化的积极作用主要表现在以下几方面：

一是旅游经济的发展促使各民族优秀的传统文化得到发掘、振兴和光大。在旅游经济活动中，旅游者神往的是各民族独特的文化，它是各国发展旅游业必须珍惜并充分利用的旅游资源。许多趋向于衰退和消失的优秀民族文化，只有在旅游的发展中才能重新复活并振兴和发展。

二是旅游经济的发展促使民族文化的个性更加突出。现代文明的发展，促进了世界各民族文化的交流，在文化交流中必然有选择和淘汰。旅游经济活动是推动世界各民族文化交流中最广泛、最深刻的方式。在旅游中，通过各种物质文化、非物质文化及语言的广泛交流，使民族文化的精华得到锤炼、保留及发扬，而落后的东西则将逐步淘汰，从而使各民族文化的个性更加突出，增强了民族文化特色对旅游者的吸引力。

三是旅游经济的发展促进了整个人类精神文明的进步。通过旅游交往来了解其他国家和人民，是文化交流的重要途径。旅游经济活动促使各国人民具有了国际观念和开放意识，增强了人们对经济改革与发展的紧迫感，加深了各国人民之间的相互了解及友谊，加强了国家之间科技、文化的交流等等，从而促进了整个世界文明的进步。

但是，旅游经济发展对文化也有一定的消极影响。一方面，随着大量外国旅游者的到来和外来文化的冲击，可能使优秀珍贵的民族文化发生蜕变、甚至消退，可能带来一些腐朽的生活方式等等，从而使民族文化的健康发展受到冲击。另一方面，为适应旅游经济发展的要求，会使许多优秀的民族文化内容变成一种商业性的娱乐内容，从而失去其原有文化蕴含的特色，并促使一些优秀民族文化的实质发生改变。因此，在发展旅游经济的同时，必须对民族文化进行分析，以促使民族文化的特色及精华能随旅游经济的发展而发展。

四、旅游经济对环境的作用及影响

旅游经济的发展促进了国民经济的发展，使世界上许多国家竞相大力发展旅游业，并促使各国重视对旅游资源及生态环境的保护，以实现旅游业的可持续发展。例如，国际、国内进行的各种世界遗产的保护，自然保护区、风景名胜区、历史文物的评级和保护，既保护了人类社会的生存环境和优秀文化遗产，又为旅游经济的发展提供了丰富的内容。

但是，旅游业的发展也引起了一系列生态破坏、环境恶化的情况。例如，泰国著名旅游风景区帕塔亚海滩，曾是诗一般的秀丽，而今到处充斥游客丢下的各种垃圾，大量的排泄物使海水也受到污染；世界登山圣地喜马拉雅山，由于大量登山者的光顾，而失去昔日“纯洁”的形象；埃及的金字塔及狮身人面像，在许多游客的不文明行为下正经受着侵蚀性的破坏；一些原始森林因旅游开发而遭破坏……总之，随着旅游业的发展，其对环境造成的破坏性影响也是突出的。

因此，发展旅游经济必须同保护环境协调起来。通过对环境的保护，为发展旅游业创造更好的条件；通过发展旅游业，改善环境，提高环境的美感，从而把发展旅游经济和保护旅游资源、旅游环境有机统一起来，达到既发展旅游经济，又保护环境的目的，真正实现旅游业的可持续发展。

复习与思考

一、重点概念

现代旅游　现代旅游经济　旅行社　旅游饭店　旅游交通

二、简答题

1. 现代旅游与传统旅游有何区别？
2. 旅游经济具有哪些性质特征？
3. 旅游经济的产业化有哪些标志？
4. 旅游经济与文化有何联系和影响？
5. 旅游经济对环境有何作用和影响？

三、论述题

1. 论述旅游经济形成的条件及过程。
2. 论述旅游经济在国民经济中的地位和作用。

案例分析

2002 年世界旅游经济发展分析①

2002 年，是全球国际旅游走出美国“9・11”事件的阴影笼罩、实现恢复性增长的一年。尽管世界一些国家和地区仍然时有恐怖事件发生，但由于整个世界经济增长率回升，再加上许多国家加大了旅游宣传促销和安全性管理的力度，使 2002 年全球接待国际入境旅游人数突破了 7 亿人次，达

① 引自罗明义：《2002 年世界旅游发展回顾和 2003 年展望》，载《旅行报》2003 年 2 月 27 日。

到7.15亿人次，比2001年的6.93亿人次增加了2200万人次，增长率达到3.1%，高于全球2.7%的经济增长率大约0.4个百分点。正如世界旅游组织(WTO)在最新报告中所说的："2002年世界旅游增长比预期好，再一次证明旅游业是具有较强弹性的经济产业。"①

(一)全球国际旅游发展比预期好

一是根据世界旅游组织2003年1月底公布的统计数据，2002年全球旅游业发展远比预期好得多。从案例表-1中可以看出，该年全球国际旅游入境总人数达到7.15亿人次，比上年增长了3.1%，增幅回升了3.6个百分点。尽管2002年各大旅游区国际入境旅游人数增长率不一样，但增幅都明显大幅度回升。其中，欧洲地区国际入境旅游者4.11亿人次，比上年增长2.4%，增幅回升了2.7个百分点；亚太地区国际入境旅游者1.31亿人次，增长了7.9%，增幅回升了2.9个百分点；美洲地区国际入境旅游者1.20亿人次，虽然增长率仍然为负数(—0.6%)，但增幅却回升了5.1个百分点；非洲地区国际入境旅游者2870万人次，增长了3.7%，增幅回升了1.2个百分点；中东地区接待国际旅游者2430万人次，增长了10.6%，增幅回升了14.5个百分点。因此，世界旅游组织秘书长弗朗加利说："对2002年国际旅游发展我们是相当满意的，展望2003年我们也是谨慎而乐观的。"②

案例表-1　1990—2002年世界及各区域国际入境旅游者比较

世界和区域	国际入境旅游者人数(万人次)					增长率(%)		
	1990	1995	2000	2001	2002	2000	2001	2002
全世界	45 630	55 170	60 610	60 200	71 460	6.8	—0.5	3.1
欧洲地区	28 220	32 420	40 280	40 140	41 100	5.8	—0.3	2.4
亚太地区	5 770	8 560	11 530	12 100	13 060	12.3	5.0	7.9
美洲地区	9 290	10 890	12 830	12 100	12 020	5.0	—5.7	—0.6
非洲地区	1 500	2 000	2 700	2 770	2 870	3.2	2.5	3.7
中东地区	900	1 310	2 270	2 130	2 410	13.1	—3.9	10.6

资料来源：World Tourism Organization，27，January. 2003

① WTO:World Tourism in 2002:Better then expected,27,January,2003.

② WTO:World Tourism in 2002:Better then expected,27,January,2003.

二是世界旅游经济走出低谷。2002年年初，世界旅游理事会(WTTC)曾根据2001年旅游卫星账户作出预测：由于“9·11”恐怖事件造成的危机和可能对伊拉克进行军事打击等因素的影响，将使2002年世界旅游经济持续走低，世界旅游总需求预计达到42 111亿美元，将比上年继续下降0.4%；旅游业GDP预计达到11 951亿，下降0.9%；旅游经济GDP预计达到32 825亿美元，下降0.3%；旅游业就业人数预计为7 171万人，下降2.0%；旅游经济就业人数预计为19 810万人，下降0.8%。[①]到2002年年底，不仅全球国际旅游发展比预期好，而且世界旅游经济发展也出现转机，呈现出良好的发展态势。特别是全球国际旅游出现恢复性增长，使2002年世界旅游经济也开始走出低谷。从世界旅游理事会公布的“2002年旅游卫星账户”的最新数据，2002年世界旅游总需求达到42 355亿美元，仅比上年下降0.1%，比年初预测回升0.3个百分点；旅游业GDP达到12 115亿，比上年增长了0.1%，回升了1.0个百分点；旅游经济GDP达到33 179亿，增长了0.6%，回升了0.9个百分点；旅游业就业人数预计为7 194万人，仅比上年下降1.7%，回升了0.3个百分点；旅游经济就业人数预计为19 867万人，仅下降0.5%，回升了0.3个百分点。世界旅游经济已开始走出低谷，主要指标均呈现出恢复性增长的态势。

(二)区域旅游格局出现新变化

根据2002年世界旅游统计的初步结果，反映出全球区域旅游格局出现了新变化。欧洲地区接待国际旅游者占全球的57.5%，仍处于全球第一位的牢固地位；亚太地区由于连续几年保持持续增长，接待国际旅游者已占全球的18.3%，超过美洲地区而跃居全球第二位；中东地区和非洲地区虽然在2002年实现了国际旅游快速增长，并且超过全球的平均增长率水平，但由于其接待国际旅游者的总量太小，因此占全球的市场份额仍然较低。从2002年各大区域国际旅游的发展情况看，反映出以下不同的新变化和新特点：

① WTTC：The Travel & Tourism Economy 2002 Special End of Year Update，January，2003.

1. 欧洲旅游曙光再现。进入2002年后，欧洲地区逐渐摆脱了“疯牛病”和美国“9·11”事件的负面影响，尤其是欧盟统一金融体系的启动使国际旅游曙光再现，呈现出恢复性增长的发展态势，全欧洲接待国际旅游入境人数增长率达到2.4%，比上年回升了2.7个百分点。其中，中东欧地区增长了3.9%，北欧地区增长了2.3%，南欧和地中海地区增长了2.2%，西欧地区增长了1.8%。

2. 亚太旅游迅速崛起。亚太地区国际旅游是遭受美国“9·11”事件影响较小的区域，虽然2001年国际旅游增长率比上年下降了7.2个百分点，但仍然保持了5.0%的增长率，2002年继续保持增长7.9%。其中包括中国在内的东北亚增长11.9%，东南亚增长3.9%，南亚增长2.0%，大洋洲增长1.1%。其中，东北亚和东南亚接待国际旅游入境人数达到11 510万人次，占全球接待总人数的16.1%，占整个亚太地区接待总人数的88.1%。随着亚太地区国际旅游的迅速崛起与发展，2002年亚太地区接待国际旅游入境人数已经达到13 060万人次，占全球接待总人数的18.3%，首次超过美洲地区而跃居世界第二大国际旅游目的地。

3. 美洲旅游未脱困境。2002年，美洲地区国际旅游仍未摆脱困境，是全球惟一出现接待国际旅游入境人数下降的区域，全年共接待国际旅游入境人数12 020万人次，比上年下降了0.6%。其中，北美已经遏止住下滑的势头，接待国际旅游入境人数8 530万人次，比上年增长了0.4%，回升7.2个百分点，主要贡献来自加拿大，增长1.7%，而美国仍然下降0.1%；中美洲共接待国际旅游入境人数480万人次，比上年增长了9.7%；南美和加勒比海地区国际旅游出现持续下降，分别比上年下降了7.0%和3.0%，主要原因既有“9·11”事件以后人们出行大多数不坐飞机带来的影响，也有南美部分国家经济不景气造成的影响。

4. 非洲旅游南强北弱。2002年，非洲仍然保持高于全球国际旅游平均增长水平的速度发展，全年共接待国际旅游入境人数达到2 870万人次，比上年增长了3.7%，但未达到非洲20世纪90年代平均增长6.1%的水平。而且从1990至2000年非洲各区域国际旅游发展情况看，北部非洲国际旅游入境人数从840万人次增加到1 060万人次，年均增长率为1.8%;而南部非洲从660万人次增加到1 700万人次,年均增长率为10.0%,反映出“南强北弱”的发展态势。2002年这一态势仍很明显,南部非洲地区接待国际旅游者达1 860万人次,比上年增长了8.5%,增幅比上年增加了7.5个百分点;而北部非洲地区接待国际旅游者为1 010万人次,比上年的1 060万人次减少了50万人次,下降了4.0%。

5. 中东旅游高速增长。中东地区一直是战争敏感的地区,但也是国际旅游的重点区域之一。从1990年至2000年,该地区接待国际旅游入境人数从900万人次增加到2 270万人次,年均增长率达到了9.7%,是全球10年中年均增长率最高的区域之一。尽管2002年打击伊拉克的形势逐步升级,但中东地区接待国际旅游入境人数仍然达到2 410万人次,比上年净增了230多万人次,增长率高达10.6%。

(三)部分主要旅游接待国发展态势良好

2002年世界旅游业实现恢复性增长,主要来自部分旅游接待国家和地区国际入境旅游人数的快速增长。如欧洲的土耳其和比利时分别增长13.6%和7.8%,亚洲的中国、日本和伊朗也是呈现两位数增长,增长率分别为11.0%、10.0%和17.0%,美洲的阿根廷增长率达到15.0%,非洲的加纳和南非增长率都是9.9%,中东的阿联酋和埃及分别增长了30.0%和9.4%。从世界旅游组织公布的2002年接待国际旅游者最多的前5个国家的增长率看(见表—2),除了居第三位的美国仍然下降0.1%之外,位居第一的法国增长了2.0%,居第二位的西班牙增长了3.3%,居第四位的意大利增长了1.1%,居第五位的中国增长了11.0%。前五位国家共接待国际旅游者25 019万人次,占全球国际旅游入境总人数的35%。

案例表-2　2002年世界前五个国家接待国际旅游者和旅游外汇收入

旅游接待国家	接待国际旅游者			国际旅游收入(2001)		
	排序	人数(万人)	增长率(%)	排序	收入(亿欧元)	市场份额(%)
法国	1	7 670	2.0	3	335	4.7
西班牙	2	5 170	3.3	2	367	5.1
美国	3	4 550	−0.1	1	807	11.3
意大利	4	3 949	1.0	4	290	4.1
中国	5	3 680	11.0	5	199	2.8

注:美元与欧元的汇率为1美元∶1.11欧元。

资料来源:World Tourism Organization,January,2003。

第二章　旅游产品

学习目的

●熟悉旅游产品的基本概念
●掌握旅游产品的特征及类型
●了解旅游产品开发及策略

基本内容

旅游产品的性质和特征
●基本概念：旅游产品
●旅游产品的经济性质
●旅游产品的基本特征
旅游产品的构成
●旅游产品的一般构成
●旅游产品的需求构成
●旅游产品的供给构成
●旅游产品的市场构成
旅游产品的类型及开发
●旅游产品的类型
●旅游产品开发的原则
●旅游产品开发的内容
●旅游产品开发的策略

案例分析

●云南精心打造“八大旅游产品”

第一节 旅游产品的概念及特征

一、旅游产品的概念

旅游产品，一般是指旅游者向旅游经营者购买的、旅游活动中所消费的各种物质产品和服务的总和。由于现代旅游活动是一种综合性的社会经济活动，因此要求旅游产品也应该是丰富多样的，才能更好地满足旅游者的需求。而旅游产品内容的丰富多样性，使人们对旅游产品概念的认识和理解也各有不同。

从旅游市场角度看，旅游产品是指旅游者和旅游经营者在市场上交换的、主要用于旅游活动中所消费的各种物质产品和服务的总和，既包括旅游者在旅游活动过程中，对食、住、行、游、购、娱方面的物质产品与服务的消费，也包括对邮电通信、医疗保健、安全保险等各种必需的其他消费。按照旅游者和旅游经营者在市场中所交换的旅游产品情况看，旅游产品通常包括单项旅游产品、组合旅游产品和整体旅游产品三种类型。

从旅游需求方面看，旅游产品是指旅游者花费一定的时间、费用和精力所获得的一段旅游经历和感受。这个经历和感受包括旅游者从离开常住地开始、到达旅游目的地旅游、直到旅游结束又回到常住地的全部过程中，所接触的各种事物和所接受的各种服务的整个经历和感受。从旅游者的角度来看，旅游产品应该达到内容的丰富性、结构的配套性、质量的均等性等基本的要求。

从旅游供给方面看，旅游产品是指旅游经营者凭借一定的旅游资源、旅游设施和其他媒体，向旅游者提供并能满足其在旅游活动中所需要的各种产品和服务的总和。通过旅游产品的生产与销售，旅游经营者能够获得预期的旅游经济收益，实现盈利的经营目的。从旅游经营者角度看，旅游产品既不同于工农业生产的物质产品，也不同于一般服务行业所提供的服务性产品，而是一种特殊的产品，具有其自身的性质和特征。

二、旅游产品的经济性质

马克思认为，任何劳动产品要成为商品，必须是能满足人们的某种需求，并能够用于交换的产品，即具有使用价值和价值。旅游产品之所以能成为市场交换的商品，也是因为它和其他产品一样，具有一般商品所具有的基本属性，也就是使用价值与价值的统一。因此，要认识旅游产品的经济属性，还必须进一步分析旅游产品的使用价值、旅游产品的价值及价值量的确定。

（一）旅游产品的使用价值

一般产品的使用价值，是指在满足人们物质或精神方面需求所提供的效用。所谓效用，是指消费者从消费某种产品中所得到的需要的满足程度，它是一种心理现象，是存在于产品本身的一种物质属性。旅游产品的使用价值除了具备一般产品的属性外，还具有区别于其他产品的特殊性质。这种特殊性质具体表现在以下几方面：

1. 旅游产品使用价值的多效用性。旅游产品的综合性决定了其与一般产品相比较具有的使用价值的多效用性。通常，一般物质产品的使用价值只能满足人们某一方面或局部的需要，而旅游产品的使用价值则能满足旅游者物质生活和精神生活的多种需要，从提供食、住、行等基本的物质生活需要，到能满足人们更高层次的观光、游览、娱乐等精神生活的需要。

2. 旅游产品使用价值的多功能性。旅游产品的动态性决定了一个整体的旅游产品具有使用价值的多功能性，即旅游产品没有稳定的固定形态和模式，而是能够根据旅游者的不同需要、旅游产品的成本及旅游市场的供求状况等，设计和开发出高、中、低等若干不同规格档次的旅游产品，并制定相应的旅游产品价目表，无论是哪一种规格档次和价格的旅游产品，其使用价值都能满足不同消费层次的旅游者的需要，并同时提供各种不同功能的旅游服务。

3.旅游产品使用价值的多样性。旅游产品的使用价值通常包括基本部分和附属部分，即在旅游产品的使用价值构成中，既有构成旅游产品使用价值中必不可少的基本部分，例如食、住、行、游、娱、购等基本的旅游服务；又有构成旅游产品使用价值中可有可无的附属部分，如医疗服务、通信服务、汇兑服务等，这些服务虽然不属于旅游产品使用价值的基本部分，但属于附属部分，一旦旅游者需要，旅游经营者也要责无旁贷地提供。

4.旅游产品使用价值的重复性。旅游产品的服务性决定了其使用价值可以在不同时期重复使用，甚至在较长时期内发挥有效性。一方面，旅游产品的交易不涉及所有权的转移，同一旅游产品既不能由任何人随意携带，也不能为某一旅游者个人独占和享受，因此旅游产品的使用价值可以供许多旅游者同时使用；另一方面，旅游服务的提供是一种现场服务，即旅游者到服务场地消费和享受，因此随着加强对旅游资源的保护、开发和利用，随着旅游从业人员素质的不断提高，旅游产品的使用价值不仅可以在较长时期内重复使用，而且其效用和功能还会不断完善和提高。

（二）旅游产品的价值

价值是商品的社会属性，是凝结在商品中的一般人类劳动。根据马克思的服务理论，没有实物形式的商品性服务在生产过程中既消耗具体劳动，也消耗抽象劳动。马克思指出："……一部分纯粹的服务（它不采取实物的形式，不作为物而离开服务者独立存在，不作为价值组成部分加入某一商品），能够（由直接购买劳动的人）用资本来购买，能够补偿自己的工资并提供利润。"① 因此，旅游产品的价值和其他任何产品的价值一样，都是无差别的人类的一般劳动，是旅游产品所凭借的实物劳动产品的转移价值和提供旅游服务新创造价值的总和，其价值同一般产品一样也由三个部分所组成。

1.转移价值，即旅游经营者向旅游者提供旅游服务时，所凭借的各种旅游服务设施设备的折旧，提供餐饮、住宿、娱乐等旅游活动所耗费

① 《马克思恩格斯全集》第26卷（I），北京，人民出版社1960年，第158—159页。

的各种原材料、辅助材料消耗等，它们是旅游行业或其他行业劳动者过去所创造价值的转移，属于社会总产品中的不变部分(C)的转移价值。

2. 补偿价值，是由旅游从业人员依托一定的物质条件，以特殊的服务技能和方式向旅游者提供服务所创造的新增价值的一部分，即用于补偿旅游经营者和旅游服务人员活劳动支出的工资与福利，是用以维持劳动力再生产所消耗的物质资料的价值，形成旅游产品价值中的可变部分(V)，是社会总产品中补偿劳动者提供各种旅游服务的新增价值。

3. 剩余价值，即旅游从业人员超过社会必要劳动时间，而为社会所创造的新增价值部分，形成旅游产品价值中的剩余价值部分(m)，是满足社会扩大再生产及其他公共消费需求，并以积累基金和社会消费基金等形式所表现出来的社会总产品中的公共必要产品。

综上所述，旅游产品的价值是由转移价值、补偿价值和剩余价值所组成(C ＋ V ＋ m)。其中V ＋ m是旅游产品的新增价值部分，构成社会必要产品，是旅游经济运行的核心成果，也是旅游业对社会经济发展作出的贡献。

(三)旅游产品价值量的确定

旅游产品的价值和其他任何产品的价值一样，都是无差别的人类的一般劳动，从价值决定和价格形成的角度来看，旅游产品价值量的大小取决于生产旅游产品的社会必要劳动时间。但由于旅游产品的特殊性，还决定了其价值量的确定还具有以下特定的性质：

1. 旅游产品价值量的确定以质量为标准。旅游服务是旅游产品价值的核心，旅游服务质量的好坏直接影响旅游产品价值的实现。在旅游服务设施和服务条件相同的情况下，高质量的旅游服务反映旅游产品的质量好，价值大；而低水平的旅游服务则反映旅游产品的质量差，价值小。因此，旅游服务质量的优劣直接影响到旅游产品价值量的确定。旅游服务质量的优劣与旅游从业人员的文化素质、业务技能、职业道德水平密切相关，而与劳动量投入的多少无直接相关关系。因此，只有提供高质量的旅游服务，才能不断提高旅游产品的价值量，保证旅游产品价值的有效实现。

2.旅游产品价值量的确定具有一定的垄断性。旅游资源是旅游产品构成的重要内容，旅游资源的种类和特色，决定了在旅游产品价值量的计算上存在较大差异。如人文景观中的历史文物古迹，除了是前人劳动的结晶外，历代人们的维修保养也付出了大量劳动，故其价值难以估量，从而使这些旅游资源具有无法替代的历史价值，这种价值不能以消耗多少劳动量去衡量，而这种价值的不可估量性反映在价格上即为垄断性。此外，某些自然旅游资源由于其特殊的价值和惟一性，使其价值量也难以用劳动消耗的多少来估量。因此，某些旅游产品的价值量具有一定的垄断性，由此而形成了某些旅游产品的垄断价格。

3.旅游产品价值量随旅游产品的组合而变化。旅游产品是由多种旅游生产要素组合而成的，某些旅游生产要素具有一定的垄断性，而某些旅游生产要素如旅游住宿设施同其他物质产品一样，其价值量也是由凝结于其中的社会必要劳动量来决定的。但是，由于这些旅游设施受旅游经济活动的特点所影响，因而在旅游产品的组合过程中其价值量也会发生变化而产生新的附加价值，从而使旅游产品价值量随旅游生产要素配置和旅游产品组合的变化而变化。通常，如果旅游者在旅游活动过程中享受的旅游产品垄断性高、旅游设施环境条件和服务内容优，则这些旅游产品的价值量就大，相应其价格自然也就高。

三、旅游产品的基本特征

旅游产品作为一种以服务为主的综合性产品，既不同于一般工农业生产的物质产品，也不同于一般服务行业所提供的服务性产品，而是与这两类产品既有联系、又有区别的特殊产品，其特征主要表现为以下几方面：

（一）旅游产品的综合性

现代旅游活动是一种综合性的社会、经济、文化活动，要满足旅游者物质、精神等多方面的需求，从而要求旅游产品的内涵也必须是丰富多样的。因此，旅游经营者出售给旅游者的旅游产品，通常是包括食、住、行、游、购、娱在内的综合性产品。这种综合性既体现为物质产品与服务产品的综合，又体现为旅游资源、基础设施和接待设施的结合。此外，旅游产品的综合性还因为涉及众多的相关部门和行业，如直接向旅游者提供产品和服务的旅馆业、餐饮业、交通业、游览点、文化娱乐场所，间接向旅游者提供产品和服务的工农业、商业、建筑业、轻工业、纺织业、食品业以及金融、海关、邮电、文化、教育、园林、科技、卫生、公安等部门。

（二）旅游产品的无形性

旅游产品是一种服务性产品，而服务性产品的基本特征是无形性。旅游产品的无形性表现在两方面：一方面，旅游产品的主体内容是旅游服务，旅游服务的使用价值必须是旅游者到达旅游目的地，并在旅游活动中享受到交通、住宿、餐饮和游览娱乐的服务时才体现出来；另一方面，旅游产品的价值不是凝结在具体的实物上，而是凝结在无形的旅游服务之中，只有当旅游者消费各种旅游服务时，旅游产品的价值才真正得以实现。旅游产品的这一特征表明，在大体相同的旅游基础设施条件下，旅游产品的生产及供应可以具有很大差异，因此，旅游产品的深层开发和对市场需求的满足较多地依赖于无形产品的开发，也就是提高旅游服务的质量和水平。

（三）旅游产品的同一性

旅游产品具有生产与消费的高度同一性，即旅游者必须进入旅游目的地后，旅游产品才开始生产，旅游消费也同时进行。一旦旅游者离开旅游目的地，则旅游生产与消费也立即终止。因此，旅游产品的同一性决定了旅游产品不仅不能储存，而且一旦旅游消费结束则旅游生产也就自然停止。另外，物质产品的生产过程是独立于消费过程之外的，因而生产与消费是分离的，可以先生产，后消费；而旅游产品的同一性决定了旅游产品生产不像物质产品生产，必须是生产过程与消费过程相统一，才能既有效地完成对旅游者的服务，又保证旅游生产过程的顺利完成。

（四）旅游产品的依存性

旅游产品对于公共物品具有较强的依存性。一是旅游产品中的旅游吸引物，如自然景观和人文景观，大多属于公共物品，具有一定程度的消费非竞争性；二是旅游产品构成中的基础设施主要是以服务于社会各个行业而存在的公共物品，旅游产品在其组合过程中只是部分地利用或暂时性利用，并不排斥其他行业或部门对公共基础设施的利用。虽然这些公共物品不完全是旅游产品，但是没有某些可供旅游者观赏的自然、人文景观和良好的基础设施条件，旅游产品的生产和供给就会十分困难，因而旅游产品对公共物品具有较强的依存性。

（五）旅游产品的固定性

旅游产品与物质产品及一般服务产品的最大区别是相对固定性，因为旅游产品其所凭借的旅游资源和基础设施是相对固定不变的。因此，不是把旅游产品运送给旅游者消费，而是把旅游者运送到旅游目的地进行消费，即发生运动的是旅游者而不是旅游产品。此外，旅游产品的交换也不同于物质产品。物质产品的交换必然带来所有权的转移，而旅游产品的交换仅仅表现为旅游者对旅游产品的暂时使用权，并不是所有权的转移。因此，就导致不同的旅游目的和不同类型的旅游产品之间不仅具有相对固定性，而且存在着较强的替代关系，同时市场竞争也很激烈，从而使旅游产品的开发和经营具有较大的风险性。

（六）旅游产品的动态性

从旅游者的角度来看，旅游产品是指旅游者花费一定的时间、精力和费用所获得的一段旅游经历。这个经历包括旅游者从离开常住地开始，到旅游结束归来的全部过程中，对所接触的各种事物和所接受的服务的综合感受。由于人的需求是不断变化的，因此旅游产品不同于一般物质产品具有稳定的形态，而是随着旅游者需求变化而相应变化的，即在旅游产品的内容、组合结构、服务质量上存在着差异性。旅游产品的动态性一方面体现了其满足旅游者需求的灵活性，另一方面也增加了旅游产品质量管理的难度，从而要求构成旅游产品的各种单项产品和服务，在质量上应当是均一的，结构上应该是配套的，保证整个旅游活动过程各个环节的衔接和配合，才能使旅游者获得良好的旅游感受。

（七）旅游产品的脆弱性

旅游产品是一种风险性较大的产品，易受各种因素的影响而发生变动。首先，旅游产品是一种综合性产品，包括食、住、行、游、购、娱等要素，一旦各要素间比例关系失调，会直接影响旅游产品价值的实现。其次，旅游产品又是一种外向型产品，贸易壁垒、汇率变动、国际市场竞争及客源国政治、经济的变化，都会影响旅游客源的变化。此外，各种自然灾害，如地震、季节变化、疾病流行、环境污染、生态恶化等因素，都会影响旅游产品的销售和价值的实现。因此，旅游产品具有脆弱性的特点。

第二节 旅游产品的构成

一、旅游产品的一般构成

现代市场营销理论认为，一切产品都由三个部分所组成，即产品的核心部分、形式部分和延伸部分。核心部分是指产品满足消费者需求的基本效用和核心价值；形式部分是指构成产品的实体和外形，包括款式、质量、商标、包装等；延伸部分是指随产品的销售和使用而给消费者带来的附加利益。旅游产品是一种综合性产品，其产品内涵和构成内容十分丰富。因此，根据现代市场营销理论，旅游产品的一般构成也同样由核心部分、形式部分和延伸部分所组成。

（一）旅游产品的核心部分

旅游产品的核心部分是指旅游吸引物和旅游服务。它是满足旅游者从事旅游活动最基本的需要，也是整个旅游产品的基本部分。

旅游吸引物是指一切能够吸引旅游者的旅游资源及各种条件，它既是一个地区能否进行旅游开发的先决条件和旅游者选择旅游目的地的决定性因素，也是构成旅游产品的基本要素。旅游吸引物的存在形式，既可以是物质实体，也可以是某个事件，还可能是一种自然或社会现象。旅游吸引物按属性可划分为自然吸引物、人文吸引物、特产吸引物三大类。自然吸引物包括气候、森林、河流、湖泊、海洋、温泉及火山等自然风景资源；人文吸引物包括文物古迹、文化艺术、城乡风光、民族风情及建设成就等人文旅游资源；特产吸引物则主要包括土特产品、风味佳肴、旅游工艺品等。

旅游服务作为旅游产品的核心部分，是依托旅游资源和旅游接待设施向旅游者提供的各项服务。旅游产品，除了在餐饮和旅游活动中消耗的少量有形物质产品外，大量的是接待服务和导游服务。按照旅游活动的过程，旅游服务可分为售前服务、售时服务和售后服务三部分。售前服务是旅游活动前的准备性服务，包括旅游产品设计、旅游线路编排、出入境手续、货币兑换等；售时服务是在旅游活动过程中向旅游者直接提供的食、住、行、游、购、娱及其他服务；售后服务是当旅游者结束旅游后离开目的地时的服务，包括送到机场、车站，办理有关离境手续，托运行李、委托代办服务等。

（二）旅游产品的形式部分

旅游产品的形式部分是指旅游产品的载体、质量、特色、风格、声誉及组合方式等，是旅游产品核心部分向生理或心理效应转化的部分，属于旅游产品向市场提供的实体和劳务的具体内容。

旅游产品的载体，主要指各种旅游接待设施、景区景点、娱乐项目等，是以物化劳动表现出来的、具有物质属性的实体，是整个旅游产品不可缺少的载体。尽管有的旅游吸引物，如阳光、气候、海水、森林、名山大川等属于自然生成物，不包括任何人类劳动的成分，但这些自然物却是旅游产品不可缺少的自然基础；而文物古迹、园林景观、文化遗址、历史名胜等则属于古代人类的劳动结晶，蕴含丰富的文化价值，也是旅游产品必不可少的载体。

旅游产品的质量、特色、风格及声誉，是依托各种旅游资源、旅游设施而反映出来的外在价值，是激发旅游者的旅游动机、吸引旅游者进行旅游活动的具体形式。由于旅游资源和旅游接待设施等方面的差别，从而形成了旅游产品不同的品位、质量、特色、风格及声誉，即旅游产品的差异。

旅游产品也是一种组合性产品，即对构成旅游产品的各种要素进行有机组合，以更好地满足旅游者的多样性需求。因此，组合方式也成为旅游产品的形式部分，不同的组合方式形成不同的旅游产品。

（三）旅游产品的延伸部分

旅游产品的延伸部分，是指旅游者购买旅游产品时获得的优惠条件、付款条件及旅游产品的推销方式等，是旅游者进行旅游活动时所得到的各种附加利益的总和。虽然延伸部分并不是旅游产品的主要内容，但旅游者在旅游过程中购买的是整体旅游产品，因而在旅游产品核心部分和形式部分的基本功能确定之后，延伸部分往往成为旅游者对旅游产品进行评价和决策的重要促成因素。因此，旅游经营者在进行旅游产品营销时，应注重旅游产品的整体效能，除了要突出旅游产品核心部分和形式部分的特色外，还应在旅游产品的延伸部分上形成差异性，以赢得市场竞争的优势。

二、旅游产品的需求构成

旅游产品是一种直接面向旅游者的最终消费品，因而从消费需求角度出发，可以从旅游者需求程度和消费内容两方面来分析旅游产品的构成。

(一)按旅游者的需求偏好分析

按旅游者的需求偏好分析，一般可以将旅游产品分为游览观光旅游产品、休闲度假旅游产品和特种旅游产品三大类。游览观光旅游产品，是指满足旅游者以游览自然风光、观赏文化遗迹、了解历史名胜等为主要目的旅游产品，是一种大众化的旅游产品，它构成现代旅游活动的主体内容。休闲度假旅游产品，是指以满足旅游者消遣、娱乐、度假、康体等需求偏好的旅游产品，随着人们生活质量的改善和生活水平的不断提高，这类旅游产品在旅游活动中的比重日益提高。特种旅游产品，是指以满足旅游者在探亲访友、会展商务、宗教朝觐、学习考察、科考探险等特殊需求偏好的旅游产品，其类型多样、内容广泛，是对前两种旅游产品的重要补充，并能够满足人们的多样性旅游需求偏好。

(二)按旅游者的需求程度分析

按旅游者的需求程度分析，旅游产品可分为基本旅游产品和非基本旅游产品。基本旅游产品是指旅游者在旅游活动中必需购买的，而且需求弹性较小的旅游产品，如住宿、饮食、交通等都是旅游活动中必不可少的；非基本旅游产品是指旅游者在旅游活动中不一定购买的，而且需求弹性较大的旅游产品，如旅游购物、医疗保健服务、通信服务等。基本旅游产品和非基本旅游产品的划分，有助于旅游经营者针对不同的旅游消费需求，提供不同内容的旅游产品，满足旅游者的多样性消费需求；同时，也有助于旅游者在选择和购买旅游产品过程中，有计划地调整自己的消费结构和消费水平，使旅游活动更加轻松舒适，以达到益身益心的旅游目的。

（三）按旅游者的消费内容分析

按旅游者的消费内容分析，旅游产品主要由食、住、行、游、购、娱等组成，即要求旅游经营者分别向旅游者提供饮食、住宿、交通、游览、购物、娱乐等方面的消费内容。饮食和住宿是向旅游者提供基本生活条件的消费，交通是向旅游者提供实现旅游活动的主要手段，游览是向旅游者提供旅游活动的中心内容，购物是向旅游者提供辅助性消费的内容和形式，娱乐则向旅游者提供一些愉悦的参与性体验和感受。从旅游消费结构来说，旅游产品中食、住、行、游、购、娱六个要素的消费潜力是不同的。饮食、住宿和交通存在着一定的消费极限，增加消费的途径是提高饮食质量、增加服务内容和多档次经营；游览和娱乐的消费弹性较大，增加消费的方式是尽可能增加游乐的项目，丰富游乐的内容；购物的消费弹性最大，因而要通过大力发展适销对路、品种多样的旅游商品来提高旅游的消费水平。

三、旅游产品的供给构成

从旅游经营者的角度看，旅游产品是由旅游资源、旅游设施、旅游服务、旅游购物品和旅游便捷性等多种要素所构成的。

（一）旅游资源

旅游资源，是指在自然和人类社会中一切能够吸引旅游者进行旅游活动，并为旅游业所利用而产生经济、社会、生态效益的事物，它既是一个地区能否进行旅游开发的前提条件，也是吸引旅游者的决定性因素。旅游资源按其属性一般分为自然旅游资源和人文旅游资源两大部分。自然旅游资源，是指天然存在并能给人以美感的自然物象和生态环境，包括各种地理景观、山水风光、生物景观、气象天体等；人文旅游资源，是指社会环境中一切吸引人们进行旅游活动的各种人文景观，包括各种古迹和建筑、民族民俗、宗教园林、文化娱乐和旅游商品等。

旅游资源作为旅游活动的对象物，其本质就是具有吸引旅游者的功能，与其他资源相比较的最大差异就是能够激发旅游者的旅游动机，并促成旅游行为。根据不同旅游资源的特点，通过开发和组合可以为旅游者提供各种观光游乐、休闲度假、科学考察、探险寻秘、文化交流等旅游活动，以满足人们丰富生活、增长知识、陶冶情操等多方面的需求。旅游资源是旅游业赖以存在和发展的基础，旅游资源的开发合理、得当，会使旅游资源得到永续的利用，并产生良好的经济效益、社会效益和生态效益，促进旅游业的持续发展。

（二）旅游设施

旅游设施是实现旅游活动所必需具备的各种设施、设备和相关的物质条件，也是构成旅游产品的必备要素。旅游设施一般分为专门设施和基础设施两大类。

专门设施，是指旅游经营者用于直接服务于旅游者的凭借物，通常包括游览设施、餐饮设施、住宿设施、娱乐设施等。游览设施指旅游景区、景点的开发和建设，主要包括供人们登临、游览、憩息的各种设施和设备。餐饮设施是指为旅游者提供餐饮服务的场所和设备，包括各种餐馆、冷饮店、咖啡厅、饮食店等。住宿设施是旅游者在旅行途中的“家”，是能够提供多种服务功能的饭店、度假村、别墅等。娱乐设施是指各种歌舞厅、音乐厅、健身器械、游乐园等。

基础设施，是指为旅游活动有效开展而必不可少的各种公共设施，包括城镇（风景区）道路、桥梁、供电、供热、通信、给排水、排污、消防、环境保护和环境卫生，以及城镇街区美化、绿化、路标、路灯、交通工具、停车场等，是旅游业赖以生存和发展的基础。基础设施不是直接对旅游者提供服务，但在旅游经营中它是直接向旅游者提供服务的旅游部门和企业必不可少的。上述专门设施如游览、食宿、娱乐等设施，都是建立在这些基础设施上面的，如果没有这些方面的设施和设备，上述专门设施的功能就不可能得到有效发挥。

（三）旅游服务

旅游服务是旅游产品的核心，旅游经营者除了向旅游者提供餐饮和旅游商品等少量有形物质产品外，大量提供的是各种各样的接待、导游等服务。因此，旅游产品的无形性也主要是由它的服务性质所决定的。旅游服务的内容主要包括服务观念、服务态度、服务项目、服务价格、服务技术等。

服务观念是旅游从业人员的价值观，是从事服务工作的前提。旅游服务所表现的是一种人与人的关系，因而只有建立完整的合乎实际的服务观念，达到社会认知、自我认知和工作认知的协调一致，才可能具有积极主动的服务精神和服务态度。

服务态度是服务观念的具体化，是服务质量的外在集中表现，不仅表现出服务人员对旅游者的尊重和理解，而且也表现出服务人员的气度、修养和文明素质，因此是旅游者关注的焦点，也是提高旅游服务的重点。

服务项目是依托旅游服务设施向旅游者提供的各种服务，服务项目内容的多少和服务效率的高低，不仅决定着是否能为旅游者提供方便、快捷、高效的服务，也是增强旅游企业竞争力的关键所在。

服务价格是旅游服务内容和质量的货币表现形式，与服务内容和质量有着密切的相关关系。通常，质价相符，旅游者满意；质优价低，旅游产品竞争力强；质低价高，旅游者不高兴。因此，不同的价格反映着所提供的不同等级的服务，这是国际旅游业的通行原则。

服务技术是搞好旅游服务工作的基础，高超而娴熟的服务技术会成为一种艺术表演，使旅游者从中获得享受，满足旅游者的旅游需求，并提高旅游企业的形象和信誉。因此，服务技术水平的高低就成为评判旅游企业服务质量的标准。

（四）旅游购物品

旅游购物品是指旅游者在旅游活动中所购买的，对旅游者具有实用性、纪念性、礼品性的各种物质形态的商品，亦称为旅游商品。旅游购物品反映了旅游目的地国家或地区的文化和艺术，能够使旅游者更好地了解旅游目的地国家或地区的文化传统，并留下美好的回忆。旅游购物品主要有旅游工艺品、旅游纪念品、文物古玩、金银玉器、土特产品及书法绘画等。由于旅游购物品的种类多、价格高、消费潜力大，因此是旅游产品的重要组成内容，也是旅游创汇的重要来源。

（五）旅游便捷性

旅游便捷性是旅游产品构成中的基本因素之一，它不仅是联接旅游产品各组成部分的中心线索，而且是旅游产品能够组合起来的前提性条件，具体表现为进入旅游目的地的难易程度和时效标准。旅游便捷性的具体内容主要包括：一是有良好的交通通达条件，如现代化的交通工具和方式，国际和国内交通运输网络衔接与联系的方便程度等；二是通信的方便条件，包括通信设施具备与否，其配套状况、规模、能力以及线路布置等是否方便、快捷；三是出入境签证手续的难易、出入境验关程序、服务效率和咨询信息等，不仅影响到旅游目的地的客流量大小，而且对旅游产品的成本、质量、吸引力等都有重要的影响作用；四是旅游目的地社会的承受能力，主要指当地社会公众对旅游开发的态度、社会公众舆论、社会治安状况、社会管理水平、人口密度、交通管理等状况，都是影响旅游便捷性的重要因素。

四、旅游产品的市场构成

旅游产品在市场交换中，既不能按照旅游产品需求构成进行交易，也不能完全按照旅游产品供给构成进行交易，往往需要把供求双方的意愿组合成为市场中可交换的旅游产品，从而就形成了旅游产品的市场构成，具体表现为单项旅游产品、组合旅游产品和整体旅游产品。

（一）单项旅游产品

单项旅游产品，主要指旅游者在旅游活动中所购买和消费的有关住宿、餐饮、交通、游览、娱乐、购物某一方面的物质产品和服务。例如，旅游者乘坐一次航班、订购一间客房、享用一顿美餐、游览一次景点等活动都属于单项旅游产品。单项旅游产品是构成组合旅游产品和整体旅游产品的基本单位，通常只能满足旅游者某一方面的旅游需求，因此，购买单项旅游产品的大多数是散客和自助旅游者。

（二）组合旅游产品

组合旅游产品，是指由旅游经营者根据旅游者的消费需求，把食、住、行、游、购、娱等多种旅游要素组合而形成的旅游产品，又称为旅游线路产品。组合旅游产品大多数是由旅行开发商按照旅游需求和活动规律特点进行设计和开发的。根据不同旅游目的地旅游资源和接待设施条件，把各种单项旅游产品有机组合而形成旅游线路产品，以更好地满足旅游者多方面的旅游需求，因此，购买组合旅游产品的基本上是团队旅游者和一部分散客旅游者。

（三）整体旅游产品

整体旅游产品，主要指在旅游经济活动中，某一旅游目的地能够提供并满足旅游者一次旅游活动所消费的全部物质产品和服务，又称为旅游目的地产品或旅游地产品。它包括若干个单项旅游产品和若干条旅游线路产品，能够充分地满足旅游者的多样性旅游需求，也是旅游目的地国家和地区旅游产品开发的重点。整体旅游产品一般是由旅行社组织的团队旅游者购买，但散客旅游者也可以自行到旅游目的地购买一条或多条旅游线路产品。

第三节　旅游产品的类型及开发

一、旅游产品的类型

旅游产品是一种综合性产品，但也往往以单项产品的形式存在。因此，根据旅游产品的特点、功能及开发程度，可将旅游产品划分为不同的类型。

（一）按旅游产品的特点分类

按旅游产品的特点可划分为观光旅游产品、度假旅游产品、文化旅游产品、商务旅游产品等。

观光旅游产品是指旅游者以观赏、游览自然风光、名胜古迹等为目的的旅游产品。这类旅游产品在世界许多国家又被称为“观景旅游”产品，主要有山水风光、城市景观、名胜古迹、国家公园、主题公园、森林海洋等。观光旅游产品是传统旅游产品，构成了世界旅游产品的主要部分，有些观光旅游产品不仅仅是单纯的观光旅游产品，其文化内涵也很丰富。

度假旅游产品是指旅游者利用假期进行休养和消遣的旅游方式。度假旅游产品有海滨旅游、乡村旅游、森林旅游、野营旅游等。度假旅游产品强调休闲和消遣，要求自然景色优美，有良好的气候，令人满意的住宿设施，完善的文体娱乐设施及便捷的交通、通信条件等，是深受国内外旅游者喜爱的旅游产品。

文化旅游产品是指以旅游者了解异国他乡文化为目的的旅游产品。世界文化旅游产品种类繁多，其中主要有博物馆旅游、艺术欣赏旅游、民俗旅游、怀旧旅游、宗教旅游等。随着社会经济的发展，文化旅游产品通常蕴含着较为深刻而丰富的文化内容，产品吸引对象一般都具有相当高的文化素养和造诣。

商务旅游产品是指人们以外出经营洽谈、商务活动或交流信息为目的的旅游产品。商务旅游产品包括参加会议、商业性活动、公务出差等。随着现代旅游经济的发展，不仅商务旅游越来越频繁，而且商务旅游设施和服务也迅速向现代化发展，并为各类企业家、经营者、营销人员及经济工作者提供多方面的服务。

（二）按旅游产品的功能分类

按旅游产品的功能可分为康体旅游产品、享受旅游产品、特种旅游产品、探险旅游产品等。

康体旅游产品是指能够使旅游者身体素质和体况得到不同程度改善的旅游活动。任何一种旅游活动都有益于旅游者的身心健康，但康体旅游产品更是如此。康体旅游产品包括体育旅游和保健旅游，体育旅游有滑雪旅游、高尔夫球、漂流、海滨滑水、探险等；保健旅游主要有健身旅游、疗养旅游、森林旅游等。康体旅游通常需要一定的设施、器材和场地等条件。

探险旅游产品，是指旅游者从未见过、听过或经历过，既标新立异又使人特别兴奋或惊心动魄的旅游活动。探险旅游产品主要有秘境旅游、海底旅游、火山旅游、沙漠旅游、惊险游艺旅游、斗兽旅游、观看古怪比赛旅游等。探险旅游产品能充分满足旅游者的好奇心，令旅游者处于高度紧张和兴奋状态，从而使旅游者留下难忘的记忆。

特种旅游产品是指旅游者在外出旅游的同时，把学习和探求专业知识、技能作为旅游的主要目的，以增长知识，开阔视野，促进自身业务水平的提高。特种旅游主要有修学旅游、工业旅游、务农旅游、学艺旅游、科技旅游、考察旅游等。这些旅游产品都是满足旅游者某一方面的特殊需要，其内容也多数是业务性很强的活动，因而是一种积极的旅游活动。

享受旅游产品是指随着人们物质生活水平的提高，为满足人们物质和精神的享受而提供的旅游产品，是目前许多国家积极发展的新兴旅游产品。享受旅游产品主要有豪华列车旅游、豪华游船旅游、美食旅游、新婚旅游等。享受旅游通常具有旅游消费高、娱乐项目多、活动自由和有专业的服务人员等特点。

（三）按旅游产品的开发程度分类

按旅游产品的开发程度可分为全新旅游产品、换代旅游产品、改进旅游产品等。

全新旅游产品是指为了满足旅游者的新需求，运用新技术、新方法、新手段而创新开发的旅游产品，包括新的旅游景点、新的旅游饭店、新的旅游项目、新的旅游线路以及新的专项旅游活动等。全新旅游产品开发一般周期长、投资多、风险大，因而有很大的难度，必须认真研究，科学开发。

换代旅游产品是指对现有旅游产品进行较大改造后的旅游产品，如对旅游饭店进行改造而提高服务档次和质量；对旅游景点进行改造而丰富游览内容；在旅游度假中增加保健旅游产品；把一般公园改造为主题公园等。换代旅游产品的开发周期虽然相对较短，风险也较小，但必须针对旅游者的需求变化来进行。

改进旅游产品是指不对原来的旅游产品进行较大改造，而是通过局部的改变或添加部分内容以增强旅游产品的吸引力，从而巩固和拓展客源市场。如旅游饭店增加服务内容，旅游景区增加新景点，旅游路线增加新内容等。

二、旅游产品的开发原则

在旅游产品开发中，无论是对旅游景区景点、宾馆饭店、餐饮娱乐的开发，还是对旅游路线的组合，都首先要对市场需求、市场环境、投资风险、宏观政策等诸多因素进行深入分析，制定多个比较可行的旅游产品开发设计方案，再比较选择其中既符合市场需要又符合目的地特点，且具有竞争力的开发设计方案进行开发。为此，旅游产品开发中必须遵循下述开发原则：

（一）市场导向原则

旅游产品的开发必须从资源导向转换到市场导向，牢固树立市场观念，以旅游市场需求作为旅游产品开发的出发点。没有市场需求的旅游产品开发，不仅不能形成有吸引力的旅游目地和旅游产品，而且还会造成对旅游资源的浪费和生态环境的破坏。

坚持市场导向原则，要根据社会经济发展及对外开放的实际状况，进行旅游市场定位，确定客源市场的主体和重点，明确旅游产品开发的针对性，提高旅游经济效益；要根据市场定位，调查和分析市场需求和供给，把握目标市场的需求特点、规模、档次、水平及变化规律和趋势，从而形成适销对路的旅游产品；要针对市场需求，对各类旅游产品进行筛选，进行加工或再创造，然后设计、开发和组合成具有竞争力的旅游产品，并推向市场。

总之，树立市场观念，以市场为导向，才能使旅游产品开发有据有序，重点突出，确保旅游产品的生命力经久不衰。

（二）效益观念原则

旅游业作为一项经济产业，在其开发过程中必须始终把提高经济效益作为主要目标，同时，旅游业又是一项文化事业，因而在讲求经济效益的同时，还必须讲求社会效益和环境效益，也就是要从整个开发的总体水平考虑，谋求综合效益的提高。

坚持效益观念原则，一是要讲求经济效益，无论是旅游地的开发，还是某条旅游路线的组合，或是某个旅游项目的投入，都必须先进行项目可行性研究，认真进行投资效益分析，不断提高旅游目的地和旅游路线投资开发的经济效益。二是讲求社会效益，在旅游地开发规划和旅游路线产品设计中，要考虑当地社会经济发展水平，要考虑政治、文化及地方习惯，要考虑人民群众的心理承受能力，形成健康文明的旅游活动，并促进地方精神文明的发展。三是要讲求生态环境效益，按照旅游产品开发的规律和自然环境的可承载力，以开发促进环境保护，以环境保护提高开发的综合效益，从而形成保护—开发—保护的良性循环，创造出和谐的生存环境。

（三）产品形象原则

旅游产品是一种特殊商品，是以旅游资源为基础，对构成旅游活动的食、住、行、游、购、娱等各种要素进行有机组合，并按照客源市场需求和一定的旅游路线而设计组合的产品。因此，拥有旅游资源并不等于就拥有旅游产品，而旅游资源要开发成旅游产品，还必须根据市场需求进行开发、加工和再创造，从而组合成特色鲜明、适销对路的旅游产品，树立良好的旅游产品形象。

坚持产品形象原则，要以市场为导向，根据客源市场的需求特点及变化，进行旅游产品的设计；要以旅游资源为基础，把旅游产品的各个要素有机结合起来进行设计和开发，特别要注意在旅游产品设计中注入文化因素，增强旅游产品的吸引力；要充分考虑旅游产品的品位、质量及规模，突出旅游产品的特色，努力开发具有影响力的拳头产品和名牌产品；要随时跟踪分析和预测旅游产品的市场生命周期，根据不同时期旅游市场的变化和旅游需求，及时推出旅游新产品，不断改造和完善旅游老产品，从而保持旅游业的持续发展。

三、旅游产品的开发内容

旅游产品的开发内容主要是根据旅游市场需求，对旅游资源、旅游设施、旅游人力资源及旅游景点等进行规划、设计、开发和组合。包括两方面内容：一是对旅游地的规划和开发，二是对旅游路线的设计和组合。

（一）旅游地开发

旅游地是旅游产品的地域载体。旅游地开发是在旅游经济发展战略指导下，根据旅游市场需求和旅游产品特点，对区域内旅游资源进行开发，建造旅游吸引物，建设旅游基础设施，完善旅游服务，使之成为旅游者停留、活动的目的地。旅游地开发通常可分为五种形式。

1. 以自然景观资源为主的开发。主要以保持自然风貌的原始状况为主，但需要进行道路、食宿、娱乐等配套旅游设施建设，进行环境绿化、景观保护等。这类形式的开发必须以严格控制建设量和建设密度、使人工造景建筑与自然环境协调一致、不允许冲淡和破坏自然景观为前提。

2. 以人文景观资源为主的开发。主要凭借丰富的文化历史古迹和现代建设成就，进行维护、修缮、复原等工作，使其具有旅游功能，如有重要历史文化价值的古迹、遗址、园林、建筑形态。这类形式的开发一般需要较大的投资和维修费用。

3. 在已有旅游产品基础上的创新开发。主要是利用原有旅游产品的声誉和开发的优势，进一步扩大和增添新的旅游活动内容和项目，以达到突出特色、丰富内容，进一步提高旅游产品的吸引力，吸引更多的旅游者。

4. 非商品性旅游资源开发。非商品性旅游资源一般是指少数民族地区的民族风情、传统风俗、文化艺术等。它们虽然是旅游资源但还不是商品，本身并不是为旅游而产生，也不仅仅为旅游服务。对这类旅游资源的开发，需要进行广泛的横向合作，与有关部门共同挖掘、整理、改造、加工和组织经营，在此基础上开发成各种旅游产品。

5. 高科技旅游产品的开发。就是运用现代科学技术所取得的一系列成就进行旅游开发，通过精心构思和设计，再创造出颇具特色的旅游活动项目，如“迪斯尼乐园”、“未来世界”等。现代科技以其新颖、奇幻的特点，融娱乐、游艺、刺激于一体，大大开拓和丰富了旅游活动的内容与形式。

（二）旅游路线的开发

旅游产品开发成功与否与旅游路线能否为旅游者所接受密切相关，旅游路线是满足旅游者消费、需求的具体体现。旅游路线开发，就是把旅游资源，旅游设施和旅游服务综合地联系起来，并与旅游者的期望相吻合，与旅游者的消费水平相适应的组合性创造活动。

从开发过程来看，旅游路线开发充分体现了旅游产品与物质产品在开发方式上的区别。一般物质产品是人们借助于劳动工具将劳动对象加工改造为特定的外貌和内质全然不同的符合人们新需求的有形产品。而旅游产品的生产过程则是旅游从业人员凭借已开发的旅游资源和已建成的旅游设施和其他服务设施，组合成各种不同旅游路线，向人们提供符合旅游需要的综合性服务，以满足旅游者的多方面旅游需求。因此，旅游路线开发实质上是综合旅游产品开发。

旅游路线开发的种类可以从不同角度进行划分。按旅游路线的性质，可以划分为普通观光旅游路线和专项旅游路线两大类；按旅游路线的游程天数，可以分为一日游路线与多日游路线；按其使用的主要交通工具，可以分为不同交通工具的旅游路线；按使用者的组合方式，可分为团体旅游路线和散客旅游路线。

四、旅游产品的开发策略

旅游产品的开发是一项非常重要的工作，为了最有效地利用资源，最大限度地满足旅游者的旅游消费需求，必须制定正确的旅游产品开发规划和策略，指导旅游产品的合理开发。常用的旅游产品开发策略主要有以下几种：

（一）旅游地开发策略

旅游地开发最直接的表现形式就是景区景点的开发建设。一个旅游地要进行旅游产品开发，首先必须凭借其旅游资源的优势，或保护环境，或筑亭垒石，或造园修桥，使之成为一个艺术化的统一游赏空间，使原有自然风光更加增辉添色，更符合美学欣赏和旅游功能的需要。旅游地开发的策略，根据人工开发的性质及参与强度可分为四种：

1. 保护型开发策略。对于罕见或出色的自然景观或人文景观，要求完整地、绝对地进行保护或维护性开发，有些景观因特殊的位置而不允许直接靠近开发，它们只能作为被观赏点加以欣赏。对这类旅游地的开发，就是要求绝对地保护或维持原貌。

2. 修饰型开发策略。对一些旅游地，主要是充分加以保护和展现其原有自然风光，只允许通过人工手段，适当加以修饰和点缀，使风景更加突出，起到“画龙点睛”的作用。如在山水风景的某些地段小筑亭台，在天然植被风景中调整部分林相，在人文古迹中配以环境绿化等，就属于这类开发。

3. 强化型开发策略。这类开发指在旅游资源的基础上，采取人工强化手段，烘托优化原有景观景物，以创造一个新的景观环境与景观空间。如在一些自然或人文景点上搞园林造景，修建各种陈列馆和博物馆，以及各种集萃园，仿古园等。

4. 再造型开发策略。这类开发不以自然或人文旅游资源为基础，仅是利用其环境条件或设施条件再创造景点，另塑景观形象。如在非资源点上兴建民俗文化村、微缩景区公园等。

（二）**旅游路线开发策略**

旅游路线开发以最有效地利用资源、最大限度地满足旅游者需求和最有利于企业竞争为指导，遵循旅游产品开发的原则，具有以下几种旅游路线产品的组合策略：

1. 市场型组合策略。即向某一特定的旅游市场提供其所需要的产品。如旅行社专门为日本市场提供观光、修学、考古、购物等多种旅游产品；或者以青年市场为目标，开发探险、新婚、修学等适合青年口味的产品。市场型策略有利于企业集中力量对特定的目标市场进行调研，充分了解其各种需求，开发满足这些需求的多样化、多层次的旅游产品。但由于目标市场单一，市场规模有限，企业产品的销售量也受到限制，所以在整个旅游市场中所占份额较少。

2. 产品型组合策略。即只经营一种类型的旅游产品来满足多个目标市场的同一类需求。如某旅行社开发的观光旅游产品、生态旅游产品、探险旅游产品等，因为产品线单一，所以旅行社经营成本较低，易于管理，可集中企业资金开发和不断完善某一种旅游产品，进行旅游产品的深度加工，树立鲜明的企业形象。但是，采取这种策略使旅游企业产品类型单一，增大了旅游企业的经营风险。

3. 全面型组合策略。即旅游企业经营多种产品线，推向多个不同的市场。如旅行社经营观光旅游、度假旅游、购物旅游、会议旅游等多种产品，并以欧美市场、日本市场、东南亚市场等多个旅游市场为目标市场。

企业采取这种全面组合策略，可以满足不同市场的需要，扩大市场份额，但经营成本较高，需要企业具备较强的实力。

复习与思考

一、重点概念

旅游产品　旅游吸引物　旅游服务　旅游资源　旅游设施　旅游购物品　旅游便捷性　观光旅游产品　度假旅游产品　文化旅游产品　商务旅游产品　康体旅游产品　享受旅游产品　特种旅游产品　探险旅游产品　全新旅游产品　换代旅游产品　改造旅游产品　旅游地开发　旅游路线开发

二、简答题

1. 怎样理解旅游产品的概念？
2. 旅游产品具有哪些基本特性？
3. 旅游产品的一般构成包括哪些内容？
4. 构成旅游产品的供给要素包括哪些方面？
5. 旅游产品有哪些类型？
6. 旅游产品开发应遵循哪些基本原则？
7. 旅游产品开发的主要内容是什么？

三、论述题

1. 论述如何认识旅游产品的价值和使用价值。
2. 结合实际，论述如何进行旅游产品的开发。

案例分析

云南精心打造“八大旅游产品”[①]

多年来，云南省充分发挥旅游资源特色和优势，不断丰富、完善各类旅游产品的内容，大力开发和发展特色鲜明的旅游产品，精心打造“八大旅游产品”，使云南旅游逐步成为在国际国内市场上有竞争力和吸引力的旅游名牌产品，成为中国推向国际国内旅游市场的重要旅游目的地。

1. 自然生态旅游产品。主要依托云南现有国家级、省级自然保护区和风景名胜区，在对综合自然生态系统、珍稀动植物、特有植被、高原湖泊加强保护的前提下，有针对性地选择、建立一批森林公园、热带雨林、草原风光、多样性生态类型和生物类型的自然生态旅游精品产品，使国内外游客在云南真正能够感受回归自然和“香格里拉”的神奇。

2. 民族风情旅游产品。主要依托云南26个民族绚丽奇异的民族文化和风情，向广大中外旅游者展示各民族的文化艺术、生活习俗、喜庆节日、风味食品、竞技活动、生产劳动等民族风情文化，使游客在旅游活动中游览民族村寨，参加民族节庆，品尝民族餐饮，体验民族歌舞，购买民族商品，领略各种绚丽多彩的民族风情文化活动。

3. 会展商务旅游产品。充分利用云南“立体气候”条件，尤其是“春城”四季如春的气候和良好的地理区位条件，抓好国际国内各种会议、展览上精品旅游产品的推出，并围绕会展旅游需要，配套建设高尔夫球场、网球场、文化娱乐及会展中心等设施，精心组织中国昆明国际旅游节和各种民族节庆活动，使昆明日益成为备受国内外欢迎的会展旅游中心。

4. 度假旅游产品。依托全省已有的10个国家级、省级旅游度假区，建设和完善旅游度假区的度假旅游项目和配套服务设施，把各个旅游度假区发展成特色鲜明的度假旅游精品产品，使之与国际接轨并进入国际旅游度假市场，促进云南旅游逐步从观光旅游向观光与度假旅游

---

① 罗明义:《21世纪云南旅游业发展战略研究》,云南大学出版社,2001年。

转变，提升云南旅游的品位和综合经济效益，并逐渐成为国际知名的度假旅游胜地。

5. 康体旅游产品。云南具有众多的江河湖泊、丰富的地热资源、特殊的气候和高海拔条件，尤其是地下温泉遍布全省大部分地区，通过利用温泉并结合中国传统的推拿、针灸等民间疗法，积极发展健康旅游；同时还结合云南26个民族的近200项传统体育活动，以及众多江河湖泊和良好的气候条件，建立了一批档次较高、服务设施较配套的体育中心，大力发展漂流、登山、攀岩、竞技等体育旅游精品产品和国际性体育赛事。

6. 边境旅游产品。云南充分发挥与东南亚山水相依和与缅甸、老挝、越南陆路接壤，与泰国、柬埔寨水路相通的条件，大力开展边境旅游和多国水上旅游，并对边境旅游的主要口岸和通道地区进行基础设施和接待设施的配套建设，使云南逐渐发展成在周边国家及国内有一定知名度的边境旅游和多国旅游产品。

7. 科考旅游产品。充分利用云南丰富的动植物、矿藏、地质地貌、古生物化石及文物古迹等资源，推出了一批科学考察和科普旅游精品产品，包括已经开发和待开发的腾冲地热火山、澄江古生物化石群、西双版纳热带雨林、禄丰恐龙文化园、江川李家山青铜文化园、高黎贡山生物多样性和“三江并流”生态文化等精品旅游产品，吸引了大量的科考科普旅游者。

8. 探险旅游产品。云南依托众多的高山峡谷、原始森林、雪山冰川、江河流域等，为旅游者提供了探险旅游产品，同时还充分利用所拥有的北半球纬度最低、海拔3000米以上的雪山群优势，开展各种探险旅游活动，积极发展高山探险旅游、雪山冰川探险旅游、大峡谷探险旅游、江河探险旅游及原始森林探险旅游等多种类型的探险旅游产品。

第三章　旅游需求

学习目的

●熟悉旅游需求的基本概念

●掌握旅游需求规律和需求弹性

●了解旅游需求衡量及预测

基本内容

旅游需求概念及特征

●基本概念：旅游需求

●旅游需求产生的主客观条件

●旅游需求的基本特征

旅游需求规律

●基本概念：旅游需求规律

●旅游需求的影响因素

●旅游需求量变化规律

●旅游需求水平变化规律

旅游需求弹性

●基本概念：旅游弹性

●旅游需求价格弹性

●旅游需求收入弹性

●旅游需求交叉价格弹性

旅游需求衡量和预测

●旅游需求的衡量

●旅游需求调查

●旅游需求预测

案例分析

●昆明世博园游客需求量分析

第一节 旅游需求概念及特征

一、旅游需求的概念

需求,是指人们在一定条件下对某种事物渴求满足的欲望,是产生人类一切行为的原动力。当人们有了休闲、度假、游览、观光等旅游欲望时,则意味着人们将产生旅游需求。因此,旅游需求就是指人们为了满足对旅游活动的欲望,在一定时间和价格条件下,具有一定支付能力的可能购买的旅游产品数量。简言之,旅游需求就是旅游者对旅游产品的购买和消费需求。正确理解这一概念,必须掌握好以下几点:

(一)旅游需求表现为旅游者对旅游产品的购买欲望

旅游需求作为旅游者的一种主观愿望,表现为旅游者对旅游活动渴求满足的一种欲望,即对旅游产品的购买和消费欲望,是激发旅游者的旅游动机及行为的内在动因。但是,旅游需求并不是旅游者实际购买的旅游产品数量,它只是表现为对旅游产品的购买欲望,而这种购买欲望能否实现,则取决于旅游者的支付能力及旅游经营者提供旅游产品的数量和条件。

(二)旅游需求表现为旅游者对旅游产品的购买能力

购买能力是指人们在其可支配收入中用于旅游消费支出的能力,是与旅游者的经济条件密切相关的。旅游者的经济条件,通常是用个人可支配收入来衡量,在其他条件不变的情况下,个人可支配收入越多,则人们对旅游产品的需求就越大。此外,一定的旅游产品价格也是影响旅游者购买能力的重要因素。因此,旅游者对旅游产品的购买能力,不仅表现为旅游者消费旅游产品的能力及水平，而且是旅游者的购买欲望转化为有效需求的重要前提条件。

（三）旅游需求表现为旅游市场中的一种有效需求

在旅游市场中，有效的旅游需求是指既有购买欲望，又有支付能力的需求，它反映了旅游市场的现实需求状况，因而是分析旅游市场变化和预测旅游需求趋势的重要依据，也是旅游经营者制定经营计划和营销策略的出发点。凡是只有旅游欲望而无支付能力，或者只有支付能力而无旅游欲望的需求均称为潜在需求。前一种潜在需求只能随社会生产力发展和人们收入水平提高，才能逐渐转换为有效需求；而后一种潜在需求则是旅游经营者应开发的重点，即通过有效的市场营销策略，如广告、宣传、人员促销等，使其能够转换为有效的旅游需求。

二、旅游需求的产生

旅游需求作为一种有效需求，其产生既有主观因素的作用，也有客观条件的影响。从主观上看，旅游需求是由人们的生理和心理因素所决定的；从客观上讲，旅游需求是科学技术进步、生产力提高和社会经济发展的必然产物。

（一）旅游需求产生的主观因素

现代行为科学的研究表明：人的需要是在各种外在因素的刺激下所产生的内在生理和心理的紧张状态，以及缓和紧张状态的一种欲望。因此，旅游需求产生的主观因素，实质上是人们在各种外在因素（如旅游宣传、旅游促销及人员推销等）和条件（如经济收入、交通条件等）的综合作用下，所反映出来的从生理和心理上对旅游的一种渴求。

1. 旅游需求产生的生理性因素。人们的生理性需要不仅是人们的先天性需要，也是维持人的生命而必不可少的基本因素。在社会生产力水平不高的情况下，人们的生理性需要主要是追求对食物、住所、穿着、安全等方面的满足。但随着社会生产力发展，人们的生理性需要在质量和水平方面都有了提高，从而就产生了对高层次需要的追求。例如，人们对新鲜的空气、洁净的水、优质的食品、良好的环境、舒适的住所及健康的体质等方面的追求，促使人们产生了休闲、度假、疗养、健身和康乐等旅游需要和动机，随着这种需要和动机的不断强化和发展，就产生了人们的旅游需求和购买旅游产品的行为。因此，从生理性因素看，旅游需求的产生和发展实质上是人们不断追求物质生活质量提高的结果，是基于人体生理性需要而产生的原动力。

2. 旅游需求产生的心理性因素。人们的心理性需要是一种后天的精神需要，是人们在与自然、与社会、与人之间的相互交流过程中所反映出来的主观心理状态，如学习、工作、社交、友情、荣誉、尊敬、价值观及消费意识等，表现为人们的一种高层次的需要。正是由于人们对自然、社会、文化所具有的感知、好奇和兴趣等，促使人们产生了求知、审美、交友、思乡、探秘、访古、朝拜、游览等旅游需要和动机，随着这些需要和动机的不断强化，就促成了人们的旅游行为。因此，从心理性因素看，旅游需求的产生实质上是人们对自然和社会文化环境的一种反映和自我适应的过程。随着现代人类文明的进步和发展，必然激发人们对旅游的心理需要和动机与日俱增，从而推动旅游需求的产生和发展，并产生大量的旅游行为。

综上所述，旅游需求产生的主观因素是人们生理和心理上的刺激反映。在实践中，生理因素和心理因素是相互联系、相互作用地影响着人们的旅游需要和动机，进而决定着人们的旅游需求及其对旅游产品的购买。因此，在分析和预测人们的旅游需求时，必须重视对旅游需求的主观因素进行科学的分析和研究。

（二）旅游需求产生的客观条件

在现代旅游经济发展中，影响旅游需求产生的客观因素很多，其中决定旅游需求产生的客观条件主要是旅游产品的吸引力、人们可支配收入的提高、人们闲暇时间的增多及交通运输条件的现代化等因素。

1. 旅游产品的吸引力是产生旅游需求的前提条件。旅游产品吸引力，是指旅游产品吸引旅游者的能力，是基于旅游资源品位、知名度、可进入性、接待条件等各种因素基础之上的一种综合性条件，也是激发人们的旅游需求和吸引旅游者的重要前提条件。例如，一个旅游目的地产品若只有较少的风景名胜和历史古迹，有限的旅游接待设施和欠发达的可进入性条件，则该旅游目的地产品的知名度就低，激发旅游者需求的能力就不强，对旅游者的吸引力也不高。因此，必须不断发掘和开发旅游资源，尤其是高品位的旅游资源，配套和完善各种旅游设施，包括基础设施和接待设施，才能提高旅游产品的知名度和影响力，有效地激发人们的旅游需求和促成人们的旅游行为。

2.人们可支配收入提高是产生旅游需求的经济条件。可支配收入，是指人们从事社会经济活动而得到的个人收入扣除所得税后的余额，是人们可以任意决定其用途的收入。随着社会经济的发展，人们的收入日益增加，生活水平不断提高，消费意识和消费结构也发生很大的变化，导致对旅游需求的日益剧增。通常，在人们可支配收入较低的情况下，人们用于衣、食、住、行等方面的支出比例较其他方面的支出高，但随着人们可支配收入的不断增加，人们用于衣、食、住、行等方面的支出比例就会相对减少，而用于其他方面的支出比例则相对增加。因此，人们可支配收入的提高不仅是产生旅游需求的经济条件，而且对旅游的出行距离及时间等也具有决定性的影响作用。

3.人们闲暇时间增多是产生旅游需求的必要条件。任何旅游活动都必须花费一定的时间，没有时间就不能形成旅游行为，因而闲瑕时间是构成旅游活动的必要条件。随着社会生产力发展和劳动生产率的提高，使人们用于工作的时间相对减少，而闲暇时间则不断增多。特别是许多国家和企业推行“周五工作制”和“带薪假日”，使人们的闲暇时间越来越多，有的国家和地区年休假日高达140天。于是，人们不仅产生了短期休闲旅游需求，以度过美好的周末，而且会逐渐增加远程旅游及国际旅游，到世界各地游览观光，到旅游度假区休闲度假，到体育和娱乐场所健身娱乐等。因此，闲暇时间的增加是产生旅游需求的必不可少的时间条件。

4.交通运输现代化是产生旅游需求的基础条件。旅游活动作为一种空间移动，离不开一定的交通运输条件，特别是远程旅游及国际旅游，更讲求交通运输条件的舒适和方便。随着现代科学技术的进步，为人类提供了方便快捷的交通运输条件，从而促进了旅游需求的产生和国内国际旅游的迅速发展。尤其是现代化交通和运输业的发展，极大地缩短了旅游的空间距离，各种大型民航飞机、高速空调客车、高速列车等运输工具的现代化，使旅游者在旅游活动过程中的空间移动更加舒适、方便和安全。不仅有效地刺激了人们的旅游需求，“催化”人们的旅游行为，而且缩短了旅途时间，减少了途中的劳累及单调，进一步加快了旅游产业的发展，使现代旅游经济进入一种全球化发展的新趋势。

三、旅游需求的特征

旅游需求作为人类消费需求的重要组成部分，既有人类消费需求的一般特征，又有不同于一般人类消费需求的特殊性。由于旅游需求是人们消费需求中的一种高层次需求，因而旅游需求具有区别于人们其他消费需求的以下主要特征：

（一）旅游需求是一种高层次的需求

美国心理学家马斯洛认为，由于人们的兴趣爱好及所处环境的差异，使人们产生各种各样的旅游需求。因此，他分析人们的需求有生理需求、安全需求、社交需求、自尊需求和自我实现需求五个层次，五个层次的需求总是由低级向高级逐渐得到满足的。随着低层次需求得到一定满足，人们就会追求更高层次的需求，而为了满足高层次社交、自尊及自我实现的需求，就会激发人们的旅游需求。例如探亲访友、考察学习、疗养度假、旅行观光、揽胜探奇等。因此，旅游需求是一种高层次需求，表现为人们追求更好的物质享受和精神方面的满足。

（二）旅游需求是一种多样性的需求

旅游活动是指人们为了满足需求，而暂时外出以改变生活方式和生活场所的一种形式。由于人们的需求是多样的，因而旅游需求也表现为一种多样性的需求。例如，人们可能为了好奇、学习而旅游，可能为了身体健康、治疗疾病而旅游，可能为了公务、经商、洽谈业务而旅游，可能为了躲避工作的压力而旅游，也可能为了满足冒险、刺激、浪漫生活而旅游，等等。总之，由于人们的个性差异、生活条件的不同、经济收入的差别以及所处社会环境的影响，使人们往往因人而异，产生各种各样的旅游需求。

（三）旅游需求是一种主导性的需求

旅游需求是在外部刺激影响下，经过人的内在心理作用而产生的，是人类各种行为发生的内在动力。旅游需求的产生虽然受旅游产品的吸引力作用,受经济、社会、政治、文化及环境等各种因素的影响,但最根本的还是由人的心理所决定。人们的价值观、生活方式、生活习惯、消费特点等都会直接决定和影响旅游需求的产生,因而旅游需求是一种主导性的需求。特别是随着人们收入增加、生活水平的提高和对生活质量的讲究,旅游需求已成为人们积极主动追求的一种消费需求。

(四)旅游需求是一种复杂性的需求

旅游需求不仅是一种多样性需求,而且是一种复杂性需求。旅游需求的复杂性,一方面是由人的心理活动的复杂性所决定,即人们对购买和消费旅游产品的认知、态度、情绪、偏好及学习过程是复杂的,如有的旅游者喜欢高级宾馆,而有的旅游者更喜欢民居式住宿;有的旅游者喜欢刺激、冒险的旅游活动,而有的旅游者更喜欢安全性高的旅游项目。另一方面是受旅游环境的复杂性影响,通常旅游者的旅游活动是不断运动和变化的,随着旅游活动的进行和旅游环境的变化,必然对旅游者的心理和行为产生重要影响,从而导致旅游需求也处于动态的变化之中,并表现出复杂性的特点。

第二节　旅游需求规律

一、旅游需求的影响因素

旅游需求除了受到人们的主观因素和客观条件的直接作用外,还是在政治、经济、文化、法律、自然、社会等各种因素影响下形成的一种复杂的社会经济现象。因此,要很好地了解和掌握旅游需求规律,首先必须对影响旅游需求的各种因素进行分析和研究。通常,影响旅游需求的主要因素有人口因素、经济因素、社会文化因素、政治法律因素、旅游资源因素等。

(一)人口因素

人口是影响旅游需求的最基本因素之一,因为旅游活动本身就是人的一种行为。因此，人口的数量、素质、分布及构成对旅游需求产生着重要的影响，从而形成不同的旅游需求规模和结构。

人口的数量、素质及其变化影响着旅游需求量的变化。随着社会生产力的发展，人们的生活水平不断改善，参加旅游的人数也越来越多。从国际旅游比较中可以看出，一个国家人口数量大，则参与国际旅游的人数更多，从而对旅游产品的需求量也相应增多。人口素质同旅游需求也密切相关。通常，旅游者的文化素养及受教育程度直接影响着旅游需求的变化。一方面，由于旅游产品是一种综合性的产品，要求旅游者必须具备一定的文化知识，才能够对各种旅游名胜、旅游方式、旅游内容作出合理选择；另一方面，受过教育且文化素养较高的人，一般社会地位都相对较高，因而对世界各地情况了解的愿望也更强烈，从而刺激他们产生更多的旅游需求。

人口分布的状况也对旅游需求产生影响。一般讲，城市居民要求旅游的数量要比农村多得多。这是因为城市居民收入一般比乡村居民高，有产生旅游需求的经济基础；同时，城市人口较稠密，环境质量较差，迫使城市居民外出旅游以寻求环境的调节；此外，城市发达的交通条件、灵敏的信息及其他条件，也使城市居民的出游率较农村高得多。

人口的年龄、性别及职业构成也影响着旅游需求的产生及发展。从人口年龄构成看，不同年龄的人对旅游有不同的需求。一般青少年精力充沛，渴望外出旅游，但往往受经济收入不多的限制；中年人虽然也精力旺盛，有工资收入及带薪假日，但又受家庭拖累；老年人既有经济收入，又无家庭拖累，具有较多的旅游需求，但又常常受身体健康条件限制。从人口性别上看，一般男性旅游者人数比女性旅游者要多。但随着社会经济发展，使家务劳动社会化，许多经济发达国家的妇女出游率也在不断上升。从职业构成看，由于人们的工作性质不一样，就决定了人们的收入水平、闲暇时间及公务出访机会也不一样，从而产生不同的旅游需求。

（二）经济因素

经济条件是产生一切消费需求的基础，没有丰富的物质基础和良好的经济条件，旅游需求便不可能产生。因此，国民经济发展水平、人们收入分配、旅游产品价格、外汇汇率等都直接和间接地影响着旅游需求的规模及结构。

国民经济发展水平通常是用国民生产总值来衡量的。所谓国民生产总值(GNP),是指一个国家(或地区)在一定时期内所生产的最终产品和提供的劳务总量的货币表现,它反映了一个国家(或地区)在一定时期内整个社会物质财富的增加状况,是衡量经济发展水平的重要指标。从旅游经济角度看,如果旅游客源国的国民生产总值高,则旅游需求就会增加,旅游的规模和结构就相应提高;如果旅游接待国的国民生产总值高,则旅游设施及接待条件就相应较好,从而吸引旅游者及刺激旅游需求的能力就强。因此,不论是旅游客源国还是旅游接待国的国民生产总值提高,都会刺激旅游需求不断增加。

在现实社会经济中,人们的收入水平及可支配收入状况也影响着旅游需求的变化。一方面,旅游需求随着人们的收入变化而呈正相关变化。人们收入越多,则旅游需求就越多;人们收入减少,则旅游需求也会下降,因而,收入水平是影响旅游需求的数量因素;另一方面,在总收入不变的前提下,人们可支配收入的多少不仅影响旅游需求的数量,而且会影响旅游需求的结构,即随着旅游者用于旅游消费支出的增加,对某些旅游产品的需求会增加,而对另一些旅游产品的需求会减少。

从价格和汇率方面看,旅游需求与旅游产品价格具有负相关关系。当旅游产品价格上升时,旅游需求量就下降;当旅游价格下跌时,旅游需求量就会上升。另外,在国际旅游中,汇率变化对旅游需求的影响表现在:当旅游接待国的货币升值,则前往该国的旅游者或旅游停留时间就减少;反之,当旅游接待国的货币贬值,则促使前往该国的旅游需求增加。可见,汇率变化不一定会引起国际旅游总量增加或减少,但是会引起对货币升值的接待国家的旅游需求减少,而对货币贬值的接待国家的旅游需求增加。

(三)社会文化因素

世界上不同国家具有不同的文化背景,从而在价值观念、风俗习惯、语言文字、宗教信仰、美学和艺术等方面存在着差异,进而影响到对旅游产品的需求，对旅游活动的感受也会有较大的差异。因此，在研究旅游需求时，就必须注意分析前来的旅游者所在国家或地区的社会文化差异性，以及由于社会文化因素影响所形成的消费习惯和需求心理，尽可能适应旅游者的消费习惯和爱好，投其所好，避其所忌，才能促使旅游需求不断增加。

（四）政治法律因素

政治稳定性是激发旅游需求、促使旅游需求不断增加的重要因素。不稳定的政治环境，往往使旅游者要承担各种风险，从而造成旅游者的心理压力而使旅游需求下降。因此，旅游接待国的政局稳定，对该国旅游产品的需求量就多，反之，对该国旅游产品的需求量就少。有时，在一个旅游圈域内某一国家的政局不稳定，还会波及周围国家及整个旅游圈的旅游需求普遍下降。此外，旅游接待国的有关法律、法规以及执行情况，也对旅游需求产生着直接和间接的影响。

（五）旅游资源因素

旅游资源是吸引旅游者的旅游对象物，是一个国家或地区的自然风貌和社会发展的象征，体现着该国家或地区自然、社会、历史、文化及民族的特色，从而对生活在其他国家或地区的人们产生着吸引力。因此，根据现代人类多样化需求而发掘形成的旅游资源，正成为影响世界经济社会发展的新型战略性资源。一方面，随着人们对资源认识和利用向深度及广度发展，各种各样的旅游资源正被认识和发掘，并刺激人们旅游需求的产生；另一方面，各种自然旅游资源及人文旅游资源能否直接或间接地转化为经济优势，并带来经济收入，则是在旅游进入现代生活之后才带来肯定的答复，并随着旅游业的发展而释放出巨大的经济能量。可见，旅游资源与旅游需求相辅相成，旅游资源刺激旅游需求产生，而旅游需求则促使旅游资源转换成经济优势，二者相互影响，相互作用和相互促进。

二、旅游需求量变化的规律性

旅游需求的产生和变化受多种因素的制约和影响，但对旅游需求量具有决定性影响的因素主要是旅游产品的价格、人们的收入状况及闲暇时间。因此，旅游需求量变化的规律性主要反映为旅游需求与价格、收入和闲暇时间的相关性和变动关系。

（一）旅游需求量与旅游产品的价格成反向变化

旅游产品价格是决定和影响旅游需求量的基本因素，在影响旅游需求量的其他因素不变的情况下，旅游需求量总是随旅游产品价格的涨落而发生相应的变化。当旅游产品价格上涨时，旅游需求量就会下降；当旅游产品价格下跌时，旅游需求量就会上升。根据旅游需求量与旅游产品价格的关系，可在坐标图上绘出旅游需求价格曲线（见图 3-1）。

在图 3-1 中，纵坐标代表旅游产品的价格，横坐标代表旅游产品的数量，于是，在坐标图中旅游产品价格的任何一种变动，都有一个与之相对应的旅游需求量，从而形成了旅游需求价格曲线（$D-D$）。该曲线表示出旅游需求量与旅游产品价格呈反方向变化的规律性。即当旅游产品价格从 P_0 下降到 P_2 时，旅游需求量从 Q_0 上升到 Q_2；当旅游产品价格从 P_0 上涨到 P_1 时，旅游需求量从 Q_0 下降到 Q_1，因而旅游需求价格曲线（$D-D$）是一条自左上向右下倾斜的曲线。

（二）旅游需求量与可支配收入成同方向变化

人们的可支配收入与旅游需求量也有着密切的联系。因为旅游需求是一种有效需求，而有效需求必须是具有支付能力的需求。如果人们仅有旅游欲望而无支付能力，是不可能形成有效需求的。通常，人们可支配收入越多，对旅游产品的需求量就越大；反之，人们可支配收入越少，对旅游产品的需求量就越小。因此，人们可支配收入同旅游需求量之间存在着正相关变化的关系，图 3-2 的旅游需求收入曲线（$D'-D'$），就反映了旅游需求量与人们可支配收入成同方向变化的客观规律性。

在图 3-2 中，纵坐标代表人们可支配收入，横坐标代表旅游产品的数量。于是人们可支配收入的每一任意变化，都有一个与之相对应的旅游需求量，从而形成了旅游需求收入曲线（$D'-D'$）。该曲线表示出旅游需求量与人们可支配收入成正方向变化的规律性。即当可支配收入由 I_0 上升到 I_1 时，旅游需求由 Q_0 上升到 Q_1；反之，当 I_0 下降到 I_2 时，旅游需求由 Q_0 下降到 Q_2，因而旅游需求与可支配收入之间形成了一

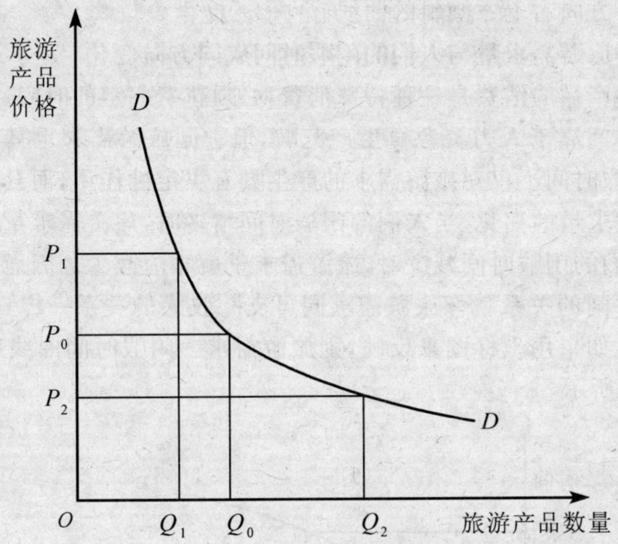

图 3-1　旅游需求价格曲线

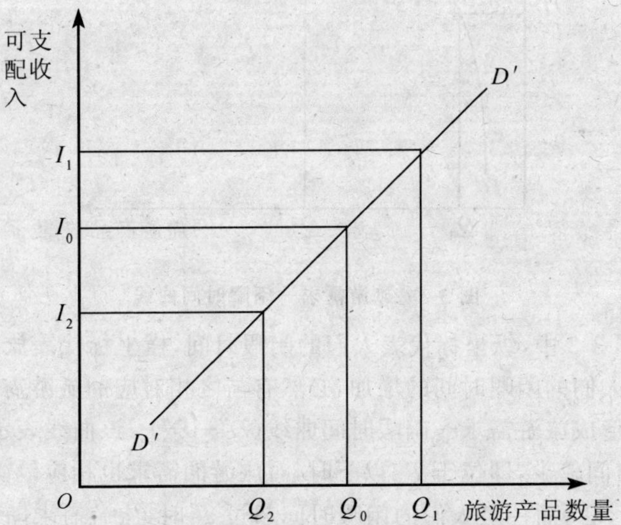

图 3-2　旅游需求收入曲线

条自左下方向右上方倾斜的曲线($D'-D'$)。

(三)旅游需求量与人们的闲暇时间成同方向变化

旅游产品的消费是一种特殊消费,必须花费一定的时间。尽管人们的闲暇时间属于人力资源再生产范畴,但它同旅游需求也具有密切的联系。闲暇时间不仅对旅游需求的产生具有决定性作用,而且直接影响着旅游需求量的变化。当人们的闲暇时间增多时,旅游需求量就相应增加;当人们的闲暇时间减少时,旅游需求量就相应减少。因而旅游需求同闲暇时间的关系就像旅游需求同可支配收入的关系一样,也呈正方向变化。如果用坐标图来反映,则旅游需求—闲暇时间曲线($D''—D''$)如图 3-3 所示。

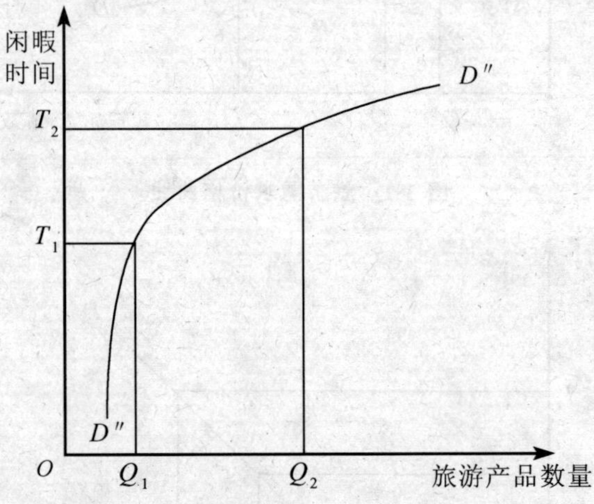

图 3-3　旅游需求—闲暇时间曲线

在图 3-3 中,纵坐标代表人们的闲暇时间,横坐标代表旅游产品数量,于是人们的闲暇时间的增加,必然有与之相对应的旅游需求量的增加,从而形成旅游需求—闲暇时间曲线($D''-D''$)。该曲线表示:当人们的闲暇时间较少,即位于 T_1 以下时,对旅游的需求也相应较少,旅游需求量小于 Q_1;而一旦人们的闲暇时间超过 T_1时,旅游需求随闲暇时间的增加呈正向变化,即当闲暇时间为 T_2时,旅游需求量为 Q_2,因而旅游需求—闲暇时间曲线是一条向右上方递增倾斜的曲线($D''—D''$)。

三、旅游需求水平变化的规律性

旅游需求除了与旅游产品价格呈反向变化外，还受其他各种因素的影响而变化。在旅游产品价格既定的条件下，由于其他因素的变动而引起的旅游需求变化，统称为旅游需求水平的变化。例如，在图3-4中，当旅游产品的吸引力增强时，即使在旅游产品价格 P_0 不变的情况下，也会增加旅游需求，从而引起旅游需求曲线 D_0-D_0 右移到 D_1-D_1，并使旅游需求量由 Q_0 增加到 Q_1；反之，当旅游环境受到污染时，即使在旅游产品价格 P_0 不变的情况下，也会减少旅游需求，从而引起旅游需求曲线 D_0-D_0 左移到 D_2-D_2，并使旅游需求量由 Q_0 下降到 Q_2，这种由于非价格因素引起的变化就称为旅游需求水平的变化。其变化因各种影响因素的不同而呈现出不同的客观规律性，从而影响着旅游需求水平的变化和发展。

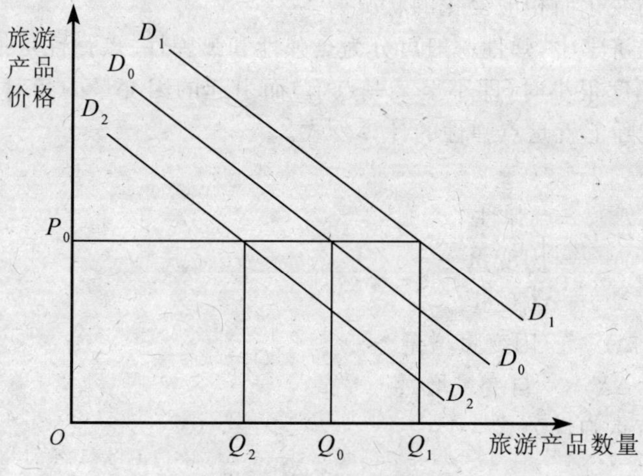

图3-4　旅游需求曲线的变动

第三节　旅游需求弹性

一、弹性与旅游需求弹性

弹性原是物理学中的概念，意指某一物体对外界力量的反应力。在经济学中，弹性主要用来表明两个经济变量变化的相关关系。具体讲，当两个经济变量之间存在函数关系时，作为自变量的经济变量 X 的任何变化，都必然引起作为因变量的经济变量 Y 的变化。因此，所谓弹性就是指作为因变量的经济变量 Y 的相对变化对于作为自变量的经济变量 X 的相对变化的程度。根据经济学的弹性概念，所谓旅游需求弹性是指旅游需求对各种影响因素变化的敏感性，即旅游需求量随其影响因素的变化而相应变化的状况。

在经济学中，弹性一般可分为点弹性和弧弹性。点弹性是指当自变量变化幅度很小时（即小至某一点上）而引起的因变量的相对变化，公式 3-1 实际上就是点弹性的计算公式。

设：

E——点弹性

Y——因变量

X——自变量

ΔY——因变量增量

ΔX——自变量增量

则有点弹性公式 3-1：

$$E = \frac{\frac{\Delta Y}{Y}}{\frac{\Delta X}{X}}$$

弧弹性是指自变量变化幅度较大时，为了掌握自变量在某一段范围内的变动对因变量变动的相应影响，取自变量在一段范围内的平均数对因变量平均数的相对变化量。其计算公式如式 3-2。

设：

Ea——弧弹性

X_0, X_1——变化前后的自变量

Y_0, Y_1—— 变化前后的因变量

则有弧弹性公式 3-2：

$$Ea = \frac{\dfrac{Y_1 - Y_0}{(Y_1 + Y_0) \div 2}}{\dfrac{X_1 - X_0}{(X_1 + X_0) \div 2}}$$

点弹性与弧弹性的根本区别在于：点弹性是指因变量相对于自变量某一点上的变化程度，而弧弹性则是指因变量相对于自变量某一区间上的变化程度。

由于旅游产品的价格、人们可支配收入和相关旅游产品价格是影响旅游需求的最基本因素，因此旅游需求弹性一般可划分为旅游需求价格弹性、旅游需求收入弹性和旅游需求交叉弹性。旅游需求价格弹性反映旅游需求量对价格变动的敏感程度，旅游收入弹性反映旅游需求量变动对收入变动的敏感程度，旅游需求交叉弹性则反映某一旅游产品需求量对另一旅游产品价格的敏感程度。

二、旅游需求价格弹性

旅游需求价格弹性是指旅游需求量对旅游产品价格的反应及变化关系。根据旅游需求规律，在其他条件不变情况下，不论旅游产品的价格是上涨还是下落，旅游需求量都会出现相应的减少或增加。为了测量旅游需求量随旅游产品价格的变化而相应变化的程度，就必须正确计算旅游需求价格弹性系数。所谓旅游需求价格弹性系数，主要是指旅游产品价格变化的百分数与旅游需求量变化的百分数的比值。其计算公式如下：

设：

Ed_p——旅游需求价格弹性系数

P_0, P_1——变化前后的旅游产品价格

Q_0, Q_1——变化前后的旅游需求量

则有旅游需求价格点弹性公式 3-3：

$$Ed_p = \frac{\dfrac{Q_1 - Q_0}{Q_0}}{\dfrac{P_1 - P_0}{P_0}}$$

旅游需求价格弧弹性公式 3-4：

$$Ed_p = \frac{\dfrac{Q_1 - Q_0}{(Q_1 + Q_0) \div 2}}{\dfrac{P_1 - P_0}{(P_1 + P_0) \div 2}}$$

例 3-1　某旅游景区的门票对旅游团队提供一定的游客数量折扣，当团队人数为 20 人时，门票价格为 30 元；当团队人数为 30 人时，门票价格为 20 元。试计算旅游团队人数为 30 人时的门票需求价格弹性系数，以及旅游团队人数在 20～30 人之间的门票需求价格弹性系数。

解：当旅游团队人数在 30 人时的需求价格弹性是点弹性，而旅游团队人数在 20～30 人之间的需求价格弹性系数为弧弹性。于是根据计算公式可分别计算出门票的两种需求价格弹性系数。因为 $Q_0=20$、$Q_1=30$、$P_0=30$、$P_1=20$，则有门票需求价格点弹性系数为：

$$Ed_p = \frac{[30 - 20]/20}{[20 - 30]/30} = -1.5$$

门票需求价格弧弹性系数为：

$$Ed_p = \frac{30 - 20}{[30 + 20]/2} \div \frac{20 - 30}{[20 + 30]/2} = -1.0$$

从例 3-1 可以看出，由于旅游产品价格与旅游需求量成反向关系，因而旅游需求价格弹性系数为负值。于是，根据旅游需求价格弹性系数 Ed_p 的绝对值大小，通常可将旅游需求价格弹性区分为三种情况。

1. 当 $|Ed_p|>1$ 时，表明旅游需求量变动的百分比大于旅游产品价格变动的百分比，这时称旅游需求价格富于弹性。如果旅游需求价格是富于弹性的，则在坐标图中的需求曲线的斜率较大，在实际中就表明旅游产品价格提高，旅游产品需求量将减少，但减少的百分比大于价格提高的百分比，从而将使旅游总收益减少；相反，如果价格下降，则需求量增加，但增加的百分比大于价格下降的百分比，从而将使旅游总收益增

加。因此，一旦旅游需求价格是富于弹性的，通常应该采取降价的策略。

2. 当$|Ed_p|<1$时，表明旅游需求量变动的百分比小于旅游产品价格变动的百分比，因此称旅游需求价格弹性不足。如果旅游需求价格弹性不足，则其在坐标图中的需求曲线的斜率就较小，在实际中就表明旅游产品价格提高，需求量将减少，但减少的百分比小于价格提高的百分比，从而使旅游总收益增加；相反，如果价格下降，需求量将增加，但增加的百分比小于价格下降的百分比，从而使旅游总收益减少。因此，如果旅游需求价格是弹性不足的，通常可以采取提价的策略。

3. 当$|Ed_p|=1$时，表明旅游需求变动的百分比与旅游产品价格变动的百分比相等，因此称这种旅游需求价格弹性为单位弹性。如果旅游产品的需求价格弹性属于单位弹性，则旅游需求价格的变化对旅游经营者的收益影响不大。因此，一旦旅游需求价格是单位弹性时，不宜采取价格策略。

三、旅游需求收入弹性

旅游需求不仅对旅游价格的变化具有敏感性，而且对人们的可支配收入变化也有灵敏反应。旅游需求收入弹性，就是指旅游需求量与人们可支配收入之间的反应及变化关系，而旅游需求收入弹性系数，则是指人们可支配收入变化的百分比与旅游需求量变化百分比的比值。用计算公式表示如下：

设：

Ed_i——旅游需求收入弹性系数

Q_0,Q_1——为变化前后的旅游需求量

I_0,I_1——为变化前后的可支配收入量

则有公式 3-5：

$$Ed_i=\frac{\dfrac{Q_1-Q_0}{Q_0}}{\dfrac{I_1-I_0}{I_0}}$$

例 3-2　某旅行社通过对旅游团队的旅游消费与旅游者收入的调查，得到以下基本数据：当旅游者收入为 4 000 元时，旅游者出游 2

次；当旅游者收入为 6 000 元时，旅游者出游 4 次。试计算旅游需求收入弹性。

解：根据题意，已知 $Q_0=2$、$Q_1=4$，$P_0=4\ 000$、$P_1=6\ 000$，按照旅游需求收入弹性系数的计算公式计算出：

$$Ed_i=[(4-2)/2]\div[(6\ 000-4\ 000)/4\ 000]=2.0$$

例 3-2 计算结果表明，由于旅游需求量随人们可支配收入的增减而相应增减，因而旅游需求收入弹性系数始终为正值，这一正值表明：当收入上升百分之一时所引起需求量增加的百分比值；或者，当收入下降百分之一时所引起需求量下降的百分比值。具体也可以区分为以下三种情况：

1. 当 $Ed_i>1$ 时，表示旅游需求量变动的百分比大于人们可支配收入变动的百分比，说明旅游需求对收入变化的敏感性大，因此人们可支配收入发生一定的增减变化，会引起旅游需求量发生较大程度的增减变化。

2. 当 $Ed_i<1$ 时，表示旅游需求量变动的百分比小于人们可支配收入变动的百分比，说明旅游需求对收入变化的敏感性小，因而人们可支配收入发生一定的增减变化，只能引起旅游需求量发生较小程度的增减变化。

3. 当 $Ed_i=1$ 时，表示旅游需求量变动的百分比与人们可支配收入变动的百分比相等，因此旅游需求收入弹性为单位弹性，即旅游需求量与人们可支配收入按相同比例变化。

从经济学的角度看，通常高级消费品的需求收入弹性都较大，因为，随着社会生产力的发展及人们收入水平的提高，人们用于低级的生活必需品的支出比重将逐渐下降，而用于高级生活消费品的支出比重将逐渐上升。旅游活动正是满足人们高层次生活的需求，并逐渐成为人们必不可少的生活消费品，所以旅游需求收入弹性一般都比较大。根据国际有关组织的研究表明：旅游需求收入弹性系数一般都在 1.3～2.5 之间，有的国家甚至高达 3.0 以上①。

---

① WTO：Tourism Economic Report，World Tourism Organization，1998.

四、旅游需求的交叉价格弹性

旅游产品是一种由食、住、行、游、购、娱所组成的综合性产品，它既表现为一个整体的产品，又表现为由若干产品组成的系列，即每一种要素都能构成独立的单项旅游产品。因此，从旅游需求的角度看，旅游产品既有替代性，又有互补性。

所谓旅游产品的替代性，就是指相同性质而不同类型的旅游产品在满足旅游消费需求之间具有相互替代的关系，例如宾馆、度假村、招待所、公寓、临时帐篷等都是向旅游者提供住宿需求的满足，而各种不同类型的住宿设施随着价格变化可以互相替代。

所谓旅游产品的互补性，就是指旅游产品各部分的构成中，是互相补充和互相促进的，即某一部分的存在和发展必须以其他部分的存在和发展为前提，或者某一部分旅游产品作用的有效发挥，必须以其他部分的存在及配合为条件，例如，航运公司的旅客增加，必然使旅游饭店和旅游餐饮的人数也相应增加；但如果旅游饭店仅有住宿而没有餐饮，则旅游饭店的服务功能就不能有效地发挥。

正是由于旅游产品具有替代性和互补性的特点，因而某种旅游产品的需求量不仅对其自身的价格变化有反应，而且对其他旅游产品的价格变化也有反应。所以，旅游需求交叉价格弹性就是指某一种旅游产品的需求量对其他旅游产品价格变化反应的敏感性，其计算公式如下：

设：

Ed_c——旅游需求交叉价格弹性系数

Qx_0, Qx_1——变化前后 x 旅游产品需求量

Py_0, Py_1——变化前后 y 旅游产品的价格

则有旅游需求交叉价格弹性系数公式 3-6：

$$Ed_c = \frac{\dfrac{Qx_1 - Qx_0}{Qx_0}}{\dfrac{Py_1 - Py_0}{Py_0}}$$

根据旅游产品具有替代性和互补性的特点，计算出来的旅游需求交叉价格弹性系数通常有两种情况。

1. 如果旅游产品 y 对旅游产品 x 具有替代性，那么旅游产品 y 价格下降必将引起对旅游产品 x 的需求量减少；反之，旅游产品 y 价格上涨则引起对旅游产品 x 的需求量增加。因此，对于具有替代性的旅游产品而言，其旅游需求的交叉价格弹性系数 Ed_c 必然是正值。

2. 如果旅游产品 y 对旅游产品 x 具有互补性，那么旅游产品 y 价格下降必然引起对旅游产品 x 的需求量增加；反之，旅游产品 y 价格上涨则引起对旅游产品 x 的需求量减少。因此，对于具有互补性的旅游产品而言，其旅游需求的交叉价格弹性系数 Edc 必然是负值。

例 3-3　某假日饭店上月将标准客房价格从每间 400 元提高到 450 元，使本月饭店餐饮部就餐客人从每天 160 人减少到 120 人，试计算餐饮部的交叉价格弹性系数。

解：由于旅游饭店的餐饮与入住游客有密切的联系，因而通过计算餐饮的旅游需求交叉弹性系数，即可知道旅游饭店餐饮与住宿是替代还是互补关系。已知 $Qx_0=160$、$Qx_1=120$，$Py_0=400$、$Py_1=450$，按照旅游需求交叉价格弹性系数公式计算如下：

$$Ed_c=[(120-160)/160]\div[(450-400)/400]=-4.0$$

从例 3-3 计算结果看，由于餐饮的旅游需求交叉价格弹性系数是负数，因此旅游饭店餐饮与住宿具有互补性。因此，对住宿采取价格策略时，必须同时考虑对餐饮的影响。

从旅游经济活动的实践看，旅游产品的替代性与互补性并不是绝对的。在一定条件下，两者之间可能出现互相转化，即原来是相互替代的旅游产品转化为互补关系，原来是相互补足的旅游产品转化为替代关系。例如，航空、铁路、公路运输本是可替代的，但为了开拓国内外旅游市场而把它们有机配套起来，于是就从替代关系转化为互补关系；同理，旅游汽车公司与宾馆原来提供的服务是互补的，但如果宾馆建立相应的附属车队，以扩大服务范围，则旅游汽车公司与宾馆车队就由互补关系转化为替代关系。因此，旅游产品的替代性及互补性，不仅对旅游需求产生一定的影响，同时也是旅游经营者拓宽经营范围、实行资源优化配置、提高经济效益的重要途径。

第四节　旅游需求的衡量和预测

一、旅游需求的衡量

旅游需求的变化状况及水平，一般可通过旅游需求指标来反映和衡量。旅游需求指标是旅游经济指标体系中的有机组成部分，主要通过旅游者人数、旅游消费支出、旅游出游率等指标来综合反映旅游需求的状况和水平。

（一）旅游者人数指标

旅游者人数指标是反映旅游需求总量的主要指标，它包括旅游者出游人数指标和旅游者接待人数指标。通过上述指标不仅可以了解和掌握旅游需求的总规模及水平状况，而且可以分析旅游者的需求构成、需求内容、需求时间及需求趋势等。

1. 旅游者出游人数指标，是指旅游客源国或地区在一定时期内外出旅游的总人数，直接反映了旅游客源市场上旅游需求的总规模和水平。在实际中，通常用旅游客源国出游人数的汇总数来反映整个旅游市场的总需求状况及水平，其计算公式如下：

设：

D —— 旅游市场总需求

T_i—— i 国家（或地区）旅游者出游人数

n—— 国家（或地区）数

则有旅游市场总需求公式 3-7：

$$D=\sum_{i=1}^{n}T_i$$

例 3-4　根据调查，西欧的德、英、法、意四国 1997 年出游人数分别为 7490 万人、4170 万人、1650 万人、1600 万人，试计算四国的旅游市场总需求。

解：根据已知数据和旅游市场总需求公式，计算得到四国旅游市场总需求为：

$$D=7490+4170+1650+1600=14910(\text{万人})$$

2. 旅游者接待人数指标，是指旅游目的地国家或地区在一定时期内接待国内外旅游者的总人数。它反映了旅游者在旅游目的地国家或地区的游客流量，并从旅游接待角度反映出旅游市场上旅游需求的总规模和水平。在实际中，通常用旅游目的地国家和地区接待旅游者的汇总数来反映整个旅游市场的总需求状况。其计算公式如下：

设：

D—— 旅游市场总需求

T_j——j 国家（或地区）接待旅游者人数

n—— 国家（或地区）数

则有旅游市场总需求公式 3-8：

$$D=\sum_{j=1}^{n}T_j$$

（二）**旅游出游率和重游率指标**

旅游出游率和旅游重游率指标，是从相对数角度来反映旅游客源国（或地区）在一定时期内旅游者出游人数的水平，但两个指标在计算上又有不同的侧重点。

1. 旅游出游率，是指一定时期内某一国家或地区外出旅游人数与其总人口数的比率。它反映了该国家或地区在一定时期内产生旅游需求的能力和水平。其计算公式如下：

设：

R_0—— 旅游出游率

T_0—— 某国家（或地区）外出旅游人数

P_t—— 某国家（或地区）总人口数

则有旅游出游率计算公式 3-9：

$$R_0=\frac{T_0}{P_t}$$

表 3-1　世界主要客源国居民出游率和旅游者产生率

旅游客源国	出国旅游人数（万人次）	客源国总人数（万人）	居民出游率（%）	客源产生率[①]（%）
德国	7 490	8 159	91.8	9.26
美国	5 000	26 325	19.0	1.91
英国	4 170	5 882	70.9	7.15
加拿大	1 750	2 946	59.4	5.99
法国	1 650	5 798	28.5	2.87
意大利	1 600	5 728	27.9	2.82
日本	1 530	12 520	12.2	1.23
全世界	56 700	571 606	—	—

注：①客源产生率是某国出游人数占全球出游人数的比重与该国人数占全球总人数比重的比率。。

资料来源：① 世界旅游组织（WTO）统计资料，1997 年；

② 世界银行发展报告，1997 年。

2. 旅游重游率，是指一定时期内某一国家或地区外出旅游的人次与外出旅游的人数的比率。它反映了该国家或地区人们外出旅游的频率及旅游需求的规模和能力。其计算公式如下：

设：

R_c—— 旅游重游率

T_c—— 某国家（或地区）外出旅游人次

T_0—— 某国家（或地区）外出旅游人数

则有旅游重游率计算公式 3-10：

$$R_c = \frac{T_c}{T_0}$$

（三）旅游消费支出指标

旅游消费支出，是指旅游者在旅游活动过程中所支出的全部费用，是从价值形态反映旅游需求的综合性指标。通常，旅游者在旅游目的地的旅游消费支出越多，则旅游目的地国家（或地区）的旅游收入就越多。反映旅游消费支出的指标主要有三个，即旅游者消费支出总额、人均旅游消费支出额和旅游消费支出率。

1. 旅游者消费支出总额，是指一定时期内全部旅游者在旅游目的地国家或地区旅游活动过程中消费所支出的货币总额。在计算时，一般不包括在旅游客源国或地区和旅游接待国或地区之间的往返交通费支出。其计算公式如下：

设：

TE——旅游消费支出总额

T_{Ei}—— 旅游地企业接待旅游者的收入

T——旅游者总人数

$\overline{E}$——旅游者人均消费支出

则有旅游消费支出总额计算公式 3-11：

$$TE=\sum_{i=1}^{n}T_{Ei} \quad \text{或} \; TE=T\,\overline{E}$$

2. 人均旅游消费支出额，是指一定时期内旅游者在旅游目的地国家或地区的旅游活动过程中，平均每一个旅游者消费旅游产品所支出的货币额，即用旅游者支出总额除以旅游者人数所得之值，也可以通过抽样调查得到人均旅游消费支出额 $\overline{E}$。

设：

$\overline{E}$—— 旅游者人均消费支出

TE——旅游消费支出总额

T—— 旅游者总人数

则有人均旅游消费支出额计算公式 3-12：

$$\overline{E}=\frac{TE}{T}$$

3. 旅游消费支出率，是指一定时期内某一国家或地区旅游消费支出总额同该国家或地区的国民收入或国民生产总值的比率。它反映了一定时期内某一国家或地区对旅游需求的强度和旅游消费的水平。此外，旅游消费支出率也可以用人均水平来反映，即通过计算人均旅游消费支出占人均可支配收入的比重来反映。

二、旅游需求调查

旅游需求调查，是通过对旅游客源国的综合性调查，了解和掌握旅游需求的产生及发展状况，为科学地预测和分析旅游需求提供依据。旅游需求调查是开拓旅游市场的前提，也是旅游业稳定、持续发展的关键。特别是在剧烈的旅游市场竞争中，没有大量准确的旅游需求信息，就没有科学的旅游需求预测，就不可能正确地掌握旅游市场的变化趋势，作出科学的决策，并在旅游市场竞争中占有有利的地位。因此，必须重视对旅游需求的调查。

（一）旅游需求调查的内容

旅游需求调查的内容很多，既有对旅游需求产生的客观条件及环境的调查，又有对旅游需求产生的主观愿望的调查；既有对旅游活动开始前的旅游需求趋势调查，又有对旅游活动开始后的旅游需求满足情况的调查；既有第一手资料的基础性旅游调查，又有对已有资料的分析性调查；等等。而其中最重要的是对旅游客源国的旅游需求调查。通常，对旅游客源国的旅游需求调查主要包括三部分。

1. 旅游客源国概况及相关情况的调查。主要是收集旅游客源国的政治、经济、地理、文化、社会历史等方面的情况和资料，从总体上了解和掌握旅游客源国的基本状况，分析影响旅游需求产生的各种因素，研究可能产生的旅游需求规模和水平等。例如，对一国的收入水平、物价状况及税收制度等方面的调查研究，有利于掌握该国旅游需求的规模和旅游者的流向及流量。

2. 旅游者的综合性调查。主要是对旅游者的国别、性别、年龄、收入、旅游目的、旅游方式、娱乐爱好、购物倾向、消费水平等方面的调查，以便更好地了解和掌握旅游需求的特点及变化趋势，为旅游市场的开拓和旅游产品的开发提供科学的依据。

3. 旅游经营反馈信息的调查。主要是通过对国内外旅游业的发展状况、旅游企业的经营状况及旅游合作情况的调查，以了解和掌握国内外旅游者的旅游需求及满足状况，以便根据反馈的信息，及时调整经营策略、改进旅游产品、提高服务质量，更好地满足国内外旅游者的需求。

（二）旅游需求调查的方法

旅游需求调查的方法很多，常用的有问卷调查、统计调查、专题调查、销售调查等方法，可根据具体情况灵活选用。旅游需求调查的信息来源主要有:国内外旅游业内部的旅游统计资料,各旅游客源国的社会经济统计资料,旅游部门和旅游企业与国外同行定期或不定期的情况交流,通过驻外大使馆或领事馆收集的有关旅游资料,各种出国考察、参加国际旅游展销会获得的信息,对国内外旅游者的问卷调查,等等。根据从不同渠道获得的信息和资料,进行科学的归类和分析,就可以了解和掌握旅游需求的状况,并为旅游需求预测提供充分的客观依据。

三、旅游需求预测

旅游需求预测,是在旅游需求调查的基础上,运用科学的分析方法和手段对旅游需求的变化特点及趋势作出判断和推测。“预则立,不预则废”。正确的旅游需求预测,可为旅游市场开拓指明方向,为旅游产品开发提供科学依据,避免错误的旅游决策,促进旅游业的健康发展。因此,必须加强对旅游需求的科学预测。

(一)旅游需求预测的内容

从预测的角度看,凡是影响旅游需求变化的因素都可纳入旅游需求预测的范围。但就旅游需求预测的时效性及可行性而言,通常主要对影响旅游需求的直接因素及重要相关因素进行分析和预测。

1. 旅游需求的变化趋势预测,包括对旅游需求的发展规模、变化特点、出游方式、旅游目的、收入水平等方面的分析和预测,以掌握旅游需求发展变化的总体水平和态势。

2. 旅游需求的构成变化预测,包括对旅游者的国别、性别、年龄构成的变化,旅游目的、旅游消费结构的变化,旅游方式及使用交通工具的变化等,以便为旅游供给进行数量和结构的调整提供科学依据。

3. 旅游需求的环境预测,包括对国际政治形势、经济格局的变化,各国社会经济发展状况的变化,各种自然环境和气候的变化,以及各种局部小环境变化对旅游需求影响的预测等,为科学地制定旅游发展的方针、政策及策略提供依据。

(二)旅游需求预测方法

正确的旅游需求预测离不开科学的预测方法,而可运用于旅游需求预测的方法也很多,概括起来大致有三种。

1. 统计分析预测法，主要是根据历史资料和相关数据，运用各种统计分析方法来分析和推断旅游需求发展变化趋势的方法。常用的统计分析方法有趋势外推法、指数平滑法、相关分析法、弹性分析法、主观概率法等。这种方法依据历史数据进行分析和推断未来，科学性强。

2. 问卷调查预测法，是通过对旅游者进行问卷调查，然后对问卷调查资料进行归类、整理和分析，从而预测旅游需求发展趋势的方法。这种方法实用简单、资料丰富、利用率高，而且采取定性方法和定量方法相结合，可靠性强，是旅游需求预测中常用的方法。

3. 数学分析模拟法，是对各种旅游数据资料进行数学分析，建立模型，运用现代电子计算机手段进行模拟分析、计算求解来预测旅游需求发展趋势的方法。这种方法预测准确性高，但建立模型和计算求解比较复杂，通常适用于专业化人员分析使用。

复习与思考

一、重点概念

旅游需求　可支配收入　旅游需求规律　旅游需求弹性　点弹性　弧弹性　旅游需求价格弹性　旅游需求收入弹性　旅游需求交叉价格弹性　旅游产品的替代性　旅游产品的互补性　旅游需求调查　旅游需求预测

二、简答题

1. 何为旅游需求？何为潜在旅游需求？
2. 旅游需求产生的主客观条件有哪些？
3. 旅游需求的影响因素有哪些？
4. 何为点弹性，何为弧弹性？
5. 怎样理解旅游需求弹性？旅游需求弹性有哪些类型？
6. 如何确定旅游产品的替代性和互补性？

7. 旅游需求调查包括哪些内容？

8. 旅游需求预测有哪些方法？

三、论述题

1. 试用图示说明旅游需求的规律性。

2. 分析和比较旅游需求价格弹性的三种情况。

3. 比较不同旅游需求衡量指标的特点。

案例分析

昆明世博园游客需求量分析[①]

为了分析‘99中国昆明世界园艺博览会期间世博园的游客需求量，笔者曾根据昆明石林、云南民族村和大观楼公园的入园游客情况，对世博园的游客需求量及影响因素进行了分析，并且建立了世博园的游客需求函数，测算了世博园平均每天的游客需求量。具体分析和建立游客需求函数的过程如下：

第一、根据对其他旅游景点的分析，一般影响旅游景点需求的主要因素有旅游景点吸引力、门票价格、人均旅游消费水平、景点所在城市接待游客人数及广告宣传费支出等。

第二、由于旅游景点的吸引力无法量化，因此以广告宣传费支出的影响力来代替。根据对昆明其他景点的广告宣传影响力分析，再适当考虑了世博园在国内外的吸引力，测算出每增加1元世博园广告宣传费(A)，则世博园游客人数将增加4人；昆明市平均每天接待游客人数(T)每增加1人，则世博园游客将增加0.7人；游客人均旅游消费支出(R)每增加1元，则将引起世博园游客人数增加3人；世博园门票价格(P)每增加1元，则将引起世博园游客人数相应减少10人。

第三、根据对昆明市接待游客人数调查和预测，‘99世博会期间昆明市接待游客人数平均每天可能达到6万人：而抽样调查表明到昆明市的游客人均旅游消费支出为600元左右：预计世博园投入广告宣传

① 罗明义:《‘99世博会旅游者预测分析报告》,1998年。

的费用将达到 3000 万元。

1. 根据第二条的调查和测算的数据，可以得到世博园游客需求函数为：

$$Q_D = -10P + 4A + 3R + 0.7T$$

2. 把第三条的数据带入游客需求函数中，可以得到世博园需求价格函数为：

$$Q_P = 55800 - 10P$$

3. 据以上需求价格函数绘出世博园游客需求价格曲线图如下图所示：

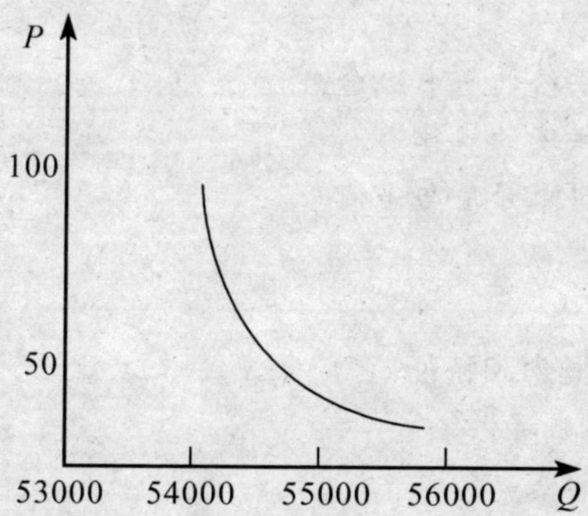

第四章　旅游供给

学习目的

●熟悉旅游供给的基本概念

●掌握旅游供给的规律

●了解旅游供求矛盾与平衡

基本内容

旅游供给的概念和特征

●基本概念：旅游供给

●旅游供给的基本特征

●旅游供给的影响因素

旅游供给规律与弹性

●基本概念：旅游供给规律

●旅游供给量变化规律

●旅游供给水平变化规律

●旅游供给弹性

旅游供求矛盾与平衡

●旅游供给与需求的矛盾

●旅游供给与需求的短期均衡

●旅游供给与需求的长期平衡

●旅游供求平衡的调控

案例分析

第一节　旅游供给的概念及特征

一、旅游供给的概念

供给和需求是相互对应的一组概念。需求是对消费者而言,而供给则是指生产者在一定条件下愿意并且能够提供某种产品的数量。从旅游经济的角度看,旅游供给是指在一定条件和一定价格水平下,旅游经营者愿意并且能够向旅游市场提供的旅游产品数量。为了正确认识和理解旅游供给的概念,必须掌握好以下几点:

(一)旅游供给的目的是为了满足人们的旅游需求

旅游供给的前提条件是旅游需求,即旅游企业必须以满足旅游者的需求为经营目标,通过建立一套适应旅游需求的旅游供给体系,保证提供满足旅游者需求的、高质量的旅游产品数量和规格。因为,一方面人类的需求总是要以一定的物质作为基础的,旅游需求也不例外,因此旅游供给所包含的旅游资源和设施就是满足旅游需求的物质基础;另一方面,旅游供给又是一种社会生产活动,必须以旅游需求作为旅游供给的依据,即在提供旅游产品的时候,要对旅游需求的内容、层次和变动趋势进行调查研究和预测,才能有效地制定旅游供给计划,科学地组织旅游产品的生产,以达到满足旅游需求的目的。

(二)旅游供给是旅游经营者愿意提供的旅游产品

旅游需求决定旅游供给的数量和质量,仅仅是一种前提条件,而真正决定旅游供给的关键在于旅游经营者是否愿意提供相应的旅游产品。这种旅游供给同旅游需求一样,是相对于旅游产品的价格而言,即在一定的价格下,旅游经营者愿意提供一定的旅游产品数量,并随着旅游价格的增减变动而相应变动。同时,从满足旅游需求的角度出发,旅游产品的供给不仅仅表现为旅游产品的数量,还必须综合地反映出旅游产品的品种、规格和质量。因此,要求旅游经营者既要重视抓旅游产品的数量，更要重视提高旅游产品的质量，重视提高旅游服务质量和旅游设施水平，才能增加有效供给，更好地满足旅游市场的需求。

（三）旅游供给是旅游经营者可能提供的旅游产品

旅游供给必须是一种有效供给，即旅游经营者愿意并且可能提供的旅游产品。这种有效供给取决于两方面，即基本旅游供给和辅助旅游供给。基本旅游供给，是指一切直接与旅游者发生联系，使旅游者在旅游过程中亲身接触和感受的旅游产品，它是由旅游资源、旅游设施、旅游服务和旅游购物等组合成的综合旅游产品，也是旅游供给的主要内容，其质量和水平决定了旅游目的地的吸引力和声誉。辅助旅游供给，是指为基本旅游供给体系提供配套服务的其他设施，也称旅游基础设施，包括交通运输、水电供应、污水处理、供气供热、邮电通信和医疗系统等各种配套工程。辅助旅游供给是一种公共设施，除了为旅游者提供直接和间接服务外，也为非旅游者提供服务。只有基本旅游供给和辅助旅游供给相互配合，才能向旅游者提供有效的旅游产品。

二、旅游供给的特征

旅游产品是一种特殊的综合性产品，因而旅游产品的供给也是一种特殊的供给。它除了有一般产品的市场供给特征外，还具有不同于一般产品供给的特殊性。这种特殊性是由旅游产品的特点所决定，主要表现在五个方面。

（一）旅游供给的计量差别性

旅游产品的综合性特点表明，旅游供给是由多种资源、设施与服务要素构成的，由于这些构成要素具有异质性的特点，因而旅游供给既不能用各种要素的累加来反映，也无法用综合旅游产品数量的累加来测度，只能用旅游者数量来表征，也就是用可能接待旅游者的人数来反映旅游供给的数量及生产能力水平（容量）。因此，旅游供给不是用旅游产品来计量，而是用旅游供给的服务对象——旅游者作为旅游供给的计量单位。

（二）旅游供给的产地消费性

一般物质产品的消费是产品通过流通环节离开生产地而消费的，

但在旅游供给中，由于旅游产品的固定性特征，因而旅游产品消费是通过流通环节将旅游者请到生产地进行消费。因此，在规划物质产品生产时，通常必须考虑产品和原料的交通运输问题，使运进运出的物质保持平衡；而在规划旅游产品生产和供给时，则应重点考虑旅游景区景点的环境容量及旅游接待能力，它们直接影响着旅游供给的数量和水平。

（三）旅游供给的可持续性

通常，一般物质产品的供给主要通过再生产而连续不断地提供，如果再生产停止，则物质产品的生产与供给也就停止。但旅游产品的供给则不一样，无论是景区景点建设，还是宾馆饭店设施，一旦建成就能在较长一段时间内保持持续地供给，有的甚至可以永续利用。同样，生产一般物质产品的工厂若受到破坏，则可以通过另建新厂来恢复供给；而旅游产品或旅游景点一旦遭受破坏，则往往难于复原中直接影响供给能力，甚至可能使某种旅游产品的供给能力永久丧失。

（四）旅游供给的非贮存性

旅游供给的非贮存性是由于旅游产品生产与消费的同一性所决定。通常，物质产品可利用产品储存作为调节供需矛盾的手段，实现产品的供求均衡。但对旅游产品来讲，由于旅游产品生产、交换与消费的同一性，使旅游产品既不能先于消费而生产，也不可能通过旅游产品贮存来调节旅游供需矛盾，只能通过增加旅游者数量或相应提高旅游供给能力，实现旅游产品的供求均衡。因此，旅游供给的非贮存性使旅游产品的供求经常处于不平衡的状况，需要经常对旅游供求进行调节和平衡。

（五）旅游供给的多样性

旅游产品的使用价值在于满足旅游者的心理和精神的需要，而这种需要是千差万别的，从而使旅游供给具有个体差异性的特点，即使采用组团旅游的方式来提供组合旅游产品，也要注意满足团队中个别旅游者的特殊需求。因此，旅游供给较之于物质产品的供给具有多样性的特征，能够针对不同的旅游者需求提供不同的旅游产品，对于满足旅游者的多样性需求是十分重要的。

三、旅游供给的影响因素

在旅游产品一章中，已介绍过旅游供给的构成包括旅游资源、旅游设施、旅游服务、旅游购物和旅游便捷性等要素。但是除了以上要素外，还有许多因素都会对旅游供给的增加或减少产生重要的影响，通常对旅游供给的影响因素主要有六方面。

（一）旅游的环境容量

旅游供给的基本要素是旅游资源，而旅游资源是在特定的自然和社会条件下形成的，是旅游经营者不能任意改变的。旅游经营者只能把旅游资源优势作为旅游供给和旅游经济增长的依托点，以市场为导向，通过对旅游资源的合理开发，向旅游市场提供具有特色的旅游对象物，实现旅游资源优势向经济优势转换。但是，旅游资源的开发不是无限的，而是受到旅游环境容量的限制。因此，旅游目的地环境容量在很大程度上决定和影响着旅游供给的规模和数量。如果旅游者超过了旅游目的地的环境容量，不仅会造成自然环境的破坏和污染，而且会引起当地居民的不满，甚至产生一系列社会问题，这样又会直接影响到旅游产品对旅游市场的吸引力。

（二）旅游相关产品的价格

旅游供给不仅直接受旅游产品价格的影响，还会间接地受其他相关产品价格变化的影响。例如，对于国际旅游来讲，如果国际旅游交通费涨价，而旅游目的地的旅游产品价格不变，则意味着旅游目的地的旅游产品价格相对降低了，从而使旅游目的地的相对利润也随之减少；反之，如果国际旅游交通费降价，而旅游目的地的旅游产品价格不变，则意味着旅游目的地的旅游产品价格相对提高了，从而使旅游目的地的相对利润随之增加。因此，无论旅游相关产品的价格是增加还是减少，都必然引起旅游要素资源的重新配置，进而影响到旅游产品供给数量和水平的变化。

（三）旅游生产要素的价格

生产要素价格的高低直接关系旅游产品的成本高低，尤其因为旅游产品是一个包含食、住、行、游、购、娱多种要素在内的综合性产品，各种要素价格的变化必然影响到旅游产品供给的变化。在旅游产品价格不变的情况下，若各种要素价格提高了，则必然使旅游产品的成本增加而利润减少，于是引起旅游产品供给量也随之减少。反之，若各种要素价格降低，则使旅游产品成本降低而利润增加，于是刺激旅游产品供给量随之增加。因此，旅游生产要素价格也直接对旅游供给产生着重要的影响作用。

（四）社会经济发展水平

旅游业不仅是一项综合性经济产业，也是一项依赖性很强的产业。因为旅游业的健康发展离不开社会生产力的发展，它需要在社会现有的经济发展基础上为旅游业提供必需的物质条件，才能形成旅游的综合接待能力，才能提供一定数量和质量的旅游产品。如果社会经济发展水平低，不能保证旅游供给所需的各种物质条件，就不能提供有效的旅游接待能力。因此，社会经济发展的状况和水平不仅为旅游供给提供各种物质基础的保证，而且一定程度上决定着旅游产品的供给数量和质量。

（五）科学技术发展水平

科学技术是第一生产力，是推动社会经济发展的强大动力，也是影响旅游供给的重要因素之一。科学技术进步为旅游资源的有效开发提供科学的手段，为形成具有特色的旅游产品提供科学方法，为保护旅游资源，实现旅游资源的永续利用提供科学依据，并为旅游者提供具有现代化水平的、完善的接待服务设施，为旅游经济发展提供科学的管理工具和手段，从而增加有效的旅游供给，加速旅游资金的周转，降低旅游产品成本，提高旅游经济效益。

（六）旅游经济方针和政策

旅游目的地国家或地区有关旅游经济发展的方针和政策，也是影响旅游供给的重要因素之一。特别是有关旅游经济发展的战略与规划，扶持和鼓励旅游经济发展的各种税收政策、投资政策、信贷政策、价格政策、社会文化政策等，不仅对旅游经济发展具有重要的影响作用，而且直接影响到旅游供给的规模、数量、品种和质量。因此，旅游方针、政策是影响旅游供给的重要因素，是不断提高旅游综合接待能力的生命线，也是促进旅游经济发展的重要力量。

第二节　旅游供给规律与弹性

一、旅游供给规律

从以上分析可以看出，旅游供给往往受多种因素的影响和制约，不同的因素对旅游供给的变化产生不同的影响。但是，在市场经济条件下，决定旅游供给变化的主要因素有旅游产品价格、生产要素价格、旅游供给能力等，它们与旅游供给之间的不同变化形成了旅游供给的客观规律。

（一）旅游供给量变化的规律性

根据旅游供给和旅游产品价格的相互联系，在其他因素既定的情况下，旅游产品价格上涨，必然引起旅游供给量增加；旅游产品价格下跌，必然引起旅游供给量减少。也就是说，旅游供给量具有与旅游产品价格呈同方向变化的规律性。

设纵坐标代表旅游产品价格，横坐标代表旅游产品数量，$S-S$ 代表旅游供给曲线。则在坐标图 4-1 中，旅游产品价格的任一变动，都有一个与之相对应的旅游供给量，并形成旅游供给曲线 $S-S$ 。当旅游产品价格为 P_0 时，有相对应的旅游供给量 Q_0；当旅游产品价格从 P_0 上涨到 P_1 时，旅游供给量由 Q_0 上升到 Q_1；当旅游价格从 P_0 下跌到 P_2 时，旅游供给量由 Q_0 下降到 Q_2。因此，旅游供给曲线是一条自左下向右上倾斜的曲线，该曲线反映了旅游供给量与旅游产品价格同方向变化的客观规律性。

旅游供给量与旅游产品价格呈同方向变化的规律性，是由于旅游经营者追求利润最大化目标所决定的。因为，在旅游产品生产技术和各种生产要素价格既定的情况下，如果旅游产品价格上升，就意味着利润增加，于是旅游经营者就会投入更多的生产要素来生产和经营旅游产品，从而使旅游产品的供给量增加；反之，在旅游产品生产技术和各种

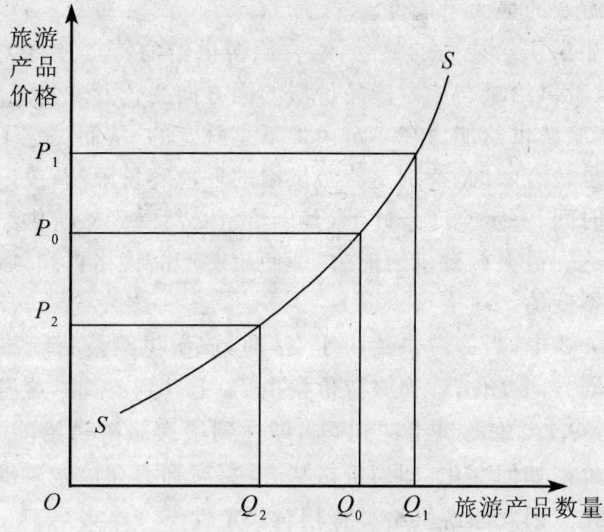

图 4-1　旅游供给价格曲线

生产要素价格既定的情况下，如果旅游产品价格下降，就意味着利润减少，于是旅游经营者就会减少生产要素的投入，或者把生产要素转投入其他产品的生产，从而使旅游产品的供给量减少。

（二）旅游供给能力的相对稳定性

旅游供给能力，是指在一定条件下（包括时间和空间等），旅游经营者能够提供旅游产品的最大数量。由于旅游产品是一种以服务为主的综合性产品，因此旅游供给能力是以接待旅游者数量多少来反映，而不像物质产品是以产品数量多少来反映。根据旅游产品的特征，旅游供给能力具体可分为两种，即旅游综合接待能力和旅游环境承载能力。旅游综合接待能力，是指旅游目的地国家或地区通过旅游资源开发、基础设施和接待设施的建设而形成的、能够接待旅游者的数量，是一种现实的旅游生产力，体现了旅游目的地国家或地区旅游业发展的现实可能性。旅游环境承载能力，是指旅游目的地国家或地区在一定时间内、在不影响生态环境和旅游者体验的基础上，能够保持一定水准而接待旅游者的最大数量，它是一种潜在的旅游生产力，体现了旅游目的地国家和地区发展旅游业的最大可能性。

根据旅游供给能力的概念，结合旅游供给的特点及有关影响因素的作用，旅游供给量与旅游产品价格的同方向变化并非是无限制的。事实上，由于旅游供给能力在一定条件下是既定的，从而决定了旅游供给量的变动也是有限的。特别是旅游供给的环境容量限制，决定了旅游供给在一定时间、一定空间条件下，其供给量必然受到旅游供给能力的制约。一旦达到最大旅游供给能力，即使旅游产品价格再高，旅游供给量也是既定不变的。

在图 4-2 中，当旅游供给小于 Q_C 时，旅游供给量将随旅游产品价格变化而同方向变化，即当旅游价格由 P_0 上升到 P_1 时，旅游供给量由 Q_0 上升到 Q_1；当旅游供给达到 Q_C，即达到最大旅游供给能力时，无论旅游产品价格如何变化，即当价格从 P_2 提高到 P_3 时，旅游供给量仍不会发生变化。因此旅游供给具有相对稳定性。

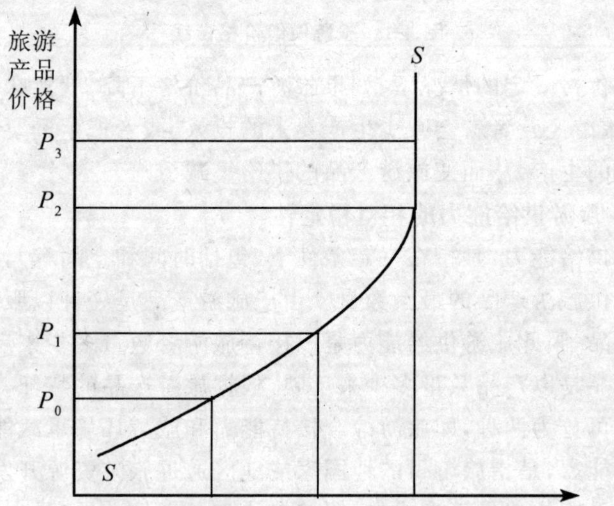

图 4-2　限定的旅游供给价格曲线

（三）旅游供给水平变化的规律性

旅游供给的变化不仅受旅游产品价格变动的影响，也受其他各种因素的影响和作用。在旅游产品价格既定条件下，由于其他因素的变动而引起的旅游供给的变动，称为旅游供给水平的变动。在图 4-3 中，假定旅游产品的生产技术水平不变，旅游价格 P_0 为既定条件下，若生产要素价格下降，必然引起旅游产品成本下降，使旅游供给水平增加，从而引起旅游供给曲线由 $S-S$ 右移到 S_1-S_1；反之，若生产要素价格上升，必然引起旅游产品成本上升，使旅游供给水平减少，从而引起旅游供给曲线由 $S-S$ 左移到 S_2-S_2。这时，尽管旅游产品价格(P_0)保持不变，但旅游供给量已发生变化，分别由 Q_0 上升到 Q_1 或下降到 Q_2。

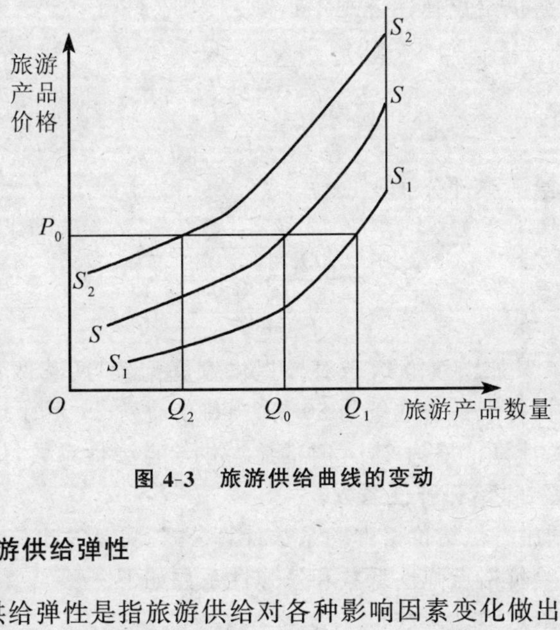

图 4-3　旅游供给曲线的变动

二、旅游供给弹性

旅游供给弹性是指旅游供给对各种影响因素变化做出的反应。由于旅游供给不仅受旅游产品价格的直接影响，还受到生产规模变化、生产成本和旅游环境容量等多种因素的影响，因而旅游供给弹性包括旅游供给价格弹性、旅游供给交叉弹性、旅游价格预期弹性等，下面着重分析旅游供给价格弹性和旅游价格预期弹性。

（一）旅游供给价格弹性

旅游供给价格弹性，是指旅游供给量对旅游价格的反应及变化关系。根据旅游供给规律，在其他影响旅游供给的因素不变情况下，旅游供给是随旅游产品价格而同方向变化。为了测定两者之间的变化程度，即旅游供给对价格的敏感性，就必须计算旅游供给价格弹性系数。所谓旅游供给价格弹性系数，是指旅游供给量变化的百分数与旅游产品价格变化的百分数之比。其计算公式如下：

设：

E_{sp}——旅游供给价格弹性系数

P_0, P_1——变化前后的旅游产品价格

Q_0, Q_1——变化前后的旅游供给量

则有旅游供给点弹性公式 4-1：

$$E_{sp}=\frac{\dfrac{Q_1-Q_0}{Q_0}}{\dfrac{P_1-P_0}{P_0}}$$

旅游供给弧弹性公式 4-2：

$$E_{sp}=\frac{\dfrac{Q_1-Q_0}{(Q_1+Q_0)\div 2}}{\dfrac{P_1-P_0}{(P_1+P_0)\div 2}}$$

例 4-1　某旅游度假饭店对外提供家庭配菜（两荤两素），当每份收费 20 元时，每天销售数量为 50 份；当每份收费 25 元时，每天销售数量为 80 份。计算价格为 25 元时的旅游供给点弹性系数，价格为 20～25 元时的旅游供给弧弹性系数。

解：根据旅游供给价格弹性系数计算公式，可计算出该旅游度假饭店的旅游供给价格点弹性系数和弧弹性系数如下：

旅游供给点弹性系数

$$E_{sp}=\frac{[80-50]/50}{[25-20]/20}=2.4$$

旅游供给弧弹性系数

$$E_{sp}=\frac{80-50}{[80+50]/2}\div\frac{25-20}{[25+20]/2}=2.1$$

由于旅游供给量与旅游产品价格同方向变化，因而其弹性系数通常为正值。根据旅游供给价格弹性系数 E_{sp} 值的大小，可以区分为以下

几种情况：

1. 当 $E_{sp}>1$ 时，则表明旅游供给量变动百分比大于旅游产品价格变动百分比，即旅游供给是富有价格弹性的，如图 4-4 中 AB 弧上即表明这一特点。若旅游供给是富于弹性的，则说明旅游产品价格的微小变化将引起旅游供给量的大幅度变化。

2. 当 $E_{sp}=1$ 时，则表明旅游供给量变动百分比 同旅游产品价格变动百分比是相等的，即旅游供给具有单位弹性，图 4-4 中 B 点的供给价格弹性系数就是单位弹性。若旅游供给是单位弹性，则说明旅游产品价格变化引起旅游供给量的变化是同比的。

3. 当 $E_{sp}<1$ 时，则表明旅游供给量变动百分比小于旅游产品价格变动的百分比，因而旅游供给弹性不足，图 4-4 中 BC 弧上的旅游供给弹性就表现为不足，说明旅游产品价格的大幅度上涨或下跌，对旅游供给量变化的作用不强。

4. 当 $E_{sp}=0$ 时，称旅游供给完全缺乏价格弹性，因而在图 4-4 中的旅游供给曲线是一条垂直于横轴的直线，表明无论旅游产品价格怎样变动，旅游供给量基本保持不变。

5. 当 $E_{sp}=\infty$ 时，则称旅游供给是完全富有弹性的，或称旅游供给具有无限价格弹性，因而在图 4-4 中的旅游供给曲线是一条平行于横轴的直线，表明在既定的旅游产品价格条件下旅游供给量可任意变化。

（二）旅游价格预期弹性

旅游价格预期弹性，是指旅游产品未来价格的相对变动与当前价格相对变动之比。旅游价格预期弹性无论对于旅游者还是旅游经营者来讲，都是决策的一个重要影响系数。

设：

E_f——价格预期弹性系数

F——未来价格

P——现行价格

则有旅游价格预期弹性公式 4-3：

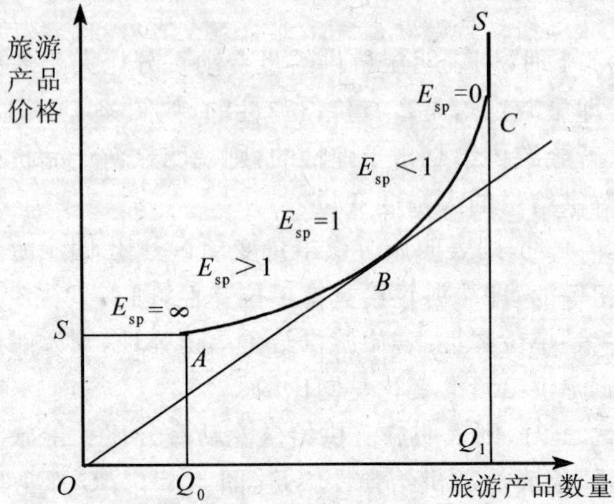

图 4-4　旅游供给价格弹性变化

$$E_f=\frac{\frac{\Delta F}{F}}{\frac{\Delta P}{P}}$$

对于旅游者而言，当旅游价格预期弹性 $E_f>1$，则表明旅游者预期未来价格的相对变动将大于现行价格的相对变动，于是旅游者的现期旅游需求增加；反之，当 $E_f<1$，则表明旅游者预期未来价格的相对变动将小于现行价格的相对变动，于是旅游者会持币待购从而引起现期旅游需求减少。但由于旅游需求同时受闲暇时间因素的影响，因而旅游价格预期弹性对于旅游需求的影响相对较小，即旅游价格预期弹性系数一般较小。

但是，对于旅游经营者来讲，旅游价格预期弹性的作用就相对较大。当旅游价格预期弹性 $E_f>1$ 时，表明旅游经营者预期未来价格的相对变动将大于现行价格的相对变动，于是为了保持经营的稳定性，旅游经营者就会减少现期的旅游供给，并加大投入以期提高未来的旅游供给量，从而获得更多的经济收益。反之，当 $E_f<1$ 时，表明旅游经营者预期未来价格的相对变动将小于现行价格的相对变动，即旅游市场价格保持稳定发展，于是旅游经营者就会扩大宣传促销，以努力增加现

期的旅游供给，尽快在近期获得更多的收益。因此，把握好旅游价格的预期弹性变化，对于旅游经营者来讲是至关重要的。

例 4-2　某旅行社推出一特色旅游产品，对外报价为 250 元/人，但由于游客剧增而使实际价格上升到 300 元/人；根据预测，下年该特色旅游产品的需求将持续上升，故旅行社对外报价提高到 320 元，并预定产品价格将随旅游市场供求变化而有 25%的浮动，试计算该旅游产品的旅游价格预期弹性系数，并作出分析。

解：根据题意可知，$P=250$，$\Delta P=300-250$；$F=320$，$\Delta F=320\times(1+25\%)-320$

则有：

$$E_f=\frac{[320\times(1+25\%)-320]\div 320}{(300-250)\div 250}=\frac{0.25}{0.2}=1.25$$

分析计算结果可知，由于旅游产品的价格预期弹性系数 E_f 为 1.25大于 1，旅游者预期未来价格可能提高，因此对现期旅游产品的购买会进一步增加；而旅游经营者则会在满足现期旅游产品供给的同时，加大投入以增加未来旅游产品的供给，以期获得更多的经济收益。

第三节　旅游供求矛盾和平衡

一、旅游供给与需求的矛盾

旅游供给与旅游需求是互相依存和矛盾的，它们通过旅游产品价格这一中介而有机地结合起来，从而形成了旅游供给与旅游需求既相互依存又相互矛盾的运动规律。

从旅游供给与旅游需求的相互依存关系看，一方面，旅游供给虽然受许许多多的影响因素制约，但归根结底最基本的影响来自旅游需求。旅游供给的数量和规模都要以旅游需求为前提，离开旅游需求所确定的旅游供给必然是盲目的；此外，自然和社会等各种因素对旅游供给的影响，往往也就是对旅游需求的影响，或者是通过抑制旅游需求来限制旅游供给的发展。另一方面,旅游供给又是旅游需求实现的保证,它提供旅游需求以具体的活动内容。如果没有旅游供给的不断发展,旅游需求将得不到满足,旅游需求也不会发展和提升,甚至永远停留在对自然风光观赏的水平上。从总体上看,旅游供给源于旅游需求,但在旅游业发展到一定程度之后,旅游供给又能激发旅游需求,产生旅游需求,促使人们的旅游需求内容不断扩大,水平不断提高,从而改善人们的生活质量。

从旅游供给与旅游需求的矛盾关系看,主要表现在旅游供给和旅游需求在数量、质量、时间、空间和结构等方面的矛盾。

(一) 旅游供给与需求在数量方面的矛盾

旅游供给与需求在数量方面的矛盾,主要表现为供给能力与实际接待旅游人数之间的矛盾。旅游目的地国家或地区,根据自己的社会经济条件,适应国内外旅游者的旅游需求,通过有计划有步骤的建设而形成的旅游供给能力,在一定的时间内是有限的,并具有相对的稳定性。旅游需求则随着人们收入水平的提高、消费水平与消费结构的变化而不断上升;同时,受社会政治经济状况和社会环境的制约,气候季节交替的影响,旅游需求也会相应地改变。简言之,旅游需求量具有不稳定性和随机性的特点。因此,旅游供给的相对稳定性和旅游需求的变动性之间的矛盾,导致在一定时间内,必然出现旅游供给总量与旅游需求总量之间的不平衡,从而形成旅游市场上供不应求或供过于求的状况。

(二)旅游供给与需求在质量方面的矛盾

由于旅游供给的发展是以旅游需求为前提,所以旅游供给的发展一般总是滞后于旅游需求的。在一定的生产力发展水平上,与旅游资源相关联的旅游设施、服务形成之后,它们的供给水平也就相应确定了,而人们的需求内容、水平却在不断变化。旅游供给要跟上旅游需求内容、水平的变化,就需要追加一定的资金投入和建设时间;此外,受社会价值准则和道德规范的限制,有的旅游需求也不能提供相应的旅游供给。再加上旅游供给也有自己的生命周期,随着设施的磨损和老化,即使不断地局部更新,也难以阻止旅游设施在整体上的衰老和落伍,从而使旅游供给的质量下降,落后于旅游需求的要求。反之,旅游供给若不以旅游需求为前提，而超前于旅游需求水平的发展，则会使旅游供给在近期内因旅游设施不能有效利用而使经济效益降低，但远期则因设施陈旧老化也达不到预期的经济效益目标。以上这些都表现为旅游供给与需求在质量方面的矛盾。

（三）旅游供给与需求在时间方面的矛盾

时间因素有时直接影响旅游供给能力的发挥，有时则通过抑制旅游需求而造成旅游供给与需求的冲突。例如春意盎然、秋高气爽的季节，可能引发人们大量出游，到各风景区游玩和观光；而隆冬季节，雪山风光、冰灯冰雕、滑雪冬泳则成为人们旅游需求的项目；至于炎热夏天，避暑胜地又供不应求了；节假日又会使旅游区比其他时间迎来更多的游客。总之，由于构成旅游产品的旅游设施和旅游服务，一旦相互配套而形成一定的供给能力，就具有常年同一性，而旅游需求则受季节和各种因素影响而常常发生变化。因此，旅游供给的常年同一性与旅游需求的季节性变化，就形成了旅游供给与旅游需求在时间方面也存在着一定的矛盾和冲突。

（四）旅游供给与需求在空间方面的矛盾

旅游供给与需求在空间方面的冲突表现为，旅游产品在位置上的固定性和容量的有限性与旅游需求在空间的流动性和变动性的矛盾。特别是那些在国内、国际上久负盛名的旅游景区景点，往往游客如织、摩肩接踵、络绎不绝，大大超过环境承载力；而有的旅游景区景点则因为客运能力不配套，或者旅游产品吸引力不足，往往使旅游者进得去、出不来，或者没有重游的愿望和口碑宣传的效应，致使旅游者望而却步，游人寥寥无几。因此，积极开发各种自然景观和人文资源，建设更多高品位的景区景点，既是促进旅游业发展的基础，也是缓解旅游供给与需求在空间方面矛盾的重要途径和手段。

（五）旅游供给与需求结构方面的矛盾

由于旅游者的组成不同，旅游活动中的兴趣爱好各异，民族习惯、宗教信仰、支付能力、消费水准等方面的千差万别，就形成了旅游需求的复杂多样、灵活多变的特点。而一个地区，甚至一个国家的旅游供给，不管怎样周全规划和配备，总不可能面面俱到、一应俱全。因此，旅游供给的稳定性、固定性与旅游需求的复杂性、多样性之间的鲜明反差，形成了旅游供给与需求在结构上的矛盾冲突，这就要求旅游目的地国家或地区必须按照旅游需求多样性、复杂性特点，推动旅游产品多样化开发与发展。

二、旅游供给与需求的短期均衡

由于旅游供给和旅游需求之间存在着以上五个方面的矛盾冲突，因而要实现旅游供给与需求的均衡，就必须把两者结合起来考察，以探寻旅游供给与需求平衡的规律性。为了深入分析旅游供给和需求的平衡，必须区分旅游供给与需求的短期均衡和长期平衡。

所谓旅游供给和需求的短期均衡，是指在一定的时间内旅游供给能力具有相对的稳定性，即旅游企业至少有一种生产要素投入是不变的，旅游供给和旅游需求只能在既定要素不变的条件下，通过改变其他要素的投入来实现旅游市场上的供求平衡。因此，对于旅游供给和旅游需求之间的短期均衡，可采用供给曲线与需求曲线的变动来研究。为简单起见，我们假定供给曲线与需求曲线在移动时形态不变，旅游供给和旅游需求的短期均衡有以下几种情况：

（一）旅游供求的短期静态均衡

在市场经济条件下，旅游产品价格是决定旅游供给与需求的根本性因素。根据旅游供给规律和旅游需求规律，旅游产品价格越高，则旅游需求量越少，而旅游供给量越多；反之，旅游产品价格越低，则旅游需求量越多，而旅游供给量越少。因此，旅游产品价格决定着旅游供给和旅游需求的均衡交易量，而旅游供给和旅游需求两种矛盾力量共同作用的结果，又形成旅游市场上的均衡价格。

假如以横坐标 Q 表示旅游供求数量，以纵坐标 P 表示旅游产品价格，把旅游需求价格曲线 $D-D$ 和旅游供给价格曲线 $S-S$ 在同一坐标图中绘出（见图 4-5），则旅游需求价格曲线 $D-D$ 与旅游供给价格曲线 $S-S$ 相交于 E 点。在 E 点，由于旅游供给量与旅游需求量相等，故称为旅游供求均衡，这时相对应的价格 P_0 就称为均衡价格，相对应的旅游产品数量 Q_0 就称为均衡产量。

如果旅游产品价格高于 P_0 并上升为 P_1，按照旅游需求规律，这时旅游需求量会减少到 Q_1，同时按照旅游供给规律，旅游供给量则会增加至 Q_2，于是旅游市场上出供大于求（$S>D$）的状况，供大于求的数量即为 Q_2-Q_1；如果旅游产品价格由 P_0 降到 P_2，则旅游需求量会增加至 Q_3，而旅游供给量则减少至 Q_4，这时旅游市场上会出现供不应求（$D>S$）的状况，供不应求的数量即 $Q_4-Q_3=-(Q_3-Q_4)$。

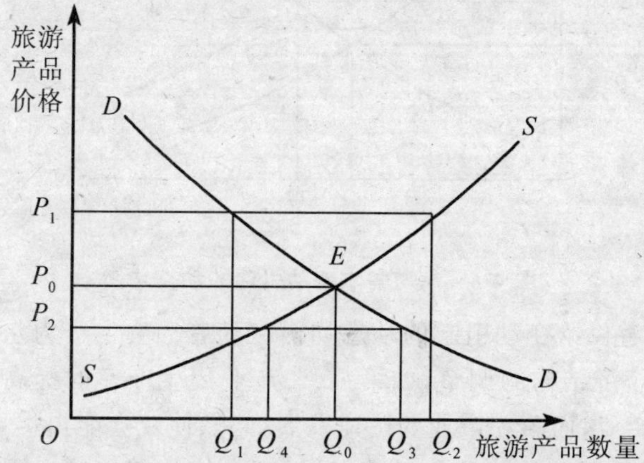

图 4-5　旅游供给和旅游需求的均衡

（二）旅游供求的短期动态均衡

在实际中，旅游供给与需求的均衡往往是动态的均衡。虽然旅游供给一旦形成之后，使用周期较长，并具有相对稳定性，但在一定的旅游供给能力内仍然会随旅游产品价格的变化而变化。因此对于旅游供给和旅游需求之间的动态均衡，可采用供给曲线与需求曲线的动态变化来研究。为简单起见，我们假定供给曲线与需求曲线在移动时形态不变，则旅游供给和旅游需求的动态均衡有三种情况。

1. 旅游需求变动引起的动态均衡。由于社会经济发展和消费水平的变化，使人们的生活结构有所调整，工作日减少而休假日增加，会引起旅游需求水平的增加，从而引起旅游需求曲线的右移。在旅游供给水平不变的情况下，旅游供求均衡点就从 E_0 点移到 E_1 点，并带动旅游供给量增加，使均衡价格也相应由 P_0 上升到 P_1，均衡产量由 Q_0 增加到

Q_1(见图 4-6)。

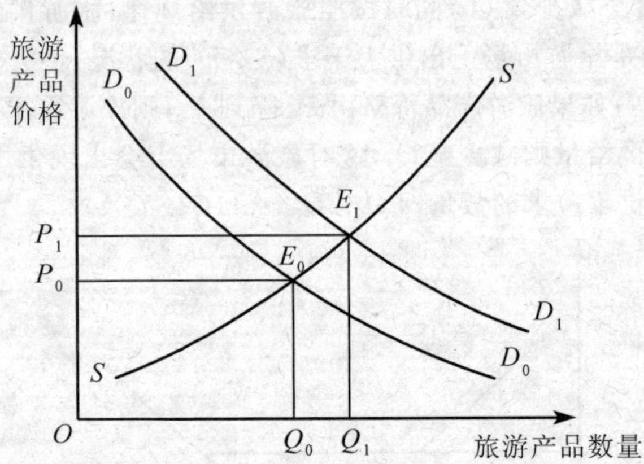

图 4-6　旅游需求变动引起的动态均衡

2. 旅游供给变动引起的动态均衡。随着社会生产力水平的提高，必然引起经济结构的调整，如第一、二产业因生产率的提高，冗余人员转入第三产业，而第三产业的迅速发展，必然使社会能提供更多的旅游供给，或者地区性的旅游业迅速发展，都会使旅游供给水平上升，从而引起旅游供给曲线的右移。在旅游需求水平不变的情况下，旅游供求均衡点会从 E_0 点移到 E_2 点，并带动旅游供给量增加，引起均衡产量由 Q_0 增加到 Q_2，而均衡价格由 P_0 下降到 P_2(见图 4-7)。

3. 旅游供求同时变动引起的动态均衡。旅游供给和需求同时变动的情况较复杂，因为它们既可按同方向变动，也可按不同方向变动；既可按同比例变动，也可按不同比例变动。若旅游供给和需求同时增加，会引起供给曲线与需求曲线同时向上移动，使旅游供求均衡点由 E_0 点上升到 E_3 点，并在旅游均衡产量 Q_0 不变的条件下，导致均衡价格由 P_0 上升到 P_3(见图 4-8)；反之，若旅游供给和需求同时下降，会引起供给曲线与需求曲线同时向下移动，使旅游供求均衡点相应下移，并在旅游均衡产量不变的条件下，导致均衡价格向下跌。至于旅游供给和需求按照不同方向或不同比例变化，则引起供给曲线与需求曲线有不同变化，从而导致旅游供求均衡点、旅游均衡产量、旅游均衡价格产生不同的变化和特点，学习者可结合图 4-8 进行分析。

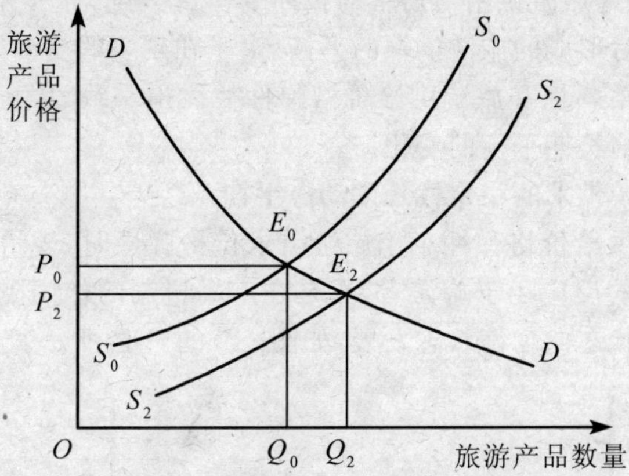

图 4-7　旅游供给变动引起的动态均衡

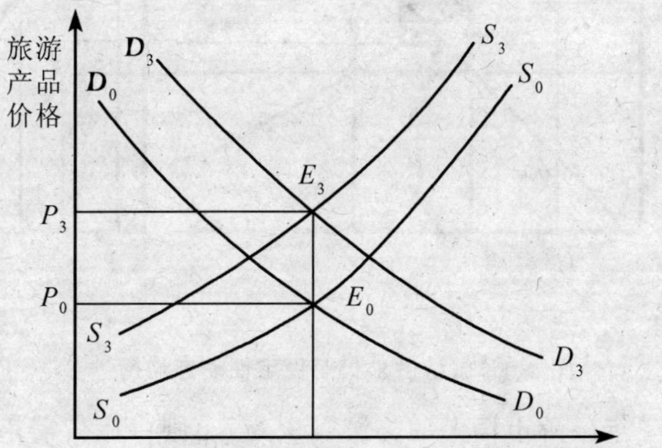

图 4-8　旅游供求同时变动引起的动态均衡

三、旅游供给与需求的长期平衡

旅游供给与需求的短期均衡是一种暂时的平衡，为了实现旅游供给与需求的长期平衡，就必须改变所有生产要素的投入，提高旅游供给能力，并引起旅游需求水平的变化，实现在新的旅游供求条件下的平衡。因此，所谓旅游供给与需求的长期平衡，就是指对所有生产要素投入进行调整后形成的旅游供求的平衡。由于在现实的旅游经济活动中，旅游需求价格弹性和旅游供给价格弹性往往不一致，从而引起旅游供求具有不同的长期平衡的变化。

（一）**旅游供求的稳定性长期动态平衡**

当旅游供给价格弹性小于旅游需求价格弹性时，表示旅游经营者对旅游价格的反应小于旅游者，于是在市场机制的作用下会使旅游供求从非均衡状态向均衡状态发展，如图 4-9 的 *A* 图所示。

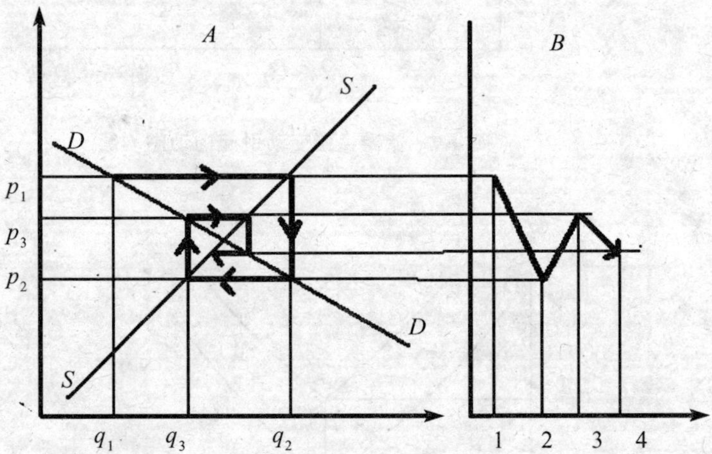

图 4-9　旅游供求长期稳定性动态均衡

假定第一年旅游市场上的旅游需求为 q_1，则由旅游需求曲线可知旅游产品价格为 p_1，由于旅游价格高于均衡价格，必然引起第二年的旅游供给量增加为 q_2，而要使第二年 q_2 的旅游产品全部销售出去，由旅游需求曲线可知销售价格应降低为 p_2，这样会使第三年的旅游供给量减少为 q_3 并使旅游价格变为 p_3，依次连续不断的变化下去，最终使旅游价格趋于均衡价格和均衡产量的长期稳定性动态平衡（如图 4-9 的 *B* 所示）。

(二)旅游供给与需求的非稳定长期动态平衡

当旅游供给价格弹性大于旅游需求价格弹性时,表示旅游经营者对旅游价格的反应大于旅游者,于是在市场机制的作用下会使旅游供求从短期非均衡状态向长期非平衡状态发展,形成旅游供求的长期非稳定动态平衡。如图 4-10 中的 A 图,假定第一年旅游市场上的旅游需求为 q_1,由旅游需求曲线可得旅游价格为 p_1,由于旅游价格高于均衡价格而使第二年的旅游供给为 q_2,而要使第二年的全部旅游产品销售出去,则旅游价格必然下降为 p_2,于是第三年的旅游供给变化为 q_3,会使旅游价格又上升为 p_3,依次连续不断的变化下去,将使旅游价格远远偏离均衡价格,而出现旅游供求长期非稳定动态平衡(如图 4-10 中的 B 所示)。

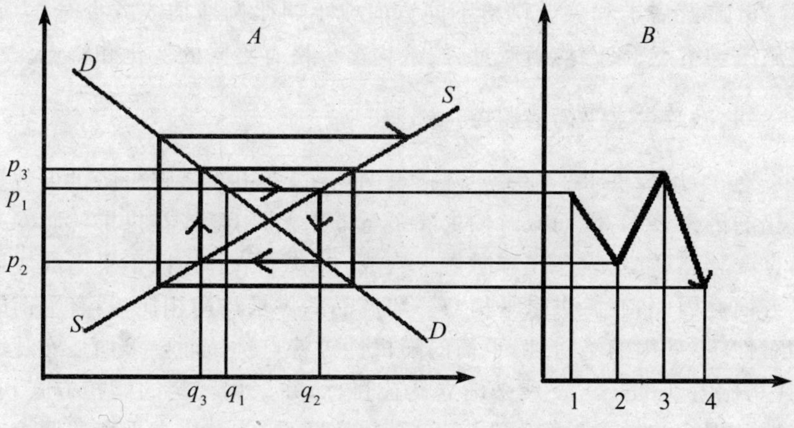

图 4-10 旅游供求长期非稳定性动态均衡

(三)旅游供求规律

据以上分析,可以把市场经济条件下的旅游供求规律概括如下:

1. 旅游需求和旅游供给共同决定旅游产品价格,旅游均衡价格就是旅游需求量等于旅游供给量时的价格;与旅游均衡价格相对应的旅游供求数量称为旅游均衡产量。

2. 旅游产品价格又影响和决定着旅游需求和旅游供给的数量,当旅游产品价格上涨时,旅游供给增加而旅游需求减少,于是旅游市场上出现供过于求；当旅游产品价格下跌时，旅游供给减少而旅游需求增加，于是旅游市场上出现供不应求。

3. 旅游均衡价格和均衡产量与旅游需求成同方向变动，即旅游需求增加，则旅游均衡价格提高，旅游均衡产量增加；旅游需求减少，则旅游均衡价格降低，旅游均衡产量减少。

4. 旅游均衡价格与旅游供给成反方向变动，而旅游均衡产量与旅游供给成同方向变动，即旅游供给增加，则旅游均衡价格降低而旅游均衡产量增加；旅游供给减少，则旅游均衡价格提高而旅游均衡产量减少。

5. 旅游需求和旅游供给同时增加或同时减少，会引起旅游均衡产量同方向变动，而这时旅游均衡价格则有提高、降低或不变三种可能性。

6. 旅游需求和旅游供给不同方向或不同比例增加或减少时，会引起旅游均衡点、旅游均衡产量、旅游均衡价格有不同的变化和特点。

四、旅游供求平衡的调控

通常，旅游供求平衡主要是指量的均衡，但由于影响旅游供求数量变化的因素较多，因而旅游供求除了量的平衡外，还应在供求的质的方面也要相互适应，表现在旅游供求构成、供求季节和地区不平衡的协调等方面。因此，旅游供求平衡与一般产品的供求均衡相比，具有平衡的相对性、不平衡的绝对性、平衡的随机性等特点。从而要求加强宏观调控，从旅游业的长远发展来确立调控目标，并采用一定的调控方式，有效地实现旅游供求平衡的调控目标。从实践看，旅游供求平衡的调控有多种方式，概括起来主要有规划调控、过程调控和政策调控三种方式。

（一）旅游供求平衡的规划调控

旅游规划调控，是一种通过调节旅游供给来实现旅游供求平衡的方式，是一种前馈控制。它对旅游供给的发展给出目标限定和范围，其内容包括：旅游需求预测、旅游资源开发、供给规模确定、旅游区建设、旅游接待设施供给、相关旅游基础设施发展计划、人员培训和行业规范管理等方面。在制定旅游供给规划的时候，要遵循社会主义市场经济规律和国家的方针政策，从社会主义现代化建设的总目标出发，使旅游供给的发展规模和发展速度既适应社会主义经济发展的需要，又符合国家或本地区的经济实力。

（二）旅游供求平衡的过程调控

旅游过程调控，是根据旅游市场上旅游供给和需求的变化来调控旅游供求平衡的方式，是一种过程调控，包括宏观调控和微观调控两个方面。在宏观层次，国家可以根据旅游经济发展的目标和旅游供求失衡的现实状况，通过政策对旅游供求变化进行引导或限制，促成旅游供求的平衡。在微观层次，主要通过市场机制对旅游供求平衡进行调控，即遵循旅游供求规律来调节旅游供给的数量，实现旅游供求的平衡。当旅游市场上出现供过于求时，迫使旅游产品价格下降，而使旅游供给减少；而当市场上出现供不应求时，旅游产品价格就会上扬，从而使旅游供给扩大。这就需要根据旅游需求发展的趋势，适时扩大旅游供给，增加旅游供给能力的储备，提高旅游供给随旅游需求而动态平衡的主动性。

（三）旅游供求平衡的政策调控

旅游政策调控，是运用各种税收政策、金融政策、物价政策等调节旅游供给或旅游需求，进而调节旅游市场供求平衡的方式。一般讲，当旅游市场供不应求时，可以通过降低旅游方面的税收、贷款利率和提高旅游产品价格，以刺激旅游市场供给，适当限制旅游需求的过度膨胀，实现旅游供求均衡；当旅游市场供过于求时，可通过提高旅游方面的税收、贷款利率，以适当限制旅游供给的增加，同时通过降低旅游产品价格而刺激旅游需求的增加，实现旅游供求平衡。当然，在实际中由于旅游供求变化的复杂性，在采用政策调控旅游供求平衡时，必须根据具体情况综合考虑各方面因素的影响，以避免因政策调控不当而带来负面的影响。

复习与思考

一、重点概念

旅游供给　旅游供给规律　旅游供给能力　旅游环境承载力　旅游供给弹性　旅游供给价格弹性　旅游价格预期弹性　旅游供求短期均衡　旅游供求长期平衡　旅游规划调控　旅游过程调控　旅游政策调控

二、简答题

1. 如何理解旅游供给的概念和特点？
2. 影响旅游供给的因素有哪些？
3. 如何认识旅游供给的规律性？
4. 旅游供给弹性在旅游经济活动中有何作用？
5. 旅游供求之间存在着哪些矛盾？
6. 旅游供求短期均衡具有哪些规律性？
7. 旅游供求长期平衡具有哪些规律性？

三、论述题

1. 试分析旅游供给价格弹性的几种情况。
2. 论述旅游供求的短期动态均衡。
3. 论述旅游供求的长期动态平衡。

案例分析

云南区域旅游开发分析[1]

云南旅游开发起步于20世纪60年代，但发展缓慢，直到80年代

① 罗明义：《21世纪云南旅游业发展战略研究》，云南大学出版社，2001年。

以后才得到迅速的发展。早在60年代,以《五朵金花》、《西双版纳的密林中》、《山间铃响马邦来》、《阿诗玛》等一些影片为主,展示了云南风光旅游的景色和特有的民族风情,吸引了许多国内外旅游者,从而促进了对石林、大理、西双版纳等地区旅游资源的开发。但由于当时旅游业仅仅是作为一种外事接待,再加上社会经济发展水平所限,因而旅游业的发展和旅游资源的开发步履缓慢,到1979年,全省年接待海外旅游者仅有1.3万人,旅游外汇收入仅有83万美元。自1978年改革开放以来,随着我国社会经济的发展和全方位的对外开放,尤其是国际旅游业的迅速发展,推动了旅游资源的开发。特别是80年代后期,伴随着云南省经济快速发展和面向东南亚、南亚的开放,使云南旅游开发速度加快,并迅速形成一定的规模。到20世纪末期,云南已经成为中国推向国际旅游市场的重要旅游目的地。根据云南省旅游资源的分布状况,并综合考虑行政区域的完整性,通过对旅游资源分布及其有效的开发,云南已经形成了各具特色的六大旅游区域。

(一)以"春城"昆明为中心,以高原湖光山色、民族风情为代表的滇中旅游区

该区域内拥有2个国家级风景名胜区,1个国家级历史文化名城,3个国家级森林公园及15个省级风景名胜区和森林公园。包括了滇池、抚仙湖—星云湖、阳宗海、杞麓湖及西山、紫溪山、狮子山、方山、轿子雪山、锦屏山、化佛山、昙华山、白竹山等一大批湖光山色和以石林、世博园、云南民族村等为代表的集自然风光和民族风情为一体的著名旅游景区景点,是云南省旅游资源品位较高、旅游产品优势最好的旅游区。滇中旅游区,主要以突出"春城"四季如春的气候、高原湖泊的旅游风光和民族风情,以特色旅游资源为基础,依托昆明中心城市,开发观光旅游、度假旅游、会议旅游、体育旅游、娱乐购物等拳头产品,努力建成国内外著名的多功能综合旅游区。

(二)以"古城"大理、丽江为中心,以峡谷、雪山、冰川及民族风情为代表的滇西北旅游区

该区域内拥有3个国家级风景名胜区,2个国家级历史文化名城,3个国家级森林公园及4个省级风景名胜区。区域内旅游资源相对集中，拥有世界最深的峡谷——虎跳峡，亚洲最大的峡谷——怒江大峡谷，具有“东方日内瓦”之称的洱海，世界纬度最低的玉龙雪山和冰川，举世闻名的世界奇观——“三江并流”以及令人神往的东巴文化、摩梭风情及大理、丽江古城、香格里拉县城等，是云南省旅游资源品位最高、组合最佳的著名的“香格里拉”旅游区，也是云南省自90年代以来重点开发的旅游区之一。滇西北旅游区，以突出高山峡谷、冰川雪山等原始的自然风光和特有的民族风情，依托大理、丽江、香格里拉等中心城市，开发观光旅游、滑雪旅游、探险旅游、科考旅游、生态旅游、民族风情旅游等拳头产品，努力建成以观光、探险和生态旅游为一体的国际著名旅游区。

（三）以路南“石林”为中心，以喀斯特地貌景观及民族风情为特色的滇东南旅游区

该区域内拥有2个国家级风景名胜区，2个国家级历史文化名城，6个国家级森林公园及16个省级风景名胜区和森林公园。区域内拥有以路南石林、陆良彩色沙林、建水燕子洞、泸西阿庐古洞、弥勒白龙洞、开远南洞、河口花鱼洞、罗平峰丛、邱北普者黑峰丛等为代表的一大批喀斯特地貌特色旅游资源，不仅在国内独一无二，在世界也十分罕见，再加上该区域内丰富多彩的民族风情，使该区域成为云南省旅游资源特色鲜明、资源富集，且旅游交通优势明显的重要旅游区之一，也是云南省90年代以来着力开发的旅游区之一。滇东南旅游区，以突出喀斯特系列景观和民族风情，依托路南、建水、罗平、陆良等中心城市，开发观光旅游、度假旅游、边境旅游、科考旅游等拳头产品，建成世界一流的集观光、度假、科考为一体的喀斯特系列景观旅游区。

（四）以“孔雀之乡”西双版纳为中心，以热带雨林、民族风情为代表的滇西南旅游资源区

该区域内拥有1个国家级风景名胜区，3个国家级自然保护区和森林公园，10个省级风景名胜区，尤其是西双版纳热带原始森林，被称为北回归线上的“绿宝石”。区内具有“东方多瑙河”之称的澜沧江一湄公河穿境而出，著名的“植物王国”、“动物王国”，以及令人神往的“西双版纳”密林和独具特色的傣族风情，也是云南省旅游特色鲜明、自然景观最美、民族风情最有特点的旅游区。滇西南旅游区，以突出西双版纳原始热带雨林风光和民族风情，依托景洪、思矛、临沧等中心城市和澜沧江—湄公河，开发观光旅游、度假旅游、生态旅游、科考旅游、多国跨境旅游等拳头旅游产品，努力建成国内外著名的以热带雨林风光为主体的多功能综合旅游区。

（五）以瑞丽、腾冲为中心，以地热火山景观、商贸古道和边境口岸为特色的滇西旅游区

该区域内拥有3个国家级、省级风景名胜区，3个国家级森林公园以及3个国家级通商口岸及若干条通商通道。保山博南古道，腾冲地热火山、瑞丽—大盈江风光，畹町、瑞丽、腾冲边境旅游以及繁荣的边境贸易，构成这一地区商贸旅游，边境旅游的特色，也是云南省旅游开发的重要区域之一。滇西旅游区，主要以突出地热火山奇景、边境口岸和民族风情，依托腾冲、保山、瑞丽、芒市等中心城市，开发观光旅游、康乐旅游、边境旅游、科考旅游、商务旅游等拳头产品，努力建成国内外有一定知名度的集商务观光、休闲度假为一体的特色旅游区。

（六）以"古城"昭通为中心，以高原风光、瀑布群为主的滇东北旅游区

该区域内有国家级、省级森林公园和自然保护区3个，有省级风景名胜区5个。以昭通大山包黑颈鹤栖息地、大关黄莲河瀑布群、盐津豆沙古关隘风光、会泽大海草山和以礼河风光等为主的旅游资源，在云南省旅游资源的构成中别具一格，是云南旅游开发潜力较大的旅游区之一。滇东北旅游区，主要以突出高原风光、瀑布群和民族风情，依托昭通、会泽、水富等中心城市，开发观光旅游、探险旅游、度假旅游、生态旅游等拳头产品，努力建成国内有一定知名度的以高原观光、探险科考、休闲度假为一体的特色旅游区。

第五章　旅游市场

学习目的

●熟悉旅游市场的基本概念
●掌握旅游市场的特征及结构
●了解旅游市场开拓及策略

基本内容

旅游市场概念及特点
●基本概念:旅游市场
●旅游市场的功能
●旅游市场的特征
旅游市场的分类及结构
●旅游市场的分类
●旅游市场竞争的决定因素
●旅游市场的竞争结构
旅游市场机制与法制体系
●基本概念:旅游市场机制
●旅游市场机制的特征
●旅游市场法制体系
旅游市场开拓与策略
●基本概念:旅游市场开拓
●旅游市场调查和预测

●旅游市场开拓策略

案例分析

●潜力巨大的韩国高尔夫出境旅游市场

第一节　旅游市场的概念及特点

一、旅游市场的概念

市场是商品经济的范畴。哪里有商品生产和商品交换，哪里就有市场。正如列宁指出的："商品经济出现时，国内市场就出现了，因为市场是由这种商品经济的发展造成的。"①早期的旅游活动仅仅是一种自发的非商品经济活动，随着生产力的发展和社会分工的深化，商品经济迅速发展，旅游活动才逐渐变成商品并进入市场交换。而随着旅游产品生产和交换的发展，旅游市场也随之产生和扩大，并对旅游经济活动发挥着重要的功能。因此，要认识旅游市场必须首先了解旅游市场的广义和狭义概念。

（一）广义的旅游市场

广义的旅游市场，一般是指在旅游产品交换过程中所反映的有关旅游者与旅游经营者之间各种经济行为和经济关系的总和。广义的旅游市场要求：一是必须有旅游市场交换的主体双方，即旅游者和旅游经营者；二是必须有供旅游市场交换的对象，即旅游产品；三是有助于旅游产品交换的手段和媒介，如货币、广告、信息等。旅游者和旅游经营者之间就是通过市场交换连接起来的，而旅游市场上的各种行为和现象，就反映着双方之间的经济行为和经济关系。随着旅游经济的发展，旅游市场规模的不断扩大，旅游者和旅游经营者之间的交换行为和交换关系也日益密切和复杂，从而共同构成了现代广义的旅游市场概念。

---

① 《列宁选集》第1卷，人民出版社1965年，第189页。

(二)狭义的旅游市场

狭义的旅游市场,是指在一定时间、一定地点和条件下对旅游产品具有支付能力的消费者群体,也就是通常所说的旅游客源市场或旅游需求市场。狭义的旅游市场一般是由旅游者、旅游购买力和旅游购买欲望所构成。

1.旅游者。旅游产品的消费者数量是构成旅游市场的主体,因而旅游市场规模大小主要取决于该市场上旅游者数量的多少。通常,如果一个国家或地区总人口多,则产生的旅游者就多,需要旅游产品的基数就大;反之,如果一个国家或地区总人口少,则产生的旅游者也少,需要旅游产品的基数就小。因此,一个国家或地区的总人口数量决定了旅游者的数量,而旅游者数量多少又反映了旅游市场规模的大小。

2.旅游购买力。旅游市场规模大小不仅取决于人口数量和旅游者人数,还取决于旅游者的旅游购买力。所谓旅游购买力,是指人们在其可支配收入中用于购买旅游产品的能力。通常,旅游购买力是由人们的收入水平所决定,随着人们收入水平的提高,用于购买旅游产品的支出也会相应提高。如果没有较高的收入水平和足够多的支付能力,旅游者的旅游活动便无法进行,旅游市场也只是一种潜在市场。

3.旅游购买欲望。作为反映旅游者购买旅游产品的主观愿望和需求,旅游购买欲望是把旅游者的潜在购买力变成现实购买力的重要条件。如果人们没有旅游购买欲望,即使有较高的旅游购买力也不可能形成现实的旅游市场,同时,旅游者也不可能主动地选择各种旅游产品。因此,只有当旅游者既有旅游购买力,又有旅游购买欲望时,才能形成现实的旅游需求和旅游市场。

二、旅游市场的功能

旅游市场是社会经济发展的必然产物,是旅游业赖以生存和发展的条件,对旅游经济活动的有效运行起着十分重要的作用。在社会主义市场经济中,旅游市场具有四方面的功能。

(一)旅游产品交换功能

旅游市场是联结旅游产品供给者和需求者的纽带,承担着旅游产品交换和价值实现的任务。通常，旅游市场上总是存在着许多不同的旅游产品供给者和需求者，旅游产品供给者通过市场销售自己的旅游产品，而旅游产品需求者则通过市场选择并购买自己感兴趣的旅游产品。旅游市场把旅游供给和旅游需求衔接起来，解决了供求之间的矛盾，从而更好地满足旅游者的需求，更充分地发挥旅游供给接待能力，提供价廉物美的旅游产品，促进旅游经济的健康发展。

（二）旅游资源配置功能

资源配置是指在社会经济活动中，如何把社会经济资源（人、财、物等要素）进行有效分配，以充分利用稀缺资源生产出更多、更好的产品。因此，通过旅游市场的资源配置功能，可以促进整个旅游经济中的食、住、行、游、购、娱按比例地发展，实现社会经济资源的优化配置，并通过市场机制使旅游企业按照市场供求状况，及时调整自己经营的旅游产品结构、投资结构，以适应旅游者需求和旅游市场的变化，不断提高旅游经济效益，实现旅游资源要素的优化配置。

（三）旅游信息反馈功能

在市场经济条件下，旅游供求的平衡离不开充分的旅游信息，即有关旅游市场的供求动态变化的信息。一方面旅游企业通过市场将旅游产品信息传递给旅游者，以引导和调节旅游需求的变化；另一方面旅游企业又根据市场反馈的旅游需求信息和市场供求动态变化，及时调整旅游供给，组织生产适销对路的旅游产品。因此，旅游市场通过信息传导和反馈功能，成为旅游经济活动的“晴雨表”，综合地反映着旅游市场的供求变化和旅游经济的发展状况。

（四）旅游经济调节功能

旅游市场也是调节旅游经济活动和旅游供求平衡的重要杠杆。在旅游市场上，当旅游供求双方出现矛盾时，就会引起旅游市场竞争加剧和价格波动，影响到旅游经济活动的顺利进行。于是就需要通过市场机制和价格机制的作用，调节旅游产品的生产和消费，使旅游供求重新趋于平衡。同时，还可通过旅游市场检验旅游企业的服务水平和经营管理状况，促进旅游企业及时提供旅游者易于接受、乐于消费的旅游产品，不断改善服务质量和提高经营管理水平，提高旅游企业和整个旅游业的经济效益。

三、旅游市场的特点

旅游市场与一般商品市场、服务市场和生产要素市场相比，具有不同于其他市场的多样性、季节性、波动性和全球性等特点。

（一）旅游市场的多样性

旅游市场的主体是旅游者和旅游经营者，而旅游者的需求和旅游经营者提供的旅游产品是多种多样的，从而形成旅游市场也具有多样性的典型特征。这种多样性主要表现在三方面：一是表现为旅游产品种类的多样性，即不同国家、不同地区的自然风光和人文景观的不同，必然形成不同的旅游产品，从而使旅游者从中获得的经历与感受也不同；二是表现为旅游者购买形式的多样性，如包价旅游、零价旅游、包价与零价旅游相结合的多样的旅游产品购买方式等；三是表现为交换关系的多样性，即旅游者和旅游经营者之间所交换的可以是单项旅游产品，也可以是线路旅游产品，还可以是以旅游目的地为主的综合性旅游产品。总之，旅游市场的多样性不仅反映了旅游市场发展变化的特点，而且在很大程度上决定着旅游经营的多样性发展。

（二）旅游市场的季节性

由于旅游目的地国家或地区自然条件、气候条件的差异和旅游者闲暇时间分布的不均衡，造成旅游市场具有突出的季节性特点。例如，某些与气候有关的旅游资源会因季节不同而产生淡旺季的差别；某些利用带薪假日出游的旅游者，也是造成旅游淡旺季的主要原因；某些旅游目的地直接受气候影响，也具有明显的季节差异性，如海滨旅游、漂流旅游等。因此，旅游目的地国家或地区应根据旅游市场淡旺季的不同特点作出合理安排，一方面要合理组织好旺季旅游市场的供给，尽量减少或消除旺季带来的拥挤现象及各种不良影响；另一方面，努力开发淡季旅游市场的需求，把大量的潜在旅游需求转化为现实的旅游需求，使旅游市场向淡旺季均衡化方面发展。

（三）旅游市场的波动性

旅游活动作为人们的一种高层次需求，对各种政治经济、社会环境的变化具有较强的敏感性，而影响旅游需求的因素又是多种多样的，从而使旅游市场变化具有较强的波动性，任何一个因素的变化都可能引起旅游市场的波动性变化。对于某一个具体的旅游市场而言，任一突发事件或者重大活动都会在一段时间内改变旅游客源的流向，从而使旅游市场呈现出较大的波动性。如海湾战争使中东旅游业一度下滑，而东南亚金融危机则直接影响该地区的旅游业发展，美国“9·11”事件一度使北美出游旅游者大幅度减少，而非典型肺炎则严重打击了亚洲的旅游发展。因此，从长期考察来看，旅游市场呈现出一种波动性持续向前发展的态势。

（四）旅游市场的全球性

当今旅游市场是一个全球性的统一市场。自第二次世界大战以来，随着生产力的提高、交通条件的改善和社会经济的发展，使国际旅游市场经历了一个由国内向国外的发展过程，使旅游活动由一个国家扩展到多个国家，使区域性旅游市场发展成为世界旅游市场，促进了全球性旅游市场的形成。而旅游市场的全球性，又使人们可以以较少的时间、较少的支出获得更多旅游需求的满足，使旅游者的足迹遍布世界各个地区和大部分国家，促进了世界各国旅游业的发展，丰富了人们的旅游活动。

第二节　旅游市场的分类与结构

一、旅游市场的分类

在世界旅游市场中，任何一个旅游产品的供给者，都没有足够的实力占领全球旅游市场，满足所有旅游者的需要，因而必须对旅游市场进行分类，以确定各个国家、各个地区或各个企业的目标市场，并针对目标市场采取合适的旅游市场开发策略。因此，所谓旅游市场分类，就是根据地域、国境、消费、旅游目的、组织形式等因素，划分为不同的旅游细分市场。

（一）按地域划分旅游市场

按地域划分旅游市场，是以现有及潜在的客源发生地为出发点，根据对旅游者来源地或国家的分析而划分旅游市场。世界旅游组织根据世界各地旅游发展情况和客源集中程度，将世界旅游市场划分为欧洲、美洲、东亚太地区、非洲、中东和南亚等六大区域旅游市场（见表 5-1）。从六大区域旅游市场的发展看，几十年来，欧美经济发达国家一直占据着国际旅游市场的主导地位，而其他区域旅游市场所占市场份额相对较小。20 世纪 60—70 年代，世界旅游入境人数的市场份额是：欧洲占 70.5%，美洲占 23.0%，东亚太地区占 3.0%，非洲占 1.5%，中东占 1.4%，南亚占 0.6%；到 90 年代末，世界旅游市场份额发生了较大的变化，到 2000 年，世界旅游市场份额是：欧洲占 57.8%，美洲占 18.6%，东亚太地区占 16.0%，非洲占3.8%，中东占 2.9%，南亚占 0.9%，约 80%的国际旅游者仍主要流向欧美地区。

表 5-1　1950—2000 年世界各旅游区接待国际旅游者比重　　单位：%

旅游地区	1950 年	1960 年	1970 年	1980 年	1990 年	1995 年	2000 年
欧洲地区	66.4	72.5	70.5	66.0	62.4	59.4	57.8
美洲地区	29.6	24.1	23.0	21.3	20.5	19.7	18.6
东亚太地区	0.8	1.0	3.0	7.3	11.5	14.8	16.0
非洲地区	2.1	1.1	1.5	2.5	3.3	3.3	3.8
中东地区	0.9	1.0	1.4	2.1	1.6	2.0	2.9
南亚地区	0.2	0.3	0.6	0.8	0.7	0.8	0.9
全世界	100.0	100.0	100.0	100.0	100.0	100.0	100.0

资料来源：世界旅游组织（WTO），1996 年，2001 年。

（二）按国境划分旅游市场

按国境划分旅游市场，一般分为国内旅游市场和国际旅游市场。前者是指一个国家国境线以内的市场，即主要是本国居民在国内各地进行旅游；后者是指国境线以外的市场，即指某一个国家接待境外旅游者到本国各地旅游，或者组织本国居民到境外进行旅游。表 5-2 是 1992 年以来我国国际入境旅游、出境旅游和国内旅游情况。

通常，在国内旅游市场上，旅游者是本国居民，主要使用本国货币支付各种旅游开支，并自由地进行旅游而不受国界的限制，因而大力发展国内旅游不仅容易可行，而且可以对国内商品流通，货币回笼等起促进作用。在国际旅游市场上，由于旅游者是其他国家或地区的居民，使用其他国家的货币支付旅游开支，往往涉及货币兑换、旅游证件和出国护照、进入旅游目的地国家的签证许可等问题，因而国际旅游市场与国内旅游市场相比较要复杂得多。

表 5-2 中国入境旅游、出境旅游和国内旅游情况

年份（年）	来华旅游入境人数		中国公民出境人数		中国国内旅游人数	
	万人次	增长率（%）	万人次	增长率（%）	万人次	增长率（%）
1992	3 811.50	—	293.00	—	33 000	—
1993	4 152.70	8.95	374.00	27.7	41 000	24.2
1994	4 368.45	5.20	373.36	—0.2	52 400	27.8
1995	4 638.65	6.19	452.05	21.1	62 900	20.0
1996	5 112.75	10.22	506.07	12.0	63 900	1.6
1997	5 758.80	12.64	532.39	5.2	64 400	0.8
1998	6 347.84	10.23	842.56	58.3	69 400	7.8
1999	7 279.56	14.67	923.24	9.6	71 900	3.6
2000	8 348.09	14.68	1 000.00	8.3	74 400	3.4
2001	8 901.29	6.63	1 213.31	15.9	78 400	5.3
2002	9 790.83	10.0			87 800	11.9

资料来源：《中国旅游统计年鉴》2000 年、2001 年、2002 年，中国旅游出版社。
何光伟：《中国旅游业 50 年》，中国旅游出版社，1999 年。

（三）按消费划分旅游市场

根据旅游者的消费水平，一般可将旅游市场划分为豪华旅游市场、标准旅游市场和经济旅游市场。在现实经济中，由于人们的收入水平、年龄、职业以及社会地位、经济地位的不同，其旅游需求和消费水平也不同，从而对旅游产品的质量要求也不一样。

通常，豪华旅游市场的市场主体是社会的上层阶层，他们一般不关注旅游价格的高低，而是希望旅游活动能反映出他们日常生活的水平。如参加团体旅游，他们更喜欢和具有同类社会和经济地位的人在一起旅游。标准旅游市场的主体是大量的中产阶级，他们既注重旅游价格，又注重旅游活动的内容和质量。经济旅游市场的主体是那些收入水平较低或没有固定收入者，他们更多的是注重旅游价格的高低。因此，旅游经营者应根据其提供的旅游产品的等级，科学地进行市场定位，以选择合适的目标旅游市场，并努力增强对旅游市场的吸引力和扩大市场占有率。

（四）按旅游目的划分旅游市场

在 20 世纪 50 年代以前的传统旅游市场中，根据旅游目的可将旅游市场划分为观光旅游市场、文化旅游市场、商务旅游市场、会议旅游市场、度假旅游市场、宗教旅游市场等。自 50 年代以来，除了以上传统旅游市场外，又出现了一些新兴的旅游市场，如满足旅游者健康需求的体育旅游市场、疗养保健旅游市场和狩猎旅游市场等；满足旅游者业务发展需求的修学旅游市场、学艺旅游市场等；满足旅游者享受需求的豪华（游船、火车、汽车）旅游市场、美食旅游市场等；满足旅游者寻求刺激心理需求的探险旅游市场、秘境旅游市场、惊险游艺旅游市场等。总之，由于旅游者的旅游目的不同，对旅游产品的需求不同，从而可划分为不同的旅游细分市场。

（五）按旅游组织形式划分旅游市场

根据旅游的组织形式，可将旅游市场划分为团体旅游市场和散客旅游市场。团体旅游一般是指人数在 15 人以上的旅游团，其旅游方式以包价为主，包价的内容通常包括旅游产品基本部分，如食、住、行、游、购、娱，也可以是基本部分中的某几个部分。团体包价旅游的优点：一是其活动日程已经提前安排好，使旅游者放心地随团旅游；二是包价旅游的内容灵活多样，可以根据旅游者的偏爱而自由选择；三是旅行社往往以优惠的旅游价格分别购买各单项旅游产品，然后组织成旅游线路产品再出售给旅游者，因而旅游者参加团体包价旅游，其旅游价格一般较便宜。

散客旅游主要指个人、家庭及 15 人以下的自行结伴的旅游活动。散客旅游者可以按照自己的意向自由安排活动内容，也可以委托旅行社购买单项旅游产品或旅游路线中的部分项目，因而比较灵活方便。散客旅游的主要缺点是旅游者自己要考虑每一站的抵离接送及住宿问题等，其所购买的各单项旅游产品的价格之和比旅行社同样内容的团体包价旅游的价格也要昂贵得多。由于散客旅游灵活方便，随着现代旅游业的发展，散客旅游迅速增加，而团体旅游比重大幅度下降，已成为一种国际旅游市场发展的新趋势。

二、旅游市场竞争的决定因素

竞争是商品经济的产物，只要有市场就必然有竞争，因而在旅游市场上，自始至终都存在着竞争。在市场经济条件下，竞争是价值规律得以实现的必要条件。按照价值规律的要求，任何商品的价值都是由社会必要劳动量决定的，而社会必要劳动量的决定只有通过竞争才能得以实现。由于不同旅游产品生产者在生产同种旅游产品所花费的个别劳动量是不相同的，因此只有通过市场竞争，才能形成旅游产品的价值，才能进行有效的旅游产品交换活动。

随着现代旅游业的发展，旅游市场正由卖方市场转向买方市场，必然导致旅游市场竞争日趋激烈。进入 20 世纪 90 年代以来，随着世界各国，尤其是发展中国家旅游业的迅速发展，世界旅游竞争态势也随着旅游市场的日趋成熟而逐步升级，旅游市场的竞争也更多地表现在客源流向而不是流量上。而面对世界旅游市场的激烈竞争，各国纷纷调整营销策略以期在激烈的竞争中持续发展。如近几年来，正当我国旅游业蓬勃发展之时，也面临着周边国家和地区旅游业的激烈竞争，泰国、新加坡、马来西亚、越南、俄罗斯、菲律宾等国都采取更为积极的政策和更加灵活的促销方式争夺国际旅游者，开拓旅游客源市场。

现代科学技术的发展，尤其是新技术的普及与应用也加剧了旅游市场的竞争。如电子计算机预订系统的普及，首先运用于航空客运预订系统，再到饭店销售预订系统，最终广泛应用于旅行社的游客预订和组团，使所有旅游企业都无一例外地经历着“适者生存”法则的考验。特别是现代国际互联网的发展，更使现代旅游市场成为统一的全球旅游市场，简便快捷的网上促销、网上定房、网上组团、网上购物，使任何旅游企业要想经营成功，都必须充分运用现代高新技术，才能在全球旅游市场竞争中占有一席之地。

总之，在市场经济条件下，竞争是不可避免的。而旅游市场的竞争，有利于促进优质旅游产品的提供，有利于不断提高旅游服务质量，有利于改善旅游企业的经营管理和提高经济效益，有利于促进旅游企业的优胜劣汰，从而促进旅游业的持续健康地发展。因此，研究旅游市场竞争结构，首先要分析影响和决定旅游市场竞争态势和竞争特性的主要因素，包括旅游者和旅游企业的数量、旅游产品的同质性、旅游信息的完全性、旅游市场进出的条件等，这些因素是划分旅游市场竞争结构的重要依据。

（一）旅游者和旅游企业的数量

通常，影响旅游市场竞争的首要因素，是在旅游市场中有多少旅游者和多少旅游企业。在现实中，只有个别或少数旅游者的旅游市场是非常少见的，因而对大多数旅游市场来讲，影响旅游市场竞争的关键是市场上旅游企业的数量。如果旅游市场中处于平等地位的旅游企业越多，则旅游市场的竞争程度就越激烈；如果旅游市场中存在一个或少数几个旅游企业处于支配地位时，旅游市场竞争程度就会减弱。因此，旅游者和旅游企业的数量多少决定着旅游市场竞争的激烈程度。

（二）旅游产品的同质性

影响旅游市场竞争的第二个因素是旅游产品的同质性，即不同旅游企业销售的旅游产品在质量上是相同的，以至于旅游者无法辨别不同旅游企业所提供旅游产品的差别，这也是形成旅游市场规范竞争的重要条件。但是，在现实中大多数旅游企业提供的旅游产品不具备如此严格的条件。即使是同一个旅游企业提供的旅游产品，也会因为时间、季节、服务人员等各种因素的影响而存在一定的差异性。因此在旅游市场竞争中，就必然出现旅游者喜欢选择某一旅游企业的旅游产品，而甚于另一旅游企业的同类同质旅游产品，从而促使旅游企业总是使自己所提供的旅游产品与其他旅游企业具有一定的差异性，以提高旅游企业的市场竞争力。

（三）旅游信息的完全性

影响旅游市场竞争的第三个因素，是旅游者和旅游经营者能否获得市场上的全部信息。在市场竞争中，获得充分完全的信息是一个相当严格的条件，它要求旅游者和旅游经营者能够充分了解旅游市场中有关旅游产品交易的全部信息。如果信息不完全，旅游者就不可能充分了解旅游产品的情况并做出有效的购买决策，而旅游企业也不可能正确地掌握旅游市场需求状况并及时提供旅游产品。因此，旅游信息的完全程度，直接决定着旅游市场竞争的程度，影响着旅游竞争机制作用的正常发挥。

（四）旅游市场进出的条件

旅游市场竞争的第四个因素是旅游企业进出旅游市场的自由度。通常，如果旅游企业进入或退出旅游市场十分容易，则旅游市场的竞争程度就会提高；反之，如果旅游企业进入或退出旅游市场受到阻碍和制约，则旅游市场的竞争程度就会减弱。因此，旅游市场进出的自由程度，直接影响和决定着旅游市场的竞争程度。如果旅游企业在进入某一旅游市场时受到阻碍，则意味着该旅游市场存在着进入障碍，或者说该旅游市场进入壁垒较高。而进入壁垒较高的旅游市场，通常具有较高的市场垄断性。

三、旅游市场竞争结构

旅游市场竞争结构，是指旅游市场竞争的程度，即旅游者和旅游经营者的数量多少，旅游产品之间的差异程度，旅游市场进出的难易程度等。竞争是旅游市场存在的条件，不同的竞争程度决定了不同的旅游市场结构。根据参与竞争的旅游经营者多少和旅游产品的差异程度等，可将旅游市场竞争结构分为四种类型，即完全竞争旅游市场、完全垄断旅游市场、垄断竞争旅游市场和寡头垄断旅游市场。

（一）完全竞争旅游市场

完全竞争旅游市场，是一种由众多旅游者和旅游经营者所组成的旅游市场。其市场结构必须具备以下条件：一是旅游市场上存在许多彼此竞争的旅游者和旅游经营者，每个旅游者和旅游经营者所买卖的旅游产品数量在整个市场上占有的份额都很小；二是各旅游经营者生产经营的旅游产品是完全相同的；三是所有生产要素资源能够在各行业间完全自由流动，旅游经营者可以自由地进入或退出完全竞争的旅游市场；四是市场上每个旅游者和旅游经营者都具有充分的市场信息。由于现实中不存在同时具备以上四个条件的市场，因而完全竞争旅游市场实际上只是一种理论上的假设。

（二）完全垄断旅游市场

完全垄断旅游市场，是一种完全由一家旅游经营者控制旅游产品供给的旅游市场。其市场结构表现为：一是该旅游经营者提供的旅游产品没有替代品，甚至是惟一的；二是完全垄断旅游市场上旅游产品的价格和产量是由旅游经营者控制的；三是完全垄断旅游市场具有市场壁垒，使其他任何旅游经营者无法进入。特别是以某些独特的旅游资源开发成的旅游产品，往往会形成垄断旅游产品，从而又成为完全垄断旅游市场，如北京的故宫、云南的石林、陕西的兵马俑等，都属少见的完全垄断旅游产品。

（三）垄断竞争旅游市场

垄断竞争旅游市场，是一种介于完全竞争和完全垄断之间，既有垄断又有竞争的旅游市场结构。垄断竞争旅游市场结构的竞争性主要表现在：一是同类旅游产品市场上拥有较多的旅游经营者，每一经营者的产量在市场总额中只占较小的比例，任一单独经营者都无法操纵市场；二是在市场经济条件下，旅游经营者进入或退出旅游市场一般较容易；三是不同的旅游经营者生产和经营的同类旅游产品存在着一定的差异性，从而使处于优势的旅游产品在价格竞争和市场份额的占有上优于其他旅游经营者。

垄断竞争旅游市场结构的垄断性主要表现在：一是每个国家或地区的旅游资源不可能是完全相同的，从而导致每一种旅游产品都有其个性，于是旅游产品间的差异性在一定程度上就形成了旅游产品的垄断性；二是政府的某些方针政策的限制，也会形成旅游产品的垄断；三是由于各种非经济因素的制约，使旅游者不能完全自由选择旅游产品而进入任何旅游目的地。

（四）寡头垄断旅游市场

寡头垄断旅游市场，是指为数不多的旅游经营者控制了行业绝大部分旅游供给的市场结构，并且每个旅游经营者在行业中都占有相当大的份额，以致其中任何一家的产量或价格变动都会影响整个旅游产品的价格和其他旅游经营者的销售量。因此，这是介于完全垄断旅游市场和完全竞争旅游市场之间，并偏于完全垄断旅游市场的一种市场结构。在现实市场经济中，寡头垄断旅游市场往往比完全垄断旅游市场更为普遍。

第三节　旅游市场机制与法制体系

一、旅游市场机制的概念

在市场经济条件下，旅游市场的功能作用是通过市场机制来实现的。所谓旅游市场机制，是指旅游市场中的交换各方在交换活动中形成的相互影响、相互制约的内在联系形式，具体讲就是各旅游市场主体在旅游市场上进行经济活动而形成的供求、价格、竞争、风险等因素有机结合的方式，表现为供求机制、价格机制、竞争机制、风险机制的共同作用过程。

（一）旅游供求机制

旅游供求机制，是指旅游供给和旅游需求之间通过竞争而形成的内在联系和作用形式，也就是旅游供求关系在旅游市场中的规律性反映。旅游供求机制不仅对旅游供求的均衡起着调节作用，而且对旅游者的合理流动也具有一定的引导作用。

旅游供求机制的作用主要表现在三方面：一是旅游供求机制及时、灵敏地反映旅游经济运行的内在矛盾，反映旅游市场上供求双方的变化及发展态势，从而为旅游者和旅游经营者提供信号和指示方向，调节旅游市场的供求平衡；二是旅游供求机制依靠其他机制的配合作用，有效实现合理配置社会经济资源的功能，从而调节旅游市场供求结构的平衡；三是国家通过旅游供求机制对旅游经济进行宏观调控，促进旅游业的可持续发展。

（二）旅游价格机制

旅游价格是旅游产品价值的货币表现，它既是旅游者与旅游经营者之间进行旅游产品交换的媒介，又是衡量旅游经营者生产和经营旅游产品的劳动耗费量的尺度。因此，旅游价格机制是旅游经济有效运行的重要机制，是旅游供求机制发挥作用的前提。

在市场经济条件下，旅游价格机制对旅游经济运行的作用是多方面的。对旅游者而言，旅游价格机制是调节旅游需求方向和需求规模的信号，即通过旅游价格的涨落，反映旅游供求的变化，影响着旅游者的购买欲望，并调节旅游者的需求规模和需求结构。对旅游经营者而言，旅游价格机制是旅游市场竞争和调节旅游产品生产的重要工具，即旅游经营者通过价格变动来占领市场，调节旅游产品生产和供给的数量和结构。对政府宏观管理而言，通过旅游价格机制的作用，一方面为国家制定宏观政策、调节社会经济的运行提供必要的信息；另一方面也自发地调节着社会总供给和总需求的平衡。

（三）旅游竞争机制

竞争是商品经济的产物，哪儿有商品生产和商品交换，哪儿就有竞争，"竞争的实质就是消费力对生产力的关系"①。因此，旅游竞争机制就是指旅游市场中，各旅游经营者之间为了各自的利益而相互争夺客源，从而影响旅游供求及资源配置方向的运动过程。

旅游竞争机制作为市场机制的基本要素之一，其核心内容是争夺旅游者。因为争夺到的旅游者越多，表明旅游产品的销售量越大，从而为旅游目的地国家、地区或旅游企业带来的收入越高，经济效益就会越好。同时，争夺旅游中间商，即对从事转销旅游产品、具有法人资格的经济组织和个人的争夺，也是旅游竞争机制的重要内容。因为各种各样的旅行社和旅游经纪人，是销售旅游产品的重要分销渠道，争夺到的中间商越多，得到的支持越大，旅游产品销量就越多。争夺旅游者和中间商的目标集中表现为提高旅游市场占有率，因而旅游市场占有率的高低变化对旅游供求和旅游价格产生着影响和决定作用。在市场经济条件下，旅游竞争机制是客观存在的，是同旅游供求机制和价格机制紧密结合并共同发生作用的。

---

① 《马克思恩格斯全集》第1卷，人民出版社1960年，第615页。

（四）旅游风险机制

在市场经济条件下，任何一个经济主体在市场经济活动中都面临着盈利、亏损和破产的多种可能性，都必须承担相应的风险。因此，旅游风险机制就是指旅游经济活动同盈利、亏损和破产之间的相互联系及作用的运动形式。

旅游风险机制作为旅游市场机制的重要部分，是一种无形的市场强制力量，促使每个旅游经营者承认市场竞争的权威，从而自觉地对市场信号作出灵敏的反应，形成适应旅游市场竞争的自我平衡能力。同时，旅游风险机制也利用市场利益动力和破产压力的双重作用，促使每个旅游经营者行为的合理化，并按照旅游市场需求提供适销对路、物美价廉的旅游产品。

二、旅游市场机制的特征

旅游市场机制既有一般市场的共同特征，又有符合旅游市场特点的特殊性，具体表现在四个方面。

（一）旅游市场机制的客观性

旅游市场机制的客观性，是指其发挥功能作用的条件是客观的。在具备一定的客观条件下，旅游市场机制会自然地发挥作用，而当条件不具备时，旅游市场机制的作用也就不能发挥。例如，旅游价格机制发挥作用的条件是旅游价格围绕旅游产品价值而上下波动，从而自动地调节旅游需求和旅游供给，使之趋于平衡。但是，如果旅游价格不能自由变动，或者其变动形成刚性，即只涨不降或只降不涨，那么旅游价格机制就不能有效地发挥应有的作用。

（二）旅游市场机制的关联性

旅游市场机制的作用既受一定的环境条件所影响，也与旅游市场机制的各种内在因素相联系，因而任何一种因素的变化都会引起其他方面的关联反应。例如，旅游供求状况的变化会引起旅游价格的涨落，而旅游价格的涨落则对旅游企业的利润产生影响，利润的变化又会加剧旅游市场竞争，进而引起旅游供求的变化。各因素之间依次产生连锁反应，并循环无穷。由于旅游市场机制的关联性，就要求旅游供求机制、旅游价格机制、旅游竞争机制、旅游风险机制都必须相互协调、相互促进，才能发挥出整体的功能作用。

（三）旅游市场机制的时滞性

旅游市场机制的作用过程和效果，有时是迂回的，有时是滞后的。特别是在市场体系不完善、信号系统不健全的情况下，旅游市场机制的作用往往是滞后的，即旅游市场所反映出的旅游供求状况往往滞后于实际情况，而由此采取的对策和措施又有一定的时滞性。因此，要充分发挥旅游市场机制的作用，就要进一步完善旅游市场体系，健全市场信号系统，为旅游市场机制的有效运行和灵敏的反应创造良好的条件。

（四）旅游市场机制的局限性

旅游市场机制的作用并不是万能的，它在发挥积极作用的同时，也会产生一定的消极作用，也会出现市场失效的情况。一方面，由于旅游市场机制的作用具有一定的自发性和盲目性，使社会经济资源的配置也会出现浪费和破坏；另一方面，在旅游市场体系不完善、价格信号不健全的情况下，过分依赖旅游市场机制的作用，有可能引起市场运行的无序化，从而对旅游业发展造成消极影响，甚至危及到社会经济的发展。

三、旅游市场法制体系

在市场经济条件下，旅游市场机制的有效运行离不开正常的旅游市场秩序，而正常的旅游市场秩序必须依靠市场法制来维持。所谓市场法制是指国家运用反映市场经济规律的法律手段来进行宏观调控，维护旅游市场的正常活动，使一切旅游经济活动都以法律为边界，按法定的原则和规范进行交易，形成旅游者和旅游经营者双方在市场交换中公平合理的关系。从我国目前旅游业的实际和未来发展要求出发，要保证旅游市场机制的有效运行并实现其功能，必须加快旅游市场法制体系的建设。

（一）建立和完善旅游市场主体行为规范的法律体系

在市场经济条件下，市场经济主体的经营权利和义务是其从事经济活动必备的前提和条件。因此，为了保证旅游经济活动中各经济主体的权利和义务，保障各经济主体在其权利受到侵犯时，能得到充分的法律保护，就必须建立和完善使旅游市场主体行为规范的法律体系。目前，我国已颁发了《企业法》、《公司法》及有关旅行社、宾馆饭店、旅游景区（景点）、旅游车船等方面的法律和规定，对规范旅游企业行为起到了积极的作用。但是，由于对旅游市场主体行为规范的法律体系尚不完善，因而对旅游企业的行为规范和权利保证仍然十分薄弱，急须建立和完善旅游市场法律体系，创造一种平等竞争的市场法制环境，以真正确立旅游企业自主经营、自负盈亏、自我发展的市场主体地位。

（二）建立和完善旅游市场秩序的法律体系

在市场经济体制中，各旅游市场主体的活动及旅游市场机制的运行都要求具有正常化、规范性的旅游市场秩序，否则就会阻碍旅游市场机制的有效发挥。从目前看，急需建立和完善的旅游市场秩序的法律体系主要包括三方面。一是有关旅游市场进出的法律，即对各旅游市场主体进出市场的审查、成立、管理、破产等法律、法规的建立，使所有旅游市场主体的全部活动都有规范性的法律依据。二是有关旅游市场竞争秩序的法律，即以市场活动为中心，制定有关旅游市场竞争的法律，规范旅游市场的竞争行为，维护公平的市场竞争秩序，促使各旅游市场主体平等地进行交易活动，公平地参与市场竞争。三是有关旅游市场交易秩序的法律，即通过制定有关法律，实现交易方式规范化、交易行为公平化、交易价格合理化，从而规范旅游市场的交易秩序，维护各旅游市场主体在交易中的权利。

（三）建立和完善旅游宏观管理的法律体系

为了促进旅游业的可持续发展，必须把旅游业的宏观管理建立在充分运用法律手段的基础上。因此，应建立和完善有关旅游宏观管理的法律体系。一是要制定宏观调控的法律，促使价格、税收、外汇、信贷、开发建设等方面的法制化，既保证国家对旅游经济的宏观调控力度，又为旅游企业经营的规范性、灵活性、自主性提供保障。二是要进一步完善旅游涉外法规，促进旅游业的对外开放和国际性接轨，加大旅游业利用外资、引进技术、扩大交流和对外合作的步伐，使旅游业成为对外开放的先导产业。建立和完善旅游宏观管理的法律体系，有利于规范政府管理行为，使政企之间的职责以法律形式明确下来，提高国家对旅游业的宏观管理能力和水平。

第四节　旅游市场的开拓与策略

一、旅游市场开拓的概念

旅游业是一项国际性产业，随着国际国内旅游市场竞争的加剧，旅游市场的开拓已成为一项重要的工作。所谓旅游市场开拓，是指为扩大旅游产品销售、实现旅游产品价值、提高旅游市场占有率而进行的一系列活动。旅游市场的开拓，要求在明确旅游市场战略目标的前提下，进行市场调研和预测，了解市场需求和竞争对手，并在此基础上，分析旅游企业所处市场的宏观环境和微观环境，使企业经营活动适应市场环境的变化；然后在市场分类基础上，选择目标市场，针对目标市场确定合适的市场营销组合，最终实现旅游市场开拓的战略目标。

旅游市场的战略目标，是指在一定时期内旅游市场营销工作预期达到的目的，即旅游目的地国家、地区或旅游企业为旅游发展和经营所确定的一定时期的奋斗目标。进行旅游市场开拓，首先要明确一定时期的任务和目标。对于旅游行业而言，其任务和目标表现为开发各种类型的客源市场，同时根据客源市场特点，合理开发本身所具有的旅游资源，形成高质量的旅游产品，并利用一切有利的条件，满足旅游市场的需求，最大限度地获取经济效益和社会效益。对于旅游企业而言，其任务和目标表现为确定企业的业务经营范围和领域，寻求和判断经营发展机会的活动空间和依据，并在企业目标确定后，把目标具体化为企业每一个管理层次的经营目标和任务，不断开拓客源市场和旅游产品。

二、旅游市场调查和预测

确定旅游市场的战略目标，加快对旅游市场的开拓，首先必须搞好旅游市场的调查和预测，掌握旅游市场的现状、特点及变化趋势，才能制定正确的旅游市场战略和旅游市场的开拓策略。

（一）旅游市场调查的类型

旅游市场调查，是运用科学的方法和手段，对旅游经济活动中的旅游需求、旅游供给和旅游环境所进行的调查工作。旅游市场调查按范围可分为宏观市场调查和微观市场调查；按照调查目的可分为探索性调查、描述性调查和因果关系调查。

宏观旅游市场调查，主要包括旅游市场总需求、总供给及旅游市场环境调查。旅游市场总需求，是指整个社会在一定时期内有支付能力的对旅游产品的需求总量。旅游市场总供给，是指整个社会在一定时期内对旅游市场提供的可供交换的旅游产品的总量。旅游市场环境，是指影响旅游市场供求变化的经济、政治、社会、文化教育等状况。通过对宏观旅游市场的调查，主要为旅游目的地国家或地区制定旅游业发展战略、确定旅游市场开拓策略提供科学的依据。

微观旅游市场调查，是对旅游企业经营发展的市场调查，即旅游企业根据营销活动的需要而进行的特定调查，包括旅游者需求调查、旅游市场营销状况调查和旅游市场竞争调查等。旅游者需求调查主要包括旅游动机、旅游客源结构和游客开支状况调查；旅游市场营销状况调查包括对新老旅游产品质量、产品生命周期阶段、旅游价格及旅游促销等方面的调查；旅游市场竞争调查，主要调查旅游市场上的竞争对手、竞争状况及竞争态势等，即哪些是现实的竞争对手，哪些是潜在的竞争对手；竞争对手的资金实力、娱乐设施状况、接待服务质量、旅游产品价格水平等。通过以上调查，为旅游企业制定正确的市场营销策略，不断开拓客源市场提供依据。

按照旅游市场调查目的不同，一般把旅游市场调查分为探索性调查、描述性调查和因果关系调查。探索性调查，是指进行正式调查前的试探性调查，一般是通过研究第二手资料或召集专家开展询问调查。当市场调查的问题和范围较模糊时，可以采用探索性调查，找出主要原因后，才能做深入的正式调查。描述性调查，主要是通过深入实际调查研究，收集和整理有关旅游经济活动的情况和资料，将旅游市场的有关客观情况如实地加以描述和反映，来说明事物之间的因果关系及内在联系的调查。因果关系调查是要找出问题的原因和结果，也就是专门研究“为什么”的问题。描述性调查是提供问题中各因素的关联现象，而因果性调查是找出形成这类关系的原因。因果性调查把描述性研究中提出的变量划分为自变量和因变量，进一步研究各自变量对因变量影响程度的大小。

（二）旅游市场调查的程序和方法

旅游市场调查必须按照一定的程序，采取科学的方法进行。旅游市场调查通常可分为三个阶段，即调查准备阶段，实地调查阶段和结果处理阶段。调查准备包括制定调查计划、设计调查问卷、组织调查队伍等。经过必要的调查准备之后，便应进行实地调查，收集资料。资料的收集可分为一手资料和二手资料的收集。一手资料又称原始资料，是调查人员通过现场实地调查所收集的资料；二手资料是他人已收集并经过整理的资料。二手资料既容易取得，调查成本又低，应充分利用。通常，二手资料的来源有：企业内部资料，政府机关、学术团体公布的统计资料，公开出版的期刊、文献、报纸、杂志、书籍和研究报告等，以及有关国际或区域旅游组织和专业旅游市场调研机构的年报和其他资料等。实地调查完成后，应及时对调查的材料进行处理和分析，总结调查结果，提供决策者参考。

旅游调查的方法很多，常用的方法有询问法、观察法、实验法和会议法。询问法，是通过个别面谈或小组询问，也可以用电话询问、邮寄调查表或混合调查等方法进行调查。观察法，是指调查人以直接观察具体事物作为搜集资料的一种方法。实验法，是从影响调查对象的若干因素中，选出一个或几个因素作为实验因素，在其余诸因素均不发生变化的条件下，了解实验因素变化对调查对象的影响，从而获取所需资料的方法。会议调查法，是通过召开专门的调查会议，或者调查者利用参加其他会议的机会进行调查，由于各种会议集中了各种不同的专门人才，因此，能收集到内容广泛、水平较高的信息和资料。

（三）旅游市场预测的方法

旅游市场预测，是指运用各种定性和定量方法，对旅游市场未来发展变化做出的分析和推断。科学的旅游市场预测需要应用定量分析和定性分析方法，并且将两者有机结合起来运用。

旅游市场定性预测，是对旅游预测目标的性质以及可能估计到的发展趋势做出的分析，一般包括旅游者意见法、营销人员估计法、经理人员判断法和专家预测法等。旅游者意见法，是通过对旅游者进行调查或征询，来进行旅游市场预测的一种方法，其具体作法是：当面询问、电话征询、写信、要求填写调查表、收集意见簿、召开座谈会等。经理人员判断法，是指旅游企业邀请企业内部各职能部门的主管人员根据各自的经验，对预测期的营业收入做出分析和估计，然后取其平均数作为预测估计数。此法简便易行，节省费用，对新企业是惟一可供选择的预测方法。营销人员估计法，是由旅游企业内外的营销人员对市场作出预测，使用这种方法的旅游企业，要求每个推销员对今后的销售作出估计，营销经理再与各个推销员一起复审估计数字，并逐级上报预测数字并汇总。专家意见法，是由旅游企业聘请社会上或企业内部的专家进行市场预测。

旅游市场定量预测，是运用数学方法来研究、推测未来旅游市场的变化及发展趋势的方法。用定量分析法预测旅游市场需求，一般使用统计方法和计量经济学方法，其中常用的方法有时间序列分析和回归分析法。时间序例分析又包括简单平均法、移动平均法、指数平滑法、变动趋势预测法；回归分析法包括一元线性回归法和二元线性回归分析法等。

三、旅游市场开拓策略

旅游市场开拓策略，是指旅游企业为取得最佳经济效益，在分析各种影响因素的基础上，选定目标市场，并在一定时期内，有计划地综合运用各种可能的市场营销策略和手段，进行旅游市场的拓展。

通常，影响旅游市场开拓的因素主要有两类。一类是外部环境因素，它包括人口环境、政治环境、法律环境、经济环境、文化环境、科学技术环境等宏观环境因素，也包括市场竞争者、中间商、供应商、社会公众等微观环境因素。这些外部环境因素是影响旅游市场开拓的不可控因素，只能通过环境分析，以发现有利的市场机会，克服不利的环境威胁，尽可能适应微观和宏观市场开拓环境。另一类是可以控制的因素，即旅游目的地政府和旅游企业根据旅游市场的特点，确定旅游市场的进入策略，并把旅游产品、价格、促销和分销等组合起来，结合市场环境，推进旅游营销工作，确保实现旅游市场开拓的战略目标。

（一）旅游目标市场开拓策略

旅游目标市场是在市场细分的基础上选定的。旅游企业在选定目标市场后，就要采用一定的策略开发市场。通常，可供采用的策略有三种，即无差异性市场策略、差异性市场策略和密集性市场策略。

无差异性市场策略，是指旅游企业把整个旅游市场看成是一个无差别的整体，认为所有旅游者对其产品和服务的需求都是一样的，整个市场就是一个大目标市场，从而采用单一的市场营销组合来满足整个旅游市场的需求。无差异性市场策略适用于对一般的大众观光旅游者市场的开拓，以及其他大众化旅游产品市场的开发。

差异性市场策略，是指旅游企业在市场细分的基础上选择几个细分市场作为自己的目标市场，针对每一个细分市场的需求特点，设计和组合不同的旅游产品，采取不同的旅游促销方式分别进行促销，以差别性产品和促销方式满足差异性的目标市场需求，从而开拓旅游市场的策略。差异性市场策略要求较高，但针对性强，是目前旅游发达国家及其旅游企业普遍采用的策略。

密集性市场策略，是指旅游企业在市场细分的基础上，只选择其中一个细分市场作为目标市场，确定一种营销组合来适应其需要。这种策略适用于资源能力有限的中小型旅游企业。这些旅游企业追求的不是在较大的市场上占有较小的份额，而是在较小的细分市场上占有较大的份额。

（二）旅游市场营销组合策略

旅游市场营销组合，是把影响旅游市场开拓的可控因素，即产品、价格、分销、促销结合起来，促进旅游目标市场的开拓。对这些因素的组合策略可有以下选择：

1.旅游产品策略。对于旅游企业而言，首先要决定用何种产品和服务来满足目标市场需求，它包括旅游产品组合、旅游产品生命周期、旅游新产品开发等方面。其中旅游产品开发是旅游市场开发的关键因素。针对目前我国旅游产品开发中存在的问题，可采取的对策措施，一是加速观光产品的更新换代，满足旅游需求的不断变化；二是积极开拓专项旅游产品，适应旅游市场细分化的需求；三是迅速推出散客产品，加快形成旅游散客市场。

2.旅游价格策略。旅游产品定位之后，就要根据目标市场上的旅游者需求和市场竞争状况，制定合理的旅游价格。旅游价格的制定可根据市场情况而定，当旅游市场处于卖方市场形势下，可采用以成本为中心的定价方法；当旅游市场处于买方市场形势和市场竞争比较激烈的情况下，可采用以需求为中心的定价方法或以竞争为中心的定价方法。通常，旅游价格策略有新产品定价策略、心理定价策略和折扣定价策略等，可以灵活采用或组合。

3.旅游促销策略。促销是旅游目的地政府或企业为激发旅游者的购买欲望，刺激他们的旅游消费行为，以扩大旅游产品销售而进行的一系列宣传、报道、说服等促进工作。促销的过程就是信息沟通的过程。促销策略就是对促销对象、促销技术、促销方法、促销效果进行科学的选择、配置、控制和评价的过程。旅游促销的常用手段有广告促销、营业推广、公共关系、人员推销等。

4.分销渠道策略。分销渠道是指旅游企业将旅游产品出售给旅游者时所经过的路线、环节、方式、机构以及如何选择和管理分销渠道等问题。旅游产品分销渠道主要有直接和间接两种。直接分销渠道是旅游企业直接销售产品或通过自设的零售网点把旅游产品销售给旅游者；间接分销渠道是旅游企业将其产品通过中间商（旅游批发商和旅游零售商）销售给旅游者的途径。针对目前我国旅游分销渠道存在的问题，应采取的对策措施有：一是开辟新的分销渠道，吸引有组织的团体旅游；二是发展专业旅行社，专门为不同行业提供有关的特色旅游产品；三是积极利用现代化通信手段，如电视广告、国际互联网等促进旅游产品的销售。

复习与思考

一、重点概念

旅游市场　旅游市场分类　国际旅游市场　国内旅游市场　团队旅游市场　散客旅游市场　旅游市场竞争　旅游市场竞争结构　旅游市场机制　旅游市场法制体系　旅游市场开拓　旅游市场调查　旅游市场预测　旅游市场营销组合

二、简答题

1. 旅游市场在旅游经济发展中有何特点和功能?
2. 如何对旅游市场进行科学的分类?
3. 旅游市场竞争有哪些影响因素?
4. 何为旅游市场竞争结构? 它有哪些类型?
5. 旅游市场机制包括哪些内容? 有何特征?
6. 为什么要加强旅游市场法制?
7. 如何确定旅游目标市场?
8. 有哪些旅游市场营销组合策略?

三、论述题

1. 论述旅游市场分类的意义。
2. 论述旅游市场机制在旅游经济中的作用。
3. 论述开拓旅游市场的方法和策略。

案例分析

潜力巨大的韩国高尔夫出境旅游市场①

2001年，韩国高尔夫出境旅游者人数为9万人次左右，2002年预计将大幅增长。同时业内人士推测，出于对税务部门进行税务调查的担心，不携带球具的高尔夫出境旅游人数可能更多。韩国海外高尔夫出境旅游市场的巨大潜力，为我国的高尔夫球业和相关旅行社提供了巨大的商机。

1. 韩国高尔夫球市场存在严重的供需矛盾。韩国高尔夫运动的发展，是由最初仅限于上层人士的贵族运动而逐渐大众化的。尤其自20世纪80年代中后期以来，韩国的人均国民收入达到1万美元左右的时候，高尔夫球运动开始迅速普及，参与高尔夫球运动的人数急剧增长。据韩国高尔夫球协会的调查显示，目前韩国的高尔夫爱好者大约有300万。为适应高尔夫运动的快速发展，韩国国内一度掀起了球场建设的热潮。在不到10万平方公里的狭小国土上，目前有158个球场(会员制114个，大众44个)投入运营，城市里的高尔夫球练习场更是比比皆是。球场的建设虽然会带来较好的经济收益，但由于韩国国土面积有限，而高尔夫球场占地面积相对较大，球场的维护对环境有一定程度破坏等不利因素，早已引起了韩国民间和政府的强烈担忧，并对球场建设用地进行了严格的限制，从而遏制了韩国高尔夫球爱好者数量的快速增长势头。数量有限的球场和逐年不断增长的球迷队伍之间形成了严重的供需矛盾。按2001年韩国共有1290万人次到球场进行运动消费计算，平均每个球场接待81 661人次，可谓人满为患，达到了接待极限。由韩国土地面积狭小这一客观现实所造成的“高尔夫运动大众化，高尔夫球场贵族化”的现象，使得在韩国境内预订高尔夫球相当困难。尤其是在春秋两个旺季和周末，球场预订更是难上加难，并造成了球场会员价格的高涨。2002年韩国的高尔夫球场会员卡平均价格突破了1亿韩币(约合8.5万美元)，其中最贵的10个球场的会员价格都超过了

① 根据国家旅游局驻汉城办事处提供的有关资料编写。

20万美元。此外，球场消费价格不菲，一场球人均消费在150美元左右（按会员优惠价计算，不含餐费），若加上其他费用将超过200美元。尖锐的供需矛盾和高昂的费用，迫使许多韩国高尔夫爱好者将目光投向了海外，尤其是球场费用比较低廉的东南亚、中国等地区。

2. 潜力巨大的韩国高尔夫海外旅游市场。由于韩国国内球场严重不足和高昂的消费将大部分爱好者挡在门外，众多的高尔夫爱好者自然成为海外高尔夫旅游的潜在客源。据韩国高尔夫球协会统计，2001年韩国在国内球场消费的共计12.9万人次，同时利用各种机会携带球杆到海外进行运动的人数为9万人次左右。一般来讲，高尔夫游客的团费比普通游客要高，除此之外，客人的购物及娱乐消费水平也相对较高。高尔夫球旅游市场无疑是专项旅游市场一枝艳丽的花朵。和韩国球场相比，中国和东南亚地区的大部分球场设施好，价格低廉，自然成为很多高尔夫球爱好者的首选。韩国人到这些地区打两场高尔夫球并加上往返飞机票，以及当地观光娱乐的总费用，与在韩国国内打球的费用相当。目前韩国高尔夫海外旅游主要集中在暑期休假和冬季（韩国球场需保养草地无法打球）。暑期是7月20日至8月20日前后，是韩国人普遍休假的季节；冬季时间比较长，大约从11月1日到来年的3月10日前后。

3. 开拓韩国高尔夫球游客市场的对策。现在到海外进行高尔夫球消费的韩国人到泰国的最多。主要原因是泰国的高尔夫资源宣传得比较早，航班多，价格低廉，冬季可以弥补韩国球场无法打球的缺陷。但一到了夏季，由于泰国天气太热就不具备优势了。而我国的高尔夫球运动方兴未艾，加上我国地域辽阔，气候多样，一年四季都有适合打球的球场。然而受各地方经济发展的客观影响，除了北京、上海等几个大城市周边地区外，打球人数有限，球场的利用率偏低，若能吸引大量韩国客人，就可以在很大程度上弥补销售上的空缺。目前和韩国有直航的地区中，已经开发了针对韩国人旅游产品的有上海、大连、广东、海南等有限几个地区，云南昆明最近一两年韩国高尔夫客人正在稳步增长，还有相当一部分地区接待的韩国客人为数很少。因此，应开拓韩国高尔夫球游客市场，其对策主要在五个方面。

一是针对韩国这个有巨大潜力的高尔夫客源市场，目前，我们的具体开发工作还存在一些问题，最主要的是宣传力度还远远不足。从球场设施、草地状况看，我国拥有像昆明的春城、桂林的乐满地、大连的金石滩等亚洲一流的球场，整体水平不比韩国差。然而酒香亦怕巷子深，由于宣传力度不够，客观上制约了韩国客人的造访。所以迫切需要加大针对韩国市场的宣传力度，更要树立品牌形象，否则会落得凤凰只卖草鸡价的后果。

二是在球场市场营销宣传中，球场需要专门印制针对韩国游客的宣传手册，客观介绍球场的各项设施和整体环境，对有代表性的球道(COURSE)加以说明。同时，定期组织面向韩国客人的各种高尔夫比赛，也是提高知名度、扩大影响的好办法。对于有实力的大企业，应该考虑在韩国选定销售代理，甚至接受日常散客的直接预订。

三是在管理上需要注意：招聘精通韩语的营销人员，加快开拓市场的时间进度；在球场内部的各项服务说明(如菜单)中，尽可能加上韩文，这不仅是对客人的尊重，更可以减少服务障碍，达到最佳效果；准备足够的可供出租的球杆，因为相当一部分韩国人不便于携带球杆出国。

四是旅行社要苦练内功，加强自身的接待能力。由于参加高尔夫运动的客人一般社会层次都比较高，这要求计划接待高尔夫团体的旅行社在做好外联的同时，必须不断提高接待质量。旅行社内部培养拥有一支精干的韩文导游队伍是至关重要的。导游在具备一般接待基本素质的同时，一定要熟悉高尔夫球的基本常识，只有这样才能较好地完成接待任务。

五是加强与韩国经营高尔夫球旅游的旅行社的经营合作。在韩国旅游界中销售高尔夫观光产品的旅行社比较多，除了传统的一般批发商外还有一部分专业旅行社，这些旅行社专门经营高尔夫旅游产品，经验比较丰富，一般都有比较固定的客源。因此，要针对高尔夫球旅游产品的特点，经常积极地与他们联合起来共同销售。

第六章　旅游消费

学习目的

●熟悉旅游消费的基本概念
●掌握旅游消费的类型及特点
●了解旅游消费水平和效果的衡量

基本内容

旅游消费类型及特点
●基本概念:旅游消费
●旅游消费的类型
●旅游消费的特点
旅游消费方式
●基本概念:旅游消费方式
●旅游消费方式的影响因素
●旅游消费方式的合理化
旅游消费水平
●基本概念:旅游消费水平
●旅游消费水平的测定
●提高旅游消费水平的途径
旅游消费效果
●基本概念:旅游消费效果
●旅游消费效果衡量

●旅游消费效果评价

案例分析

●海外游客旅游消费支出分析

第一节　旅游消费类型及特点

一、旅游消费的概念

消费作为人类社会客观存在的经济现象，是指人们把生产出来的东西消耗掉或使用掉。马克思说："人从出现在地球舞台上的第一天起，每天都要消费，不管在他开始生产以前和在生产期间都是一样。"[①] 因此，消费和生产一样也是社会不可缺少的行为过程。消费借助人们的衣、食、住、行、用、娱等形式，是提高人们的健康水平、文化水平、劳动能力及生产积极性的过程，是使人们获得全面发展的重要过程，也是社会生产、分配、交换、消费运动过程中的重要环节，"是使产品成为产品的最后行为，而且也是使生产者成为生产者的最后行为"[②]。

旅游消费作为人们消费的重要组成部分，是指人们在旅行游览过程中，为了满足其自身发展和享受的需要，而进行的各种物质资料和精神资料消费的总和。它对于促进人们的全面发展，提高劳动力素质，提高劳动生产率和促进社会经济发展等，都具有十分重要的作用，主要表现在以下几方面：

（一）旅游消费是旅游经济活动的重要环节

消费是促进国民经济循环的动力，在生产、交换、分配和消费的四个环节中，生产是起点，消费是终点，生产和消费相互依存，互为前提。如果把旅游经济活动看作是一个周而复始的过程，那么旅游消费是第一次旅游经济活动过程的终点，又是第二次旅游经济活动过程的起点。

① 《马克思恩格斯全集》第 23 卷，人民出版社 1972 年，第 191 页。

② 《马克思恩格斯选集》第 2 卷，人民出版社 1972 年，第 94 页。

因为通过旅游消费，一方面使旅游产品的价值和使用价值得到实现，从而保证旅游业的再生产能够顺利地进行。另一方面又对旅游产品的再生产提出了新的需求，不仅要求原有的旅游企业和旅游产品生产进一步发展，以增加旅游产品的供给量，满足扩大的旅游消费需求，而且要求向旅游业提供产品和服务的其他部门和企业也要相应地发展，从而促进整个社会经济的繁荣。

旅游消费不仅是旅游者对物质产品的消费，而且也包括对精神产品的消费。随着旅游消费的实现和不断扩大，必然刺激社会开发更多具有吸引力的自然旅游资源和人文旅游资源，增设更多新颖、健康的旅游项目，合理组织食、住、行、游、购、娱等旅游生产要素，从而生产出更多符合人们需求的旅游产品，推动旅游业自身的不断发展。

（二）旅游消费是实现旅游产品价值的重要条件

旅游消费是旅游产品价值和使用价值最后得以实现的条件。这是因为，旅游消费是旅游产品生产的目的和对象。旅游生产取决于旅游需求，而旅游需求的形成和发展，又在很大程度上取决于旅游消费的发展。旅游消费的数量和水平不仅决定了旅游需求变化的趋势和特点，而且决定了旅游生产的发展方向和发展速度。同时，旅游消费又是使旅游产品价值和使用价值得以实现的最后行为。如果没有旅游消费，则旅游产品就卖不出去，旅游产品的价值和使用价值就不能实现，旅游经济活动就难以顺利进行。

此外，旅游消费还是对旅游产品质量和旅游产品结构的最终检查。如果旅游产品不符合旅游市场要求，不能满足旅游者的多样性消费需求，则旅游产品就会滞销，旅游业的再生产也就无法进行。因此，通过旅游消费还可以检验旅游目的地国家或地区的旅游产品是否适销对路，旅游经济结构是否合理，旅游经济效果是否理想，旅游业是否健康、持续地发展。

（三）旅游消费是丰富和美化人们生活的手段

人们的消费活动是丰富多彩的，从长期发展趋势看，随着社会经济发展和人们生活水平的提高，物质消费在人们消费结构中的比重将相对下降，而精神消费的比重将相对增加。旅游消费是一种娱乐性、享受性的消费活动，为了达到丰富和美化人们的生活，最大限度地满足旅游者精神、发展和享受的需求，旅游业必须凭借物质资料，如交通工具、住宿条件、旅游设施设备等，为旅游者提供现代化程度高，并且舒适、方便、卫生、安全的旅游服务。随着科学技术的不断发展，各种现代化的民用新产品，如电视、空调机、微波炉、冰箱等在人们日常生活中普及之前，首先在旅游业中被广泛采用。不仅丰富了旅游活动的内容，而且在普及现代化生活设施、提高人们的生活质量和水平方面也起到了积极的作用。

（四）旅游消费是提高劳动力素质和质量的重要因素

在现代经济中，劳动力再生产是社会再生产的重要条件，特别是现代化大生产需要社会提供与之相适应的高素质、高质量的劳动力，要求劳动者具有精湛的专业技能，广博的文化知识，高度负责的主动性、敏捷性和创造性，以及健康的体魄和饱满的精力。为此，不仅需要满足劳动者基本生存的需要，不断改善劳动者的物质生活条件，还要大力发展德、智、体几方面的教育，以提高劳动者的品德及文化素质。旅游消费是一种潜移默化的思想品德及文化素质教育，能陶冶人的身心、增进健康、开阔视野、增长知识；能使劳动者的体力和智能得到恢复和发展；能够激发劳动者的生产热情，使劳动者在各自工作岗位上全面地发挥自己的才能，有利于高素质、高质量劳动力的再生产，从根本上提高整个社会的劳动生产率水平。

二、旅游消费的类型

旅游业是一项综合性产业，因而旅游消费也包含多方面的内容。按照旅游消费主体、消费内容、消费层次、消费形态等，可以将旅游消费划分为各种不同的类型。

（一）按旅游消费主体可分为个人旅游消费和家庭旅游消费

消费主体一般可分为个人消费、家庭消费和社会消费。由于旅游活动主要是一种个人的活动，因此旅游消费按消费主体通常可划分为个人旅游消费和家庭旅游消费。

个人旅游消费，是指为满足个人生活需求而引发的、对各种物质资料和精神文化产品的消费，包括基本生存需求的消费和个性全面发展需求的消费两个方面。基本生存需求的消费，是为了维持个人和家庭最低生活需要的生活资料的消费，是保证劳动力再生产所必须的最低限度的消费；个性全面发展需求的消费，则是为了提高人们的文化素质，陶冶情操，提高劳动者的智力和体力，从而达到劳动力内涵扩大再生产的目的。因此，旅游消费包括人们在旅游过程中所获得的满足其发展与享受的物质产品、精神产品和旅游服务三个方面的消费，是一种满足旅游者个性全面发展需要的高层次消费。

以婚姻为纽带而建立起来的家庭，是补偿劳动力耗费、再生产劳动力、提高劳动力素质的重要场所，也是进行旅游消费的基本经济单位。所谓家庭旅游消费，就是指以家庭为单位的旅游消费行为和过程，也不外乎物质消费与精神消费两个方面。因此，搞好旅游活动中的家庭旅游消费，积极引导家庭量入为出，正确开展各类旅游活动，对于促进旅游业的发展和精神文明的建设都具有十分重要的意义。

（二）按旅游消费内容可分为基本旅游消费和非基本旅游消费

旅游活动的多样性决定了旅游消费内容的丰富性，因此按旅游消费的内容可以划分为基本旅游消费和非基本旅游消费。

基本旅游消费，是指进行一次旅游活动所必需的且基本稳定的消费，如旅游住宿、旅游餐饮、旅游交通和景区游览等方面的消费。基本旅游消费是任何旅游者在任何一次旅游活动中都必不可少的消费，因而也是一种经常性的消费，具有相对稳定的特性。

非基本旅游消费，是指与旅游者个性消费特点相联系，并具有较大需求弹性和变化性的消费，如旅游购物、医疗保健、长途通信等方面的消费。非基本旅游消费并非每次旅游活动都会发生，主要取决于旅游者的消费偏好，因而具有一定的变动性和非稳定性。

（三）按旅游消费层次可分为生存消费、享受消费和发展消费

通常，旅游者在旅游过程中的消费主要有餐饮、娱乐、游览、住宿、交通、购物、通信、医疗等，这些旅游消费按消费层次可以划分为生存消费、享受消费和发展消费。

生存消费，是指满足旅游者在旅游活动中对餐饮、住宿、交通等基本生理需求的消费，也是旅游活动中必不可少的基本旅游消费。

享受消费，是指满足旅游者在旅游活动中对游览、观赏、娱乐等精神享受的消费，是旅游活动的主要内容，也是旅游消费的主体部分。

发展消费，是指满足旅游者在旅游活动中对求知、科考、学习等有关增长知识和智力发展的消费，属于旅游活动中较高层次的消费。

对于上述三种层次的旅游消费，在旅游活动中是相互交错、密切联系的，很难划分它们中间的区别和界线。一般讲，在满足旅游者生存消费的同时必须满足其享受和发展的消费，而在满足旅游者享受与发展的消费中又往往包含其生存需要的满足。

（四）按旅游消费形态可分为物质消费和精神消费

在旅游活动中，旅游者的消费既有实物方面的消费，又有劳务方面的消费，因而按照旅游消费形态，一般可把旅游消费划分为物质消费和精神消费。

物质消费，是指旅游者在旅游过程中所消耗的有形物质产品，如客房用品、餐饮食品、旅游纪念品、旅游日用品等实物产品。物质消费主要满足旅游者的生理需求，但物质消费若使旅游者的生理需求得到满足，则旅游者在精神上也会感到愉快和满意。

精神消费，是指提供旅游者在旅游活动中观赏、游乐的各种山水名胜、文物古迹、民族文化、人文风情等精神上的满足，以及在旅游活动过程中所享受到的一切服务性产品。精神消费主要是满足旅游者的精神需求，但其中也必然包括不少物质形态方面的消费。

除了以上分类外，还可根据不同的旅游目的地、不同国家或地区的旅游者、不同的旅游季节、不同的旅游消费水平等进行分类，从而为旅游市场研究提供科学的依据。

三、旅游消费的特点

旅游产品的特点决定了旅游消费是一种包含着食、住、行、游、购、娱等在内的多种内容的消费，因此旅游消费具有不同于一般物质产品和服务产品的消费特点。具体讲，主要表现在旅游消费的综合性、同一性、不可重复性、变动性及替代性等方面。

（一）**旅游消费的综合性**

旅游消费是贯穿于整个旅游活动的连续动态过程，因而旅游消费具有综合性消费的显著特点。一方面，从旅游消费活动的对象看，旅游消费是以游览为中心，集食、住、行、游、购、娱为一体的综合性消费活动。任何旅游者为了实现旅游目的，都必须凭借某种交通工具，在旅途中购买一定的生活必需品和旅游纪念品，并相应解决吃饭、住宿等问题。另一方面，从旅游消费的构成看，旅游消费不仅包括对旅游资源、旅游设施、旅游服务等多种直接要素的消费，也包括对环保、园林、文物、邮电、海关等多种间接服务的消费。因此，旅游消费是一种涉及多方面和多因素的综合性消费。

（二）**旅游消费的同一性**

在旅游活动过程中，旅游者首先必须满足基本的生理需要，因而必然要消费一定量的实物形态的产品。但从总体上看，对旅游服务的消费不仅在量上占绝对优势，而且贯穿于旅游者从常住地向旅游目的地的移动、参观游览、再返回常住地的整个消费过程的始终。旅游服务一般不体现在一定的物质产品中，也不凝结在无形的精神产品中，而是以劳务活动的形式存在着，从而构成旅游产品的特殊形式。这种产品只有被旅游者享用时，它的价值才被实现。一旦旅游活动结束，旅游服务的使用价值就不复存在，从而决定了旅游消费与旅游产品相一致的特性。这种特性决定了旅游消费的异地性，即旅游者必须离开常住地和熟悉的生活条件，克服空间距离，到异地进行消费；决定了旅游消费与旅游交换的同一性，即旅游服务的提供必须以旅游者的实际购买为前提，从而形成旅游生产和旅游消费在时间上和空间上的同一性。

（三）**旅游消费的不可重复性**

旅游消费是人们在生理需要和安全需要得到一定满足后，为实现更高层次的需要而进行的高级消费形式，因而没有数量限制。随着社会经济的发展及人们消费水平的提高，旅游消费必然呈现出不断增加的趋势。但是，旅游产品的固定性决定了旅游消费具有不可重复性的特点。因为旅游产品的价值对旅游者来说是暂时的，只有当旅游者购买了旅游产品，并进入旅游目的地消费时，旅游产品才对旅游者具有价值和使用价值，一旦旅游者离去，旅游产品对旅游者的价值也就消失。因此，旅游者对旅游产品的购买和消费具有不可重复性的特点。同时，从旅游服务的角度看，随着旅游服务的时间、场合及服务人员心情的变化，即使是同一服务员提供的旅游服务，其服务标准和质量也会相差很多。因此，旅游者在一生中不可能消费完全相同的旅游产品。

（四）旅游消费的变动性

旅游消费作为一种高层次消费，在旅游产品的品种、数量和质量需求方面具有较大的变动性。一方面，旅游消费是一种弹性较大的消费，即由于旅游者的职业、年龄、性别、宗教信仰、兴趣爱好、受教育程度等方面的差别，使其对旅游产品消费的品种、数量和质量之间存在着一定的差异；另一方面，许多因素都会影响旅游消费的数量和质量。除了通常所说的旅游产品价格、人们可支配收入外，国际政治经济形势、社会经济发展水平、旅游地的风俗习惯等都会直接或间接地影响着旅游消费的变动。

（五）旅游消费的替代性

旅游消费的综合性特点，使得构成旅游消费对象的各个部分具有互补的性质，即一项旅游产品消费的实现必然伴随着其他各种消费项目的产生，从而要求有关部门及企业的互相配合，密切合作，才能提高综合经济效益。但是，就旅游综合产品而言，旅游消费具有较强的替代性，即指旅游消费对象的每一构成部分之间具有相互替代的性质。例如，某旅游者从甲地到乙地乘了飞机，就不可能再乘火车、轮船；而到了乙地后，若某一旅行社帮助他安排了旅游活动，他就不会再找其他旅行社提供相应的旅游服务；若他一旦住进了某一旅游饭店，一般就不会再入住其他宾馆。因此，旅游活动中的旅游消费替代性是十分明显的。而旅游者在选定某种旅游产品及其组成部分后，势必要舍弃其他的部分，因而旅游消费的替代性加剧了旅游业的竞争。

第二节　旅游消费方式

一、旅游消费方式的概念

旅游消费方式，是指人们在旅游活动中消耗物质资料、精神产品和劳务的方法和形式。旅游消费方式作为人们社会生活方式整体系统中的一种消费方式，其内涵是由若干相互关联的方面所组成，具体包括以下五个方面：

（一）旅游消费意识

人们的旅游消费过程，是受其消费意识支配和控制的，而旅游消费意识又是由旅游者的消费心理和消费观所构成的。旅游消费心理是浅层的消费意识，即人们在一定条件下，由自身感觉体验的心理活动而形成的旅游消费动机、意向和兴趣，旅游消费心理往往受社会环境的影响而自发地形成。旅游消费观是深层的消费意识，是在一定的人生观、价值观的基础上形成的，具有相对的稳定性。通常，旅游消费观为人们的旅游活动提供消费模式，而旅游消费心理则直接决定和影响着旅游者的消费行为。因此，把相对稳定的旅游消费观同相对变化的旅游消费心理相结合，就构成了旅游者的消费意识。

（二）旅游消费力

旅游消费力，是指旅游者为满足旅游需求而消费旅游产品的能力。旅游消费力包括自然消费力和社会消费力，前者指旅游者为满足自己生理上的自然需求，而对旅游活动中食、住、行的消费能力；后者指旅游者为满足其精神及心理方面的需求，而对旅游活动中游、购、娱等的消费能力。它又包括人们获取一定量消费的经济能力。通常，在旅游消费对象为一定的条件下，旅游消费力的大小取决于生理、经济及文化的条件，这是构成旅游消费力的物质和精神基础。但这只是一种可能的消费力，若要把可能的旅游消费力变成现实的旅游消费力，还需要以旅游服务的组织合理化为条件，即旅游消费力同旅游服务的质量、水平成正比例关系变动。旅游服务质量越好，水平越高，则旅游消费力实现的可能性越大。

（三）旅游消费结构

旅游消费结构，是指旅游者在一定时间内的旅游消费中，对各类旅游产品消费的数量比例和相互关系。旅游消费结构一般是指为满足生理需要的生存消费、满足享乐需要的享受消费和满足人的智力发展需要的发展消费的比例关系。此外，旅游消费结构还包括个人消费、家庭消费与社会公共消费的比例关系，以及商品性旅游消费与自给性旅游消费的比例关系等。旅游消费结构不仅反映了各类旅游消费对象在总消费中的比例状况，而且还反映了旅游消费方式的基本特征，以及旅游消费的水准和质量。

（四）旅游消费习惯

旅游消费习惯，是指在一定环境条件下经常出现的一种旅游消费行为，它具有民族性、地方性和相对稳定性的特点。通常，不同国家、不同地区和不同民族的旅游消费习惯，是在各自特定的经济、社会和文化条件下形成的，并凝聚成为一种相对稳定的社会心理或行为规范，也是构成不同国家、不同地区旅游消费中文化形态和民族习俗差异的重要因素。因此，旅游消费习惯是旅游消费方式的重要内容，也是影响旅游消费行为的重要因素。

（五）旅游消费水平

旅游消费水平，主要是指旅游活动中旅游者在物质和精神需求方面的满足程度，是从质量上反映旅游产品满足旅游消费的程度。在现实社会经济中，任何消费方式总是要通过一定的消费水平体现出来的，特别是旅游产品和服务的消费更是如此。由于旅游消费水平所包含的旅游产品和服务的质量，既包括精神消费品及其服务的数量和质量，又包括物质消费品及其服务的数量和质量。因此，对旅游消费水平必须从数量与质量、物质消费与精神消费的统一中来认识和把握。

二、旅游消费方式的影响因素

旅游消费属于人类高级享受和发展需要的消费，因而它的需求弹性较大，很多因素都会影响旅游消费的数量和质量。除了国际上政治、经济、环境或气候变化等因素的影响外，旅游者的收入水平、年龄、性别、职业和受教育程度，乃至风俗习惯、兴趣爱好等，都会影响旅游消费方式的变化。概括起来说，影响旅游消费方式的主要因素有以下几方面：

（一）旅游者的收入水平

旅游消费是满足人们高层次需求的消费。虽然人们产生了旅游需求，但未必就会变成旅游消费。只有当人们的可支配收入在支付生活费用之外，尚有一定数量的节余时，才能使旅游需求变为现实的消费。通常，旅游者的收入水平越高，购买旅游产品的经济基础就越好，旅游需求就越能得到满足。所以，收入水平决定着消费水平，也决定着需求的满足程度，从而决定着消费方式的变化，旅游者的收入越多，就越能促使旅游消费从低层次向高层次发展。

（二）旅游者的构成

旅游者的构成是指不同年龄、性别、文化、职业的旅游者结构，也是影响旅游消费方式的重要因素。通常，青年人对饮食要求多而不精，而对游览娱乐性的开支则较大；老年人对住宿、饮食、交通的要求比较高；妇女的旅游消费中以购物消费所占比重最大；而政府官员、商人、参加会议的旅游者则要求现代化的旅游设施设备、高质量的饮食和服务。此外，不同旅游者的文化、习惯也会影响旅游者的爱好兴趣，从而对旅游产品的内容和质量有不同的要求。因此，旅游者构成的每一因素，都不同程度地影响着旅游消费结构的变化。

（三）游游产品的结构

经济学认为，生产决定消费，消费引导生产。旅游产品结构不仅决定着旅游者的消费水平和消费数量，而且从宏观上影响着旅游消费方式的发展和合理化。特别是在国民经济中，向旅游业提供服务的各相关产业部门的结构如果搭配不合理，没有形成一个相互协调、平衡发展的产业网，就会导致旅游产品结构失调，各构成要素发展不平衡，从而不仅不能满足旅游者的需求，反而造成供求失衡，破坏了旅游产品的整体性，使旅游产品在旅游市场上失去竞争能力。因此，旅游产品结构决定着旅游消费方式和消费结构。

（四）旅游产品的质量

旅游业的发展不但需要一定数量的旅游产品，而且需要高质量的产品。如果旅游产品的数量符合旅游需求的总量，但其质量差、生产效率低、使用价值小，仍然不能满足旅游者的消费需求。因此，必须重视旅游产品的质量。旅游产品的质量一般包括三个方面：一是向旅游者提供的旅游产品要达到适销、适量、适时和适价，即符合物美价廉的要求；二是要提高旅游服务效率，对每一项旅游服务都要求做到熟练敏捷，为旅游者节约时间，提供方便；三是在旅游服务过程中要礼貌、热情、主动和周到。只有提高了旅游产品的质量，使旅游者获得物质与精神上的充分满足，才能提高他们的消费水平，促使旅游消费方式和消费结构日趋完善。

（五）旅游产品的价格

旅游产品价格的变化，也是影响旅游消费方式和消费结构的重要因素。由于旅游产品的需求弹性大，所以当旅游产品的价格上涨而其他条件不变时，人们就会把旅游消费转向其他替代商品的消费，使旅游客源受到很大影响。反之，当旅游产品价格下跌，或者旅游价格不变而旅游产品的内容增加时，则人们又会把用于其他商品的消费转向旅游消费。此外，旅游者的消费偏好、购买习惯也会影响旅游产品价格的变化，进而影响旅游消费方式和消费构成。

三、旅游消费方式的合理化

旅游消费方式的合理化，是指旅游消费从不合理状态向合理化状态的渐进过程。一般说来，在人们可支配收入、闲暇时间一定的前提下，旅游消费的合理化既要与旅游业和其他同旅游消费有关的经济部门的发展水平相适应，又要体现出旅游消费的经济性、文化性、精神享受性等特点，以最大限度地提高旅游消费的合理性，促进旅游者身心健康和全面发展。具体讲，旅游消费方式的合理化，应满足以下一些内在的必然性要求：

（一）旅游消费水平逐步上升

旅游消费是人们文化生活的组成部分，是一种包含着较多精神内容的、高层次的生活方式，它的合理发展必须能给旅游者以新颖、舒适、优美、健康的感受；能够激发人们热爱生活、追求理想、奋发向上、努力学习的情感和动机；能不断提高人们的思想、艺术、文化修养，防止和打击各种腐败和不健康的现象，用丰富多彩的旅游活动内容和服务项目来充实旅游者的精神世界。总之，人们用于满足物质文化需求的旅游产品和劳务的消费越多，则旅游消费的水平就会不断提高，这是旅游消费方式合理化的必然规律。

（二）旅游消费结构不断优化

要实现旅游消费方式的合理化，必须促使旅游消费结构不断优化。所谓旅游消费结构优化，是指旅游消费的内容、方法和形式必须丰富多彩，生动活泼。因为旅游就是人们花钱买享受，它要求使旅游者玩得痛快、充实、高尚和有益，这也是旅游消费合理化的基本要求。旅游消费内容和旅游活动方式的具体选择，必须既有利于旅游者消除疲劳、增进健康，又有利于旅游者增长知识、修身养性、促进体力和智力的发展。由于旅游消费结构是反映旅游者在旅游过程所消费的各种消费资料（物质产品、精神产品、服务）的比例关系，因此，必须不断地优化旅游消费的结构，使旅游者通过各种旅游活动达到开阔视野，培养和发展自己的各种良好兴趣和能力，提高自身精神文化素质的目的。

（三）旅游消费环境良性发展

良好的旅游环境是高品位旅游资源和高质量旅游产品的重要组成部分，是旅游消费得以顺利有效进行的必备条件。人们出门旅游的主要动机是追求一个清新、舒适、宁静、安全的自然环境和社会环境。因此，合理的旅游消费首先必须有利于生态环境的保护，特别是某些特定的旅游活动，如狩猎、钓鱼、森林旅游等，必须以不损害自然界的生态平衡为限，严禁滥捕、滥猎和滥采。同时，合理的旅游消费方式还应该通过旅游活动的开展，增强人们对自然资源和历史文物的保护意识，激发旅游者主动地维护和改善生态环境，积极筹集资金治理环境污染，促进旅游消费环境良性发展。

（四）旅游消费市场供求平衡

由于旅游需求具有很大的变动性，而旅游供给则具有一定的稳定性。因此，合理的旅游消费方式，应保证在旅游“淡季”和旅游“温冷”地区仍有一定的旅游消费规模，以提高旅游设施、设备的利用率，充分发挥旅游消费对饮食服务、旅馆、交通运输、邮电通信、金融、商业及娱乐业等行业的带动和促进作用。同时要尽量保证在旅游“旺季”和旅游“热点”地区，旅游消费的水平和结构与旅游地的接待能力相适应，切实解决旅游“吃饭难”、“住宿难”、“乘车难”等问题，不断提高旅游消费的效果和水平。

第三节　旅游消费水平

一、旅游消费水平指标

旅游消费水平，是指旅游者在旅游活动中消费旅游产品的数量和对旅游需求的满足程度和水平。旅游消费水平具有狭义和广义之分，狭义的旅游消费水平是指旅游者人均消费旅游产品的支出；广义的旅游消费水平不仅包括人均旅游消费的支出数量，还包括对旅游产品消费的质量，即反映旅游者对旅游需求满足的程度和水平。因为当旅游者消费相同旅游产品的时候，尽管所消费的旅游产品数量相同，但如果旅游产品质量差别较大，则意味着旅游者获得的需求满足程度差别越大，所反映的旅游消费水平的差别也相应越大。因此，必须从广义的角度来认识旅游消费水平的概念。

旅游消费是一个复杂的、涉及面很广的社会经济范畴。因此，旅游消费水平指标是一个综合性指标，既要体现旅游活动中旅游者对旅游产品的消费数量和支出，又要体现旅游者在旅游活动中对物质和精神需求、享受和发展需求的满足程度和水平。为了比较全面地反映旅游消费水平的数量和质量，旅游消费水平的指标体系应该包括旅游消费的数量指标、旅游消费的价值指标和旅游消费的质量指标等。

（一）旅游消费数量指标

旅游消费是一种特殊的消费形式，其内容既有物质产品的实物形态消费，又有精神与服务产品的非物质形态的消费，再加上旅游产品构成要素的多样性，因此对旅游产品消费的数量指标通常是以旅游者人数、旅游者人天数和旅游者停留天数等表示。

1.旅游者人数，是指在一定时期内旅游目的地国家或地区接待旅游者的总人数。它反映了按旅游人数计算的对旅游产品购买和消费的总规模和水平，是旅游者人天数除以旅游者平均停留天数的商数。

2.旅游者人天数，是指在一定时期内旅游目的地国家或地区接待旅游者的总天数。它反映了按旅游天数计算的对旅游产品购买和消费的总规模和水平，既体现旅游消费的人数，又体现了旅游消费的天数，是旅游消费数量最基本的统计单位。

3.旅游者停留天数，是指在一定时期内旅游者在某旅游目的地国家或地区停留的时间。它反映了每个旅游者消费旅游产品的数量。由于旅游者停留时间长短不一，为了方便统计和计算，实际计算时一般采用旅游者平均停留天数。

在旅游消费中，虽然旅游者的消费也有物质产品的消费，如餐饮食品、旅游商品等，但由于对这些物质产品的消费种类繁多、千差万别，难于一一进行分类统计计算，因此往往以人均消费数量来表示。

（二）旅游消费价值指标

旅游消费的价值指标，是用旅游者的消费支出来综合反映其在旅游目的地国家或地区消费旅游产品的规模和水平。在一定时期内，旅游者在旅游目的地的消费支出越多，则旅游目的地国家或地区的收入就越多。因此，可以通过分析旅游者在旅游目的地的消费支出来衡量旅游目的地的旅游消费效果。通常，反映旅游消费价值的主要指标有：旅游消费总额、人均旅游消费支出和旅游消费率等。

1.旅游消费总额，是指一定时期内旅游者在旅游目的地国家或地区，进行旅游活动过程中所支出的货币总额，从旅游目的地的角度看也就是旅游收入。它从价值形态上反映了旅游者对旅游目的地的旅游产品消费的总量。由于旅游业是一个综合性产业，涉及交通、住宿、餐饮、娱乐、购物、游览等多方面的行业和企业，因此对旅游消费总额的计算是采用抽样调查和常规统计相结合的方法，即通过抽样调查得到人均旅游消费支出，再同常规统计的旅游者人数相乘而得。

2. 人均旅游消费支出，是指一定时期内旅游者在旅游目的地国家或地区的旅游过程中，平均每个旅游者消费支出的货币金额。它反映了旅游者在某旅游目的地的平均消费水平，并为旅游经营者开拓旅游市场和开发旅游产品提供重要的依据。人均旅游消费支出一般是通过抽样调查而得到，但是在知道旅游消费总额的情况下，也可以根据旅游消费总额和旅游者人数来计算。

3. 旅游消费率，是指一定时期内某个旅游客源地国家或地区旅游者消费支出同该国家或地区个人消费支出总额的比例，它从价值角度反映了一个国家或地区在一定时期内旅游者的旅游消费强度和水平。掌握旅游客源国的旅游消费率，对于旅游目的地国家或地区开拓旅游客源市场具有十分重要的意义。

（三）旅游消费质量指标

旅游消费质量指标，是旅游产品内容、旅游服务标准、旅游环境状况等相结合的质的规定性，反映了旅游者消费旅游产品时对消费对象、消费内容、服务水准和消费环境的感受和评价。因此，旅游消费质量指标一般从生产和消费两方面来反映。

1. 从生产方面看，旅游消费质量主要表现为按照一定的标准和要求，向旅游者提供相应质量的旅游产品和服务。如不同的星级旅游饭店具有不同的服务内容和标准，不同等级的旅游景区景点具有不同的内容要求和服务标准，不同的交通运输工具具有不同的服务特点和标准等。正是有了这些规范的服务内容和标准，旅游者才可能按照不同的旅游产品标准选择不同的旅游消费水平，并要求提供相应的旅游消费质量。

2. 从消费方面看，旅游消费质量表现为旅游者对旅游产品消费的心理感受和评价。因为旅游产品是一种以服务性为主的产品，旅游消费是旅游者对旅游服务的消费过程，不同的旅游者对旅游服务质量往往会有不同的感受和评价；同时，旅游者在不同的时期对旅游服务质量也会有不同的要求。因此，以旅游者消费需求为出发点，不断提高旅游服务质量已成为提高旅游消费质量的主要内容。

二、旅游消费水平的测定

旅游消费水平的测定，一般是采用旅游消费价值指标和质量指标，对旅游消费的规模、水平和质量进行综合性分析和度量。对旅游消费水平的测定，从内容上既有对旅游消费数量方面的测定，又有对旅游消费质量方面的衡量；从方法上既有定性分析方法又有定量分析方法；从技术上既有基本统计方法又有抽样调查方法等。在实践中，通常是对旅游消费总水平和人均旅游消费水平进行统计分析，以测定旅游消费的数量和规模；对旅游者的旅游消费进行问卷调查，以衡量旅游者对旅游消费质量的评价和满意程度。

（一）旅游消费总水平的测定

旅游消费总水平，是指一定时期内旅游者在某一旅游目的地国家或地区用于旅游消费支出的全部货币总额，是从价值角度反映了旅游消费总水平的数量和规模。对旅游消费总水平的统计分析，一是可以掌握和测定旅游者在旅游目的地的旅游消费总水平和发展趋势，为旅游目的地开发旅游产品和促进旅游供给提供科学的依据；二是可以了解客源市场在旅游目的地的旅游消费的状况和变化，为旅游目的地开拓客源市场提供科学的指导。

对旅游消费总水平的测定，可以通过对客源国家或地区旅游消费总支出的统计分析，以衡量不同客源市场旅游消费的总水平；也可以对旅游者在旅游目的地的实际旅游消费总收入进行统计分析，综合地反映和衡量旅游消费总水平的数量和规模。从表 6-1 中国旅游消费总收入水平看，国际旅游消费收入从 1990 年的 22.18 亿美元增加到 2001 年的 177.92 亿美元，年均增长率为 20.8％；国内旅游收入从 1990 年的人民币 170 亿元增加到 2001 年的 3 522.4 亿元，年均增长率达到 31.7％；国际国内旅游总收入从 1990 年的人民币 276 亿元增加到 2001 年的 4995 元，年均增长率达到 30.1％。说明 20 世纪 90 年代以来中国旅游消费总水平一直保持良好的增长态势，旅游业已成为整个国民经济的新增长点。

表 6-1 1990—2001 年中国旅游消费总收入水平

年代（年）	国际旅游收入（亿美元）	国内旅游收入（亿元人民币）	旅游业总收入（亿元人民币）	旅游总收入平均增长率(%)
1990	22.18	170.0	276	—
1995	87.33	1 375.7	2 098	50.0
2000	162.00	3 176.2	4 520	16.6
2001	177.92	3 522.4	4 995	10.5

资料来源：国家旅游局，《中国旅游统计年鉴》1991—2002 年。

(二)人均旅游消费水平的测定

人均旅游消费水平，是指在一定时期内旅游者在某一国家或地区平均每人用于旅游消费的支出。它从价值角度反映了人均旅游消费的数量和水平。通过对人均旅游消费水平的统计分析，可以掌握和测定旅游者在旅游目的地的平均旅游消费水平和变化特点，为旅游目的地开发旅游产品，优化旅游产品结构，提高旅游消费水平提供依据。

对人均旅游消费水平的测定，可以通过对客源国家或地区人均用于旅游消费支出进行分析，也可以通过对旅游者在旅游目的地的实际人均消费支出进行分析。在实践中，一般是通过对旅游者在旅游目的地国家或地区的人均旅游消费进行统计分析，来综合反映和衡量人均旅游消费水平的情况。从表 6-2 中中国海外入境旅游者人均旅游消费情况的统计和分析可见，近几年海外旅游者的人均旅游消费水平基本保持在 850～900 美元之间。其中，外国旅游者的人均旅游消费水平保持在 1 000 美元左右，港澳地区旅游者的人均旅游消费水平基本在 400 美元左右，台湾地区旅游者的人均旅游消费水平基本保持在 1 000 美元以上。

表 6-2 1995—2001 年海外入境旅游者人均消费情况

年份（年）	人均消费(美元/人次)					
	总平均	外国人	华侨	香港同胞	澳门同胞	台湾同胞
1995	1 072.4	1 269.1	1 419.2	427.0		1 575.3
1996	839.4	1 094.9	1 488.2	374.9		1 277.3
1997	864.7	1 031.7	1 327.3	463.2		1 202.1
1998	856.8	948.9	1 142.9	482.7	405.2	1 195.2

续表

年份	人均消费(美元/人次)					
(年)	总平均	外国人	华侨	香港同胞	澳门同胞	台湾同胞
1999	891.0	1 012.1	1 397.4	404.5	492.7	1 021.3
2000	889.5	1 015.5	—	419.5	419.4	1 071.6
2001	846.4	1 113.1	—	307.2	587.7	957.2

资料来源:国家旅游局、国家统计局,《海外旅游者抽样调查资料》1996—1997。

国家旅游局、国家统计局,《入境旅游者抽样调查资料》1999—2002 年。

(三)旅游消费质量的测定

旅游者对旅游消费质量的测定,是一种心理感受和主观评价,是旅游者心理现象的反映。由于对心理现象的评价通常无法用定量方法,只能采用定性方法进行,因此,对旅游者的旅游消费质量分析一般都是采用旅游者问卷调查法。

表 6-3　2001 年海外旅游者对云南旅游消费的评价　　单位:%

评价项目	很好	好	一般	尚可	较差	合计
	5 分	4 分	3 分	2 分	1 分	100.0
宾馆饭店	36.6	35.4	20.5	4.3	3.2	100.0
餐饮	19.5	35.2	33.0	7.9	4.4	100.0
交通	14.5	31.7	33.6	12.5	7.7	100.0
娱乐游览	8.0	25.1	38.9	17.3	10.7	100.0
购物	11.6	32.2	39.6	8.4	8.2	100.0
导游服务	18.9	31.4	30.2	11.2	8.3	100.0
邮电通信	15.9	30.9	32.7	10.7	9.8	100.0

资料来源:云南省旅游局《2001 年云南省接待海外旅游者抽样调查结果通报》。

旅游者问卷调查法,是指通过使用设计好的调查问卷,对到某一旅游目的地的旅游者进行抽样调查,然后进行统计汇总和分析,从而测定旅游者在该旅游目的地的旅游消费满足程度。如表 6-3 是 2001 年通过对海外旅游者问卷抽样调查,所得到的海外旅游者对云南旅游消费的评价。从海外旅游者的旅游消费评价,可以看出海外旅游者对在云南的旅游消费质量总体上满意度是很高的,但是对娱乐、邮电通信、购物和导游服务等方面的消费仍然存在着近 10%的不满意,必须尽快改善和提高这些方面的质量和服务水平。

三、提高旅游消费水平的途径

通常，影响旅游消费水平的因素很多，社会生产力发展水平，人们可支配收入的增加，消费方式变化和生活质量改善，旅游消费意识和行为变化，旅游消费结构状况，旅游产品内容的丰富性，旅游服务质量的优劣，旅游环境条件的好坏，政治稳定性和社会治安状况等，都会对旅游消费水平产生直接和间接的影响。因此，必须重视对各种影响因素的分析，采取合理有效的措施提高旅游消费水平。对旅游目的地来说，提高旅游消费水平的主要途径有以下几方面：

（一）加强旅游产品开发，吸引更多的旅游者

提高旅游消费水平，首要任务是增加大量的旅游者，而增加旅游者的关键是必须开发具有吸引力的旅游产品。从对旅游者的大量调查表明：观光旅游者喜欢旖旎的自然风光和多彩的民族风情，文化旅游者喜欢悠久的历史文化和独特的文物古迹，度假旅游者注重优美的生态环境和丰富的娱乐活动。因此，加强旅游产品的开发，吸引大量的旅游者并满足各类旅游者的需求，是不断增加旅游者数量和扩大客源市场的关键。

进行旅游产品开发必须突出旅游产品的特色，加快精品名牌旅游产品的培育，完善和配套旅游基础设施和接待设施，提高旅游服务质量和水平，才能真正提高旅游目的地的在国内外旅游市场上的知名度和影响力，提高在国内外旅游市场上的开拓能力和竞争能力，招徕更多的国际国内旅游者。同时，通过提供丰富多样的旅游产品，还能够延长旅游者的停留时间，增加旅游消费支出，从而增加旅游目的地的旅游消费总水平。

（二）开拓高素质客源，提高旅游者人均消费水平

在旅游者数量达到一定规模的情况下，决定旅游消费水平的关键就是旅游者人均消费水平。为了在既定的旅游者数量规模下，不断提高旅游者人均消费水平，就必须努力招徕更多的高素质旅游者。所谓高素质旅游者，就是指具有高需求、高消费、高素养的旅游者。

高需求，是指人们对旅游产品的内容和服务质量的要求越来越高，不仅要求旅游活动的内容更加丰富多彩、类型多样，而且要求旅游服务质量更加优质化和个性化，能够充分满足每个旅游者的需求。随着人们收入水平和生活质量的日益提高，随着带薪假日的增多，高需求客源市场不断扩大已成为现代旅游市场的发展趋势。

高消费，是指旅游者的人均消费水平高，尤其是高需求的旅游者通常都具有高消费的经济能力和条件。为了满足旅游者高消费的要求，必须进一步开发丰富多样的旅游产品，不断提高旅游设施质量和服务水平，丰富旅游活动的内容和形式，提供更为方便快捷的旅游通达条件，使旅游者能够在有限的旅游时间内产生更多的旅游消费支出。

高素养，是指旅游者的文化素养和综合素质较高，尤其是随着人们对“回归自然”的追求和对生态环境、文化遗产保护意识的增强，高素养的旅游者具有更强的环保意识和文明的旅游行为。因此，增加高素质旅游者数量，不仅有利于加强对旅游目的地生态环境和历史文化遗产的保护，减少大量旅游者进入所带来的负面效应，而且有利于节约整个社会经济和环境保护成本，不断提高旅游业的经济社会效益。

（三）提高旅游服务质量，增强旅游者的满意度

旅游产品是一种以服务为主的综合性产品，因此提高旅游服务质量是增强旅游者消费满意度的重要因素。由于旅游产品的构成一般包括了食、住、行、游、购、娱等多种要素，因而要求旅游目的地必须不断改善整个旅游业的服务质量，才能不断提高旅游者在旅游目的地的旅游消费水平。

提高旅游服务质量和水平，一是要提高旅游交通服务的质量和水平，为旅游者提供方便、快捷、安全的旅游通达条件；二是要提高旅游住宿和餐饮服务的质量和水平，满足旅游者的个性化需求，使旅游者在旅游目的地住得温馨、吃得舒心；三是要不断丰富旅游产品的内容，满足各种不同层次旅游者的多样性旅游需求，使每个旅游者在旅游活动中能够充分享受旅游的愉悦和激情；四是要积极开发各种旅游商品，加强旅游商品的市场营销和销售服务，激发旅游者更多的购物消费，这不仅是满足旅游者的旅游消费的要求，而且是提高旅游消费水平的重要内容；五是要提高旅游相关方面的服务质量和水平，为旅游者营造良好的旅游环境，增强旅游者对旅游目的地的满意度，塑造旅游目的地良好的旅游形象。

（四）应用现代科技，提高旅游市场的竞争力

21世纪是知识经济和信息化的世纪，是各种新知识、新技术、新设备广泛应用的世纪，旅游业作为21世纪的新兴产业，其核心就在于大量应用现代科学技术成果。因此，要大力开拓旅游客源市场，增加旅游者数量，提高旅游者人均消费支出，就必须加大旅游目的地应用现代科学技术的能力，努力提高旅游目的地在国内外旅游市场的竞争力，提升开拓客源市场的能力和水平。

应用现代科学技术，首先要提高旅游景区景点开发、旅游商品开发、旅游交通运输、旅行社和旅游饭店服务、旅游信息化及旅游教育等对现代科技的应用能力和水平，努力充实旅游业的科技内涵，把充分应用现代科技作为现代旅游业在新世纪发展的新动力和新增长点。其次，要加强对以国际互联网为主的旅游信息化建设，积极推进旅游网络促销、旅游电子商务、旅游远程教育的步伐，充分利用旅游信息网来加大对旅游市场开拓的力度，提高招徕旅游者的能力和水平。再次，要加强对旅游人才应用现代科技能力的培养，通过培养一批能熟练应用现代科技、通晓国际事务、精通国际经营、外语水平高、综合素质好的旅游人才，进一步提高旅游目的地的旅游服务和经营管理水平，不断提高旅游目的地在旅游市场的竞争力。

第四节　旅游消费效果

一、旅游消费效果的概念

旅游消费效果，是指在旅游活动过程中，旅游者消费旅游产品或旅游经营者消费生产资料而满足需求的程度和水平。因此，对旅游消费效果概念必须从旅游需求和旅游供给两方面进行分析和掌握。从旅游需求方面看，旅游消费效果是一种心理现象，是旅游者在旅游活动过程中，通过消耗一定的时间、金钱和体力等所得到的旅游愉悦、心理感受和主观评价，即旅游者的“投入”与“产出”的关系。从旅游供给方面看，旅游消费效果是通过向旅游者提供旅游产品，消耗一定的物质产品和劳动力而获得相应的旅游收入、旅游声誉及影响力等，即旅游经营者的“投入”与“产出”的关系。旅游消费效果的内容是十分丰富的，为了进一步掌握旅游效果的概念，还可以从不同角度、不同方面进行比较分析。

(一)宏观旅游消费效果和微观旅游消费效果

根据旅游消费效果的内容范围，通常可以划分为宏观旅游消费效果和微观旅游消费效果。宏观旅游消费效果，是把旅游消费作为一个整体，从社会角度研究旅游产品的价值和使用价值，分析旅游消费的状况，旅游者的满足程度，旅游消费对社会生产力及再生产的积极影响，以及对社会经济发展所起的促进作用等。微观旅游消费效果，则是对旅游者个体消费的分析，即分析旅游者通过对旅游产品的消费，在物质上和精神上得到满足的程度和水平，如旅游消费是否达到旅游者的预期目标，是否实现旅游者需求的最大满足等。

(二)直接旅游消费效果和间接旅游消费效果

按旅游消费效果的“投入产出”关系，可划分为直接旅游消费效果和间接旅游消费效果。直接旅游消费效果，是指一定的旅游消费“投入”直接取得的旅游消费“产出”的效果，如旅游者花钱乘车实现了空间的位移，花费一定的时间和金钱而获得观光游览的满足；旅游经营者通过提供住宿、餐饮等服务而获得相应的经济收入等。间接旅游消费效果，则是指不是直接反映旅游消费的“投入产出”关系的效果，如旅游消费增进人们的知识、陶冶人们的情操、提高人们的素质，以及带动和促进旅游目的地国家或地区经济发展、社会进步及对外开放等。

(三)当前旅游消费效果和长远旅游消费效果

按旅游消费效果的效应，可划分为当前旅游消费效果和长远旅游消费效果。当前旅游消费效果，是指随着旅游活动的进行和旅游消费的实现，给旅游者生理、心理和精神上所带来的现实满足，给旅游经营者和旅游目的地国家或地区所带来的现实经济利益等。长远旅游消费效果，指旅游消费的“产出”是一种长期的潜在效果，如通过旅游活动而提高人们的素质，提高旅游目的地吸引力和声誉等，通常并不会马上反映出来，而要在以后较长一段时间内才能体现出来。

二、旅游消费效果的衡量

对旅游消费效果的衡量，既有对旅游需求方面的衡量，又有对旅游供给方面的衡量，最重要的是对旅游者的旅游消费效果的衡量。对旅游者的旅游消费效果衡量，首先要分析旅游者的旅游消费效用（即旅游者的主观评价）和旅游者的旅游消费预算支出（即旅游者的旅游消费能力），然后在此基础上分析旅游者的旅游消费效果。

（一）旅游者的旅游消费效用

旅游消费效用，是指旅游者在消费旅游产品中所得到的需求满足程度，是对旅游消费的心理感受和主观评价。根据经济学序数效用分析理论，假定旅游者在旅游活动中仅消费两种旅游产品，按两种旅游产品的不同构成数量会有各种不同的组合，这些不同旅游产品数量组合的点轨迹就形成旅游者消费的无差异曲线。在无差异曲线上的任意一点都表示一种旅游产品的组合，并提供同等的旅游消费效用。如在图 6-1 中，旅游产品 Q_{X1}和旅游产品 Q_{Y1}构成旅游消费组合 A，旅游产品 Q_{X2}和旅游产品 Q_{Y2}构成旅游消费组合 B。旅游者既可以从旅游消费组合 A，也可以从旅游消费组合 B 中获得同等的旅游消费满足。

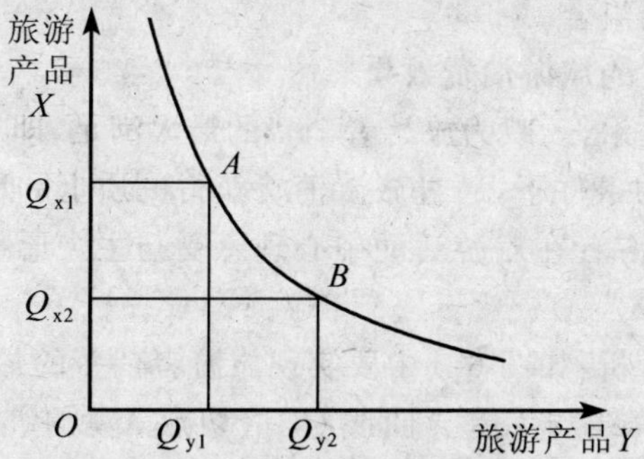

图 6-1 旅游消费的无差异曲线

（二）旅游者的旅游消费预算

一般讲，当人们的基本生理需要得到满足之后，就会将多余的收入用于提高文化生活水平的消费上，以满足人们享受与发展的需要。旅游消费作为一种高层次消费，将随着人们收入水平的提高而不断增加。但由于人们的收入是有限的，因此旅游者的旅游消费只能在有限的旅游消费支出范围内进行。通常，一个有理性的旅游者在进行旅游消费时总要选择一下，在既定旅游消费支出限制和旅游产品既定价格下，采用何种消费方式才能使他们得到最大的旅游消费满足。假定旅游者只消费 X 和 Y 两种旅游产品，在旅游消费支出和旅游价格制约下，旅游者的旅游消费预算可用以下公式表示：

$$I=P_XQ_X+P_YQ_Y$$

其中：

I—— 旅游者用于旅游消费的预算支出

P_X,P_Y——分别为旅游产品 X 和 Y 的价格

Q_X,Q_Y—— 分别为旅游产品 X 和 Y 的购买量

根据公式，假定全部预算收入只分别用于购买旅游产品 X 或 Y，则在图 6-2 中可以得到购买旅游产品 X 和 Y 时，旅游消费预算线是联结 Q_X 和 Q_Y 两点的一条直线，表明在一定的收入和价格条件下，旅游者用全部旅游预算支出能够购买旅游产品组合的轨迹，如购买 Q_{X1} 与 Q_{Y1} 的组合和 Q_{X2} 与 Q_{Y2} 的组合，均可以在既定的预算支出条件下获得最佳的旅游产品购买组合。

（三）旅游者的旅游消费效果

旅游消费效果，反映为旅游者消费的最大满足，即旅游者在支出一定时间和费用的条件下，通过旅游消费获得物质上和精神上的最大满足和感受，是旅游者在旅游活动中心理感受与主观愿望的最大相符程度。

根据上述分析，如图 6-3 中要实现旅游者消费的最大满足，就要选择旅游消费预算线与无差异曲线 U_1 的切点 M 所代表的旅游产品组合，即旅游者购买 X 旅游产品 Q_{X1} 个，购买 Y 旅游产品 Q_{Y1} 个，因为在 M 点上的旅游产品组合，既全部用完旅游者的旅游消费预算支出，又

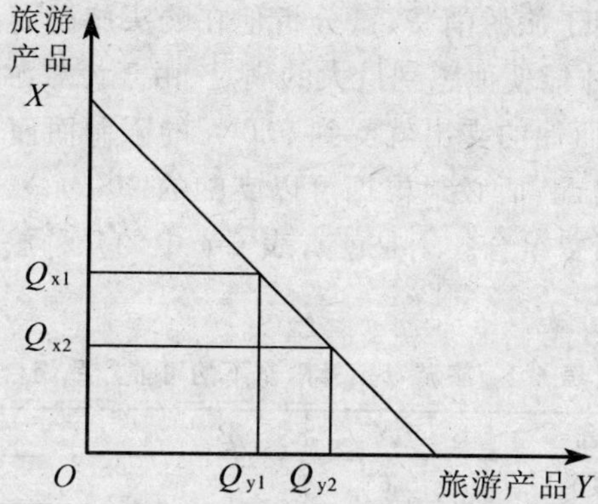

图 6-2 旅游消费的预算线

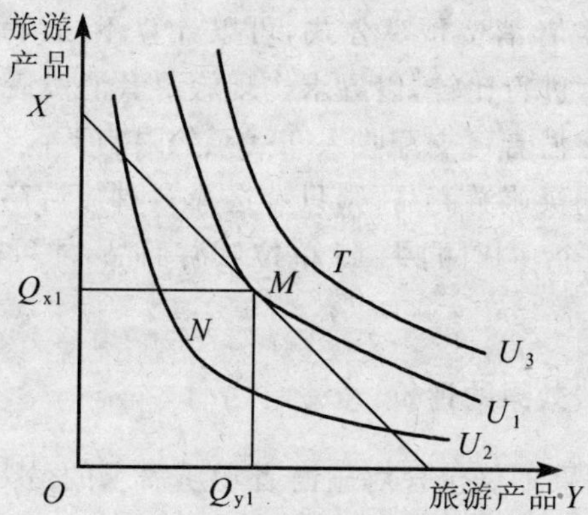

图 6-3 旅游者消费效果的最大满足

能实现旅游者消费的最大心理满足和主观评价。而在无差异曲线 U_2 的 N 点上，虽然实现了旅游者较小的旅游消费效用，但没有用完旅游消费预算支出，因而未达到旅游者消费的最大满足；而在无差异曲线 U_3 的 T 点上，虽然可以最大地满足旅游者的旅游消费效用，但由于其超过了旅游者的旅游消费预算线，因此不可能实现旅游者消费的最大满足。

例 6-1 某旅游者想进行一次舒适的旅游，在旅游活动中，每单位的旅游商品价格为 20 元，而游览景点每日平均花费 150 元。现该旅游者有 900 元可用于旅游消费，试分析他在购买旅游商品和游览景点之间，应如何消费才能使他感到最大的满足。由于该旅游者的可支配收入仅有 900 元，因而他的支出就受到 900 元的限制而使他不能随意选择任何一种消费搭配，而必须根据可以支配的 900 元来选择使他获得最大满足的旅游消费组合。于是就有表 6-4 中的几种旅游消费的组合情况。

表 6-4 旅游者预算限制下的可能产品组合

旅游产品消费组合	A	B	C	D
游览旅游景点数(个)	6	4	2	0
购买旅游商品数(单位)	0	15	30	45

解：根据旅游者消费预算公式，可以计算不同消费组合的消费情况，再与消费预算进行比较，以寻求实现旅游者消费最大满足的旅游产品组合。因此在旅游者可支配收入 900 元的限制下，若旅游者既要游览旅游景点，又要购买旅游商品，则只有选择 B 种旅游产品消费组合。即游览旅游景点 4 个，同时购买 15 单位旅游商品，才可能实现旅游者消费的最大满足。

三、旅游消费效果的评价

旅游消费效果不仅包含对旅游者物质需求的最大满足，而且更重要的是对旅游者精神需求的最大满足。由于旅游消费的特点，决定了精神需求的满足也必须凭藉物质产品，通过人与人的相互交往来实现。因此，在旅游消费中，除了物质产品消费外，对旅游者的旅游服务，对旅游者的尊重和友谊，都对旅游消费效果起着决定性的作用。因此，对旅游消费效果的评价，必须符合以下基本的要求：

（一）旅游产品价值和使用价值的一致性

在市场经济条件下，旅游产品作为消费资料进入消费领域，并以商品形式满足人们的消费需要，要求在使用价值上必须使旅游者能够得到物质与精神上的享受，在价值上要符合社会必要劳动时间的客观要求。对于国际旅游者来说，旅游产品的价值还要符合国际社会必要劳动时间的要求，在旅游产品的价格上要能正确反映旅游产品的国际价值。因此，同等价格的旅游产品，必须使旅游者获得与其支付的货币相适应的物质产品和精神产品的价值，才能实现旅游者消费的最大满足，实现旅游者预期的旅游消费效果。

（二）微观与宏观旅游消费效果的一致性

微观旅游消费效果，是指旅游者个人对旅游消费的主观评价，由于旅游者的个性特征（年龄、性别、风俗、习惯、文化程度、性格爱好和宗教信仰等）不同，所反映的主观评价也会有一定的差别。宏观旅游消费效果是指旅游消费对整个社会经济的促进和影响，反映了人们对旅游消费的整体评价。通常，宏观旅游消费效果是以微观旅游消费效果为基础的，而微观旅游消费效果则以宏观旅游消费效果为指导，两者之间既相互联系，又相互矛盾，但最终是以微观旅游消费效果为主要依据。因此，只有满足了不同旅游者的消费要求，提高了旅游者的个人消费效果，才能进一步提高宏观旅游消费效果；同时在满足微观旅游消费效果的基础上，也要保证整个宏观旅游消费效果的实现和提高。

（三）旅游消费效果与社会经济效果的一致性

旅游消费的对象通常就是生产成果，而生产成果又直接影响旅游消费效果，因而考察旅游者的旅游消费效果必须同时考察旅游目的地的经济效果。如有些地区开发的旅游产品，可能满足了旅游者的旅游消费效果，但对旅游目的地的经济效果却很差，这也不符合宏观旅游消费效果的评价要求，因此片面强调旅游者的旅游消费效果，忽略旅游目的地的经济效果也是不科学的。此外，由于旅游消费活动不仅是满足人们物质和精神需要的经济行为，同时也是一种社会行为，要求评价旅游消费效果时还要注意对旅游消费的社会效果进行评价，如旅游活动中某些旅游项目虽然对旅游者消费效果或旅游目的地经济效果是好的，但由于其消费不利于人们的身心健康，不利于旅游目的地社会的进步，甚至会造成有害的社会影响，这样的旅游消费也应坚决摒弃。

（四）短期与长期旅游消费效果的一致性

旅游消费既有短期消费效果，又有长期消费效果，因而在评价旅游消费效果时，必须坚持短期与长期旅游消费效果的一致性。一方面，要重视对短期旅游消费效果的评价，掌握当前旅游者的旅游消费现状、特点及变化趋势，以便旅游经营者采取有效的措施，更好地满足旅游者的消费需求，同时实现旅游经营者的短期经营目标。另一方面，又要注意对长期旅游消费效果的评价，即分析旅游消费是否符合社会发展的趋势和要求；评价旅游消费是否有利于旅游者的身心健康，是否有利于旅游目的地国家或地区旅游业的发展，是否有利于旅游经营者持续的长期利益；还要评价旅游消费是否有利于促进环境保护，实现旅游业的可持续发展。

复习与思考

一、重点概念

旅游消费　个人旅游消费　家庭旅游消费　基本旅游消费　非基本旅游消费　旅游消费力　旅游消费方式　旅游消费意识　旅游消费水平　微观旅游消费效果　旅游消费结构　旅游消费效果　宏观旅游消费效果　旅游消费效用　旅游消费预算

二、简答题

1. 怎样理解旅游消费的概念？
2. 旅游消费有哪些类型？
3. 旅游消费具有哪些特点？
4. 旅游消费方式有哪些内容？
5. 影响旅游消费的因素有哪些？
6. 如何测定旅游消费水平？
7. 提高旅游消费水平有哪些途径？
8. 如何衡量旅游消费效果？

三、论述题

1. 阐述旅游消费合理化的内容及要求。

2. 阐述旅游消费方式的影响因素。

3. 试述如何进行旅游消费效果的评价。

案例分析

海外游客旅游消费支出分析①

随着“九五”以来云南接待海外旅游者人数的持续增长，云南旅游外汇收入也呈现出稳步增长，从1995年的1.65亿美元上升到2001年的3.67亿美元，6年中增加了2.02亿美元，年均增长14.3%，高于全国旅游外汇增长12.6%的平均水平。预计2002年旅游外汇收入将达到4.1亿美元，比上年增长率11.7%。今后几年，为进一步优化结构、提质增效，促进云南旅游外汇收入和旅游经济效益的进一步提高，必须对赴滇海外游客的旅游消费支出做深入的分析。

1. 赴滇海外旅游者人均花费持续提高。赴滇海外旅游者人均天花费从1997年的154.22美元持续上升到2001年的171.20美元，6年中人均天花费增加了16.98美元。从横向比较看，1997年高于全国平均水平19.11美元，而2001年则高于全国平均水平32.44美元，人均天花费水平从1997年在全国排位第14位上升到2001年的第10位。

2. 赴滇海外旅游者人均天花费的构成不合理。由于云南地处中国西南边陲，交通运输距离较长，直飞国外的航线还不多，导致赴滇海外旅游者的花费构成中，交通费用支出比重过大，而购物、餐饮、住宿比重过小。2001年，在赴滇海外旅游者人均天花费构成中，用于长途交通费的比重高达43.5%，高出全国28.2%的平均水平15.3个百分点；而用于购物花费的比重仅占15.1%，低于全国平均水平22.5%7.4个百分点；餐饮花费比重占5.0%，低于全国平均水平3.3个百分点；住宿花费比重占12.9%，低于全国平均水平1.7个百分点。

---

① 罗明义：《云南海外客源市场的发展及开拓》，《思想战线》2003年第2期。

3.赴滇海外旅游者消费层次低从而使总体消费水平不高。近年来赴滇海外旅游者消费旅游产品的结构主要以花费较低的观光游览为主，而消费水平较高的休闲度假、商务旅游、会议旅游、文体与科技交流的比重较低。2001 年，赴滇观光游览的海外旅游者比重占 55.6%，而休闲度假的比重占 21.1%，商务、会议旅游的比重仅为 14.4%，远远低于全国平均水平。

4.赴滇海外旅游者购物以土特产品为主。根据近几年抽样调查，80%以上的海外旅游者喜欢购买云南的土特产品，如茶叶、工艺品、纪念品、民族服装、扎染土布、中成药和保健品等，大约有 18%～20%左右的海外旅游者喜欢在云南购买香烟、珠宝首饰、文物复制品、字画和瓷器等。

第七章　旅游投资

学习目的

●熟悉旅游投资决策的基本概念
●掌握投资项目可行性研究的内容
●了解旅游投资项目评价的方法

基本内容

旅游投资与决策
●基本概念:旅游投资决策
●旅游投资的重要性
●旅游投资的内容
●旅游投资决策目标和程序
●旅游投资决策中的基本概念
旅游投资项目可行性研究
●基本概念：可行性研究
●可行性研究的必要性
●可行性研究的原则
●可行性研究的内容
●可行性研究的种类
旅游投资项目评价
●旅游投资项目的宏观评价
●旅游投资项目的风险评价

●旅游投资项目的评价方法

案例分析

●深圳华侨城股份有限公司的投资策略

第一节　旅游投资与决策

一、旅游投资的重要性

旅游投资，是指旅游目的地政府或企业在一定时期内，根据旅游市场需求及发展趋势，把一定数量的资金投入某一旅游项目的开发建设，获取比投入资金数量更多的产出，以促进旅游业发展的经济活动。它既是旅游经济活动正常运行和发展必不可少的资金投放活动，以满足旅游经济活动具有足够的固定资产和流动资金的投入，实现旅游业的扩大再生产和促进旅游经济持续地发展；又是通过增量投入来优化旅游经济存量结构，提供更多的旅游产品和服务，以满足人们日益增长的旅游需求的重要经济活动。旅游投资不仅对旅游经济的发展具有十分重要的作用，而且对于旅游目的地社会经济发展也具有十分重要的意义。

（一）旅游投资是促进旅游业发展的重要动力

任何国家或地区发展旅游业，都离不开包括资金、劳动力、土地及企业家才能等在内的生产要素的投入，由于旅游业的产业特征和旅游资源性质，决定了旅游业投入的劳动力、土地及企业家才能等最终都要以货币来体现，从而集中表现为旅游资金的投入。因此，旅游投资就成为旅游业发展的重要前提和动力，不论是旅游资源和旅游产品的开发，还是旅游接待设施的建设等都离不开旅游投资。尤其是在旅游业发展的初期，旅游投资的多少直接决定着旅游业发展的速度和规模，决定着旅游业发展的档次和水平。世界各国旅游业发展的实践表明，旅游业的投入产出一般分为三个阶段：初期是高投入而低产出，中期是高投入而高产出，后期是低投入而高产出。可见，没有初期和中期旅游投资的高投入就不会有旅游业中后期的高产出，旅游投资是保证旅游业持续发展的重要条件和动力。

（二）旅游投资是现代旅游经济的重要组成内容

在现代经济中，社会再生产的物质技术基础一般是用固定资产的多少来衡量的，固定资产越多则再生产的物质技术基础越好，旅游经济发展的基础条件就好，旅游业的扩大再生产就能更有效地进行。尤其是旅游业在国民经济中具有较强的产业关联度，在其自身发展过程中还会大幅度地拉动相关产业的发展。因此，旅游投资是一个国家或地区旅游经济发展的重要内容。旅游投资不仅扩大旅游业的再生产，促进旅游经济结构的优化，实现旅游业持续快速发展，而且还通过其产业带动作用，带动相关产业乃至整个国民经济的发展。正是由于旅游投资在旅游经济发展中的重要地位及作用，各国或各地区在旅游经济发展中都十分重视旅游投资，不仅在政府预算中增加对旅游公共设施的投资，而且积极创造良好的投资环境，吸引更多的社会资金投入旅游产品的开发和旅游设施的建设，以有效地促进旅游经济的发展。

（三）旅游投资是广泛吸纳社会劳动就业的基础

旅游业是以服务为主的服务性产业，也是劳动密集性产业，能够吸纳大量的社会劳动力就业。但是，旅游业吸纳劳动力是离不开一定的生产资料的，因为劳动力和生产资料（包括劳动资料和劳动对象）是构成社会生产力的基本要素，其有机结合才能形成现实的生产力。正如马克思指出的："不论生产的社会形式如何，劳动者和生产资料始终是生产的因素。但是，二者在彼此分离的情况下只在可能性上是生产要素。凡要进行生产，就必须使它们结合起来。"[①]通过旅游投资转化为各种劳动工具、旅游设施等劳动资料，并且购买各种原材料、低值易耗品等，才能与旅游劳动者结合起来，形成各种旅游产品并提供旅游服务。因此，旅游投资是吸纳劳动力就业的基础，是构成旅游生产力的重要前提条件。

（四）旅游投资是改善人们物质文化生活的重要方式

不断提高人民群众的物质文化生活质量和水平，是社会主义经济发展的根本目的。旅游投资的内容大量是非生产性投资，其形成的旅游

---

① 马克思：《资本论》第2卷，人民出版社1972年，第44页。

产品和大量固定资产，如旅游景区景点、宾馆饭店、餐厅酒吧、娱乐康体设施等，绝大多数是直接为满足人们的物质文化生活需要服务的，因此旅游投资是不断改善人们物质文化生活的重要方式。随着社会经济的发展和人们收入水平的不断提高，人们对旅游休闲活动的需求也不断增加，通过持续不断的旅游投资，不仅促进了旅游经济的发展，更好地满足人们日益增长的旅游休闲的需求；而且也能够提高人们的可支配收入与生活水平，丰富人们的物质文化生活内容，更好地实现社会主义经济发展的目的。

二、旅游投资的内容

旅游产品供给包括食、住、行、游、购、娱等多方面内容，因此旅游投资必须综合考虑上述各方面的配套建设，才能促进旅游业的协调发展。虽然旅游投资的根本目的是促进旅游经济的发展，但由于政府和企业的经济运行目标不一样，因此政府和企业在旅游投资的目的和内容上也是有差别的。

（一）政府旅游投资的目的和内容

对于旅游目的地的政府来讲，旅游投资的主要目的是促进旅游经济的发展，获取包括经济效益、社会效益、环境效益在内的宏观经济效益，促进整个社会经济的持续发展。其中，经济效益目标是促使旅游产业成为既有竞争力又有效益的经济产业，社会效益目标是为当地居民和旅游者创造最佳的社会环境，环境效益目标是确保当地生态环境和旅游景观的良好质量，以有利于旅游经济的可持续发展。具体讲，政府对旅游投资的目的和内容一般有以下几方面：

1. 旅游宣传促销的投资。主要包括对旅游目的地整体旅游形象的塑造、宣传和促销等方面的投资，目的是为了吸引大量的国内外旅游者，不断扩大游客数量和规模，获取更多的包括外汇收入在内的旅游收入和财政收入，并且为当地提供更多的劳动就业岗位，吸纳更多的社会劳动就业，保证当地社会安定和促进旅游经济持续发展。

2. 旅游基础设施的投资。通常，政府的旅游投资大多数是用于旅游基础设施建设，包括交通道路建设、生态环境保护和建设、旅游资源保护和开发、旅游人才教育和培训、城市公共设施建设等，目的是为旅游企业创造良好的旅游经营环境，消除旅游经济发展的障碍，开发更多的旅游产品，增加旅游者的消费支出，更好地保护和改善生态环境，并带动和促进地区经济的发展。

3. 公共服务机构的投资。是为保障国内外旅游者的合法权益而进行的各种公共服务机构建设的投资，如各种博物馆和美术馆、国家或地方公园、旅游者接待服务中心、旅游信息咨询中心、海关或移民局服务机构、旅游市场监管机构、公共卫生和治安管理等方面的投资，目的是为了更好地提供必须的公共服务设施和条件，确保旅游者游览观光和休闲度假有舒适安全的良好环境。

4. 其他方面的投资。如为更好地继承和发挥社会文化方面的作用而对优秀传统文化保护和发掘的投资，为规范旅游市场而进行的有关法律法规制定和市场监管的投资，为不断改善旅游从业人员的工作环境和条件而进行的投资，为培育精品和名牌旅游产品而进行的投资，为加强旅游经济宏观调控而进行的投资等。

(二)企业旅游投资的目的和内容

对于旅游目的地的旅游企业来讲，由于旅游企业是直接从事旅游产品生产和供应的基本单位，因而旅游投资目的是根据旅游市场供求状况和旅游消费特点，选择旅游投资项目并投入一定的资金，通过要素市场而购买各种生产要素，按一定的方式投入旅游生产过程，并组合为各种旅游产品销售给旅游者，以获取应有的经济效益。根据旅游业发展对旅游开发和旅游项目建设的要求，旅游企业的旅游投资项目主要有景区景点、旅游饭店、旅游餐饮、旅游娱乐、旅游运输等方面。

1. 旅游景区景点项目建设。一般是指依托旅游目的地的旅游资源所进行的旅游景区景点的开发和建设，包括景区内的各种旅游吸引物、旅游住宿、旅游餐饮、游览道路、旅游商店、娱乐设施及旅游厕所、标志标牌等方面的建设项目和内容等。

2. 旅游饭店餐饮项目建设。通常是指以接待国内外旅游者住宿、餐饮为主的各种旅游宾馆、饭店、度假村及各类中高档餐厅、风味饮食店、酒吧茶馆的建设项目和内容等。

3. 旅游娱乐项目建设。主要是指为国内外旅游者提供各种旅游娱乐活动及特种游乐活动的各种旅游设施、设备等开发与建设项目，包括各种主题公园、高尔夫球场、体育竞技场、歌舞厅、健身房、桑拿浴等建设项目和内容等。

4. 旅游商品开发和建设。是指为国内外旅游者提供各种旅游工艺品、旅游纪念品及各种土特产品的生产、加工和销售的建设项目和内容等。

5. 旅游运输项目开发和建设。主要指为国内外旅游者实现空间转移提供服务的各种航空客运、陆水交通运输、架空索道、景区旅游道路、游船码头等建设项目和内容等。

三、旅游投资决策的目标和程序

决策是指从多个可达到同一目的并能相互替代的行动方案中选择最优方案的过程。决策贯穿于人类社会经济活动的各个方面，大至国家大政方针的决策，小至个人生活、工作的决策，尤其是经济部门和企业，在经济活动中更是面临大量的决策问题。旅游业也不例外，没有旅游投资决策，就没有旅游项目的建设和旅游业的可持续发展。因此，旅游投资决策是为达到一定的旅游投资目的，按照一定的决策程序对有关旅游投资项目的多个方案进行比较，从中选择和确定一个最佳方案的过程。

（一）旅游投资决策的目标

旅游投资决策目标对旅游投资决策是十分重要的，不仅是对旅游投资决策方案进行评估审查的前提，也是为最终确定旅游投资决策方案提供重要依据。因此，必须了解和明确各种旅游投资决策目标的特点，才能为科学的旅游投资决策提供指导和依据。通常，可以把旅游投资决策目标分为三种类型。

1. 以获取经济和财务收益为主的旅游投资决策目标。如对旅游饭店、旅游餐馆、旅游景区景点等旅游项目进行投资建设，主要的目的就是为了获取超过投资成本的利润，并且努力实现利润最大化。因此，这类投资大多数属于企业微观经营投资，对其评估和审查关键是看经济和财务效益是否可行，同时从可持续发展的角度也要审查其社会效益和环境效益的可行性。

2. 以获取社会、环境和经济等综合效益为主的旅游投资决策目标。如建造博物馆和艺术馆、建设国家或地区公园、改善和提高旅游通达条件、保护和整治生态环境、改善城市公共设施等，其主要目的是为了发展当地旅游经济，创造劳动就业机会，改善城乡生态环境，带动地方经济社会发展，使经济效益、社会效益、生态环境效益等得到综合性改善和提高。因此，这类投资大多数属于国家或地方宏观投资，对其必须综合地评估和审查经济、社会和环境效益是否可行。

3. 以获取特定的经济或非经济效果的旅游投资决策目标。如政府通过支持开设各种免税商场、旅游购物中心和特种娱乐设施和场所等，以赚取更多的旅游外汇收入；通过建设各类旅游院校或旅游培训中心，以培养和提供旅游经济发展所需的各类旅游人才；通过加强各种公共服务机构的建设，以提供更好的旅游环境和经营条件等，目的是促进当地社会经济发展。因此，这类投资既可以在政府支持下由企业投资建设，也可以主要由国家或地方政府投资建设，对其评估和审查必须根据不同的目的和要求进行。

（二）旅游投资决策程序

科学的决策必须遵循科学的决策程序，所谓旅游投资决策程序是指对旅游投资项目进行科学决策的主要工作环节，即符合旅游投资决策规律性的规范性程序。根据对旅游投资决策长期实践经验的总结，科学的旅游投资决策程序一般包括五个步骤。

1. 确定旅游投资的目标。任何旅游投资都有明确的目标，这是进行旅游投资决策的重要前提条件。确定旅游投资目标，首先必须对投资条件和环境进行调查和分析，包括旅游投资项目的资源要素条件、生产经营环境和旅游市场竞争状况和发展趋势，明确准备投资项目的优劣势、发展机遇和现实条件等；其次，对旅游投资项目进行初步的机会研究，明确旅游投资的预期目标和重点，并且根据旅游市场需求预测，制定旅游投资的定性目标和定量目标，确定旅游投资项目的评价和考核的预期指标体系。

2. 提出旅游投资项目建议书。按照对旅游投资条件和环境的调查和分析，在投资机会研究的基础上提出旅游投资项目建议书。项目建议书又称为预可行性研究，是向旅游目的地政府的有关部门进行投资建设立项的重要依据，其内容一般应包括拟投资项目的名称、地点、时间、主要内容、投资主体和资金投入量，以及对拟建项目的必要性和可行性的初步设想等。

3. 进行旅游投资项目可行性研究。旅游投资项目建议书经政府有关部门初步评估和批准后，即可由旅游投资项目主管单位委托具有旅游投资规划和可行性研究资质的规划和咨询机构，进行旅游投资项目的规划和设计，并在此基础上进行投资项目的可行性研究，编制旅游投资项目可行性研究报告。同时，对涉及旅游投资项目的有关政策和规定进行咨询，并获得相应的批准手续等。

4. 对旅游投资项目进行评审。由旅游投资项目审批决策部门组织或授权有关机构和专家，对项目主管单位提交的旅游投资项目规划设计和可行性研究进行评估论证和审查，确定旅游投资项目是否可行，并根据可行性研究提出的多种方案而确定旅游投资项目建设的最佳方案，然后提出旅游投资项目的评审意见和建议。

5. 旅游投资项目建设的审批。旅游投资项目审批决策部门根据评审意见，再对投资项目评估报告及必须的相关要件进行审核，明确投资项目可行且相关要件都已经齐备，即可批准旅游投资项目进行建设。

四、旅游投资决策中的基本概念

旅游投资决策对旅游行政管理部门和旅游企业来说是十分重要的，因为它关系到旅游业和旅游企业未来发展方向、发展速度和获利的可能性。所以为了保证投资决策的正确性，必须对有关旅游投资决策的数据进行收集，为投资方案的比较和选择提供定量的依据。通常，涉及旅游投资决策数据的一些基本概念及其计算方法主要有以下几种：

（一）资金时间价值

资金时间价值，是指在不考虑通货膨胀因素的情况下，资金所有者放弃现在使用资金的机会，而把资金存入银行，并按存入资金时间的长短而获得的利息报酬。由于资金具有时间价值，因此在进行旅游投资决策时，不论是银行借款还是企业自有资金的投入都必须考虑资金的时间价值，才能作出科学、正确的投资决策。通常，对资金时间价值计算的方法，主要有三种。

1. 单利计算法。这种方法是指只按本金计算利息，即以现值 P_v 为基数，加上未来各年的利息即得到包含资金时间价值的终值 S_n，由于每期得到的利息在下一期中不加入本金中计算利息，因此这种计算资金时间价值的方法称为单利计算法。其计算公式如下：

设：

S_n——终值，即本利和

P_v——现值，即本金

I——利息

i——利率

n——计息期数

则有单利计算公式 7-1：

$$S_n=P_v+I=P_v\times(1+i\cdot n)$$

$$I=P_v\cdot i\cdot n$$

例 7-1 某旅游企业计划新开发一旅游景区景点，根据可行性研究预计 3 年完成，需投入资金 800 万元，第一年年初投入资金 500 万元，第二年年初投入资金 200 万元，第三年年初投入资金 100 万元，已知银行利率为 10%，试按照单利计算法预算该投资项目的资金时间价值及总投资额。

解：已经知道利率为 10%，第一年投资额要计算 3 年的资金时间价值，第二年投资额要计算 2 年的资金时间价值，第三年投资额要计算 1 年的资金时间价值，按照单利计算公式计算如下：

资金时间价值 $I=500\times3\times10\%+200\times2\times10\%+100\times10\%$

$=200$(万元)

总投资额 $S_n=800+200=1\ 000$(万元)

或 $S_n=500\times(1+3\times10\%)+200\times(1+2\times10\%)+100\times(1+10\%)$

$=650+240+110=1\ 000$(万元)

2.复利计算法。这种方法是将上一期利息并入下一期本金中增算利息，逐期滚算、利上加利的计算方法。按复利计算法可以分为复利终值的计算和复利现值的计算。复利终值的计算，是本金以每年一定的利率来计算若干年后的本利和；复利现值的计算，与复利终值的计算正好相反，它是把若干年后预期的终值，按每年一定利率而折算成现在的本金应是多少。

(1)复利终值计算公式 7-2：

$$S_n=P_v\times(1+i)^n$$

例 7-2　对例 7-1 给定的数据，用复利计算法预算该投资项目的资金时间价值及总投资额。

解：由于复利计算法还要考虑利息的资金时间价值，因此按照复利终值计算公式计算如下：

总投资额　$S_n=500\times(1+10\%)^3+200\times(1+10\%)^2+100\times(1+10\%)=665.5+242+110=1\ 017.5$(万元)

资金时间价值　$I=1\ 017.5-800=217.5$(万元)

复利比单利多　$217.5-200=17.5$(万元)

从以上计算表明：由于复利计算法还考虑了利息的资金时间价值，因此用复利计算的总投资额要比用单利计算的总投资额高 17.5 万元。

(2)复利现值计算公式 7-3：

$$P_v=\frac{S_n}{(1+i)^n}$$

例 7-3　对例 7-1 给定的数据，如果整个项目的总投资额必须控制在 800 万元，在考虑资金时间价值的情况下，该旅游企业各年实际投入旅游景区景点开发的资金是多少？

解：在控制总投资规模情况下，由于每年投入的资金必须扣除资金的时间价值，因此实际投入旅游景区景点开发的资金计算如下：

总投资的现值　$P_v=\frac{500}{(1+10\%)^3}+\frac{200}{(1+10\%)^2}+\frac{100}{(1+10\%)}=375.66+165.29+90.91=631.86$(万元)

从以上计算表明，如果考虑资金的时间价值并按复利计算，为要控制总投资规模在 800 万元，那么实际投入旅游景区景点开发的资金是 631.86 万元，其中 168.14 万元（800－631.86）要用于支付资金的时间价值，而第一年到第三年实际投入旅游景区景点的建设资金则分别是 375.66 万元、165.29 万元和 90.91 万元。

3. 年金计算法。年金是指在一个特定的时期内，每隔一段相同的时间（一般是一年），收入或支出相等金额的款项。年金按收支的时间不同可分为普通年金、预付年金、递延年金、永续年金等。普通年金的终值，是一定时期内每期期末收付款项的复利终值之和，恰似零存整取的本利和；而普通年金现值与年金终值的计算正相反，它是每期等额款项收付的复利现值之和。

(1)普通年金终值的计算。

设：

S_a—— 年金终值

R——每期的年金

i—— 利率

n——年金的计息期数

则有年金终值计算公式 7-4：

$$S_a = R \times \frac{(1+i)^n - 1}{i}$$

例 7-4　某旅行社对外协调租用旅游汽车每年需要支付费用 130 万元，若自己成立旅游车队则初步测算每年平均费用为 110 万元，若考虑资金时间价值（银行利率为 10%），试测算自建车队 10 年的总费用是多少？

解：如果不考虑资金时间价值，则成立车队肯定比外协用车要便宜，10 年就可以节约费用 200 万元。但是，成立车队要占用资金，若计算资金时间价值，那么就需要进行分析计算，由于给定的数据是平均每年发生 110 万元的费用，故可用年金终值公式计算如下：

$$S_a = 110 \times \frac{(1+10\%)^{10} - 1}{10\%} = 1\ 753.12(万元)$$

通过计算表明，如果考虑资金时间价值，10 年的总费用为1 753.12万元，要比 10 年外协支付费用高 453.12 万元。

(2)普通年金现值的计算。

设：P_{va}——年金现值

则有年金现值计算公式 7-5：

$$P_{va}=R\times\frac{1-(1+i)^{-n}}{i}$$

（二）现金流量

现金流量，是指任何一项旅游投资项目在未来一定时期内的现金流出和现金流入的数量。为了正确评价各个旅游投资项目的经济效益大小，必须对旅游投资项目的现金流量进行科学的分析和预测，并计算出净现金流量，作为旅游投资项目评价的依据。

为了评估旅游投资项目，首先要估计旅游投资费用大小，即计算现金流出量。所谓现金流出量，是指确定一项旅游投资项目所发生的投资数量，它包括建筑物和附属设施费用、家具与设备费用、经营设备费用、技术服务费用、开业前费用、流动资金等。

任何一项旅游投资项目，都有可能在未来若干年内每年获得一定的收益。因此，现金流入量是指在旅游投资决策中，通过旅游投资所带来的收益。它包括旅游投资项目完成后所带来的营业收入、每年的固定资产折旧等。

净现金流量，就是旅游投资项目完成投产后，每年现金流入量超过现金流出量的净值。用净现金流量来评价和衡量旅游投资项目，可通过运用净现值法、内含报酬率法、回收期法等对旅游投资决策方案进行比较而确定最佳方案。

（三）机会成本

机会成本又称为择一成本，它是指当某旅游投资项目同时具有多个投资方案时，将资金投入到其中一个方案而放弃其他方案可能丧失的收益。例如，某旅游企业有一笔资金，它既可投资于餐厅的扩建，也可投入商场的扩建。如果不去投资商场的扩建而用于投资餐厅建设，那么投资于餐厅扩建的机会成本就是指放弃投资于商场扩建可能获得的收益。由于机会成本可以对不同方案进行比较，因此机会成本就为旅游投资决策提供了方案优选的重要依据。

(四)投资风险

投资风险是指一项旅游投资所取得的结果和原期望结果的差异性。对大多数投资活动来说,都存在一个风险问题,只是风险程度不同而已。如果一个投资方案只有一个确定的结果,就称这种投资为确定性投资。例如,某旅游企业投资购买政府国库券 100 万元,年利率 10%,每年可得利息收入 10 万元,这种比较可靠的投资就属于确定性投资,确定性投资一般没有什么风险。但旅游投资决策所涉及的问题都具有长期性,这些关系到未来旅游产品的需求、价格和成本等因素都具有不确定性,某些因素的变化往往会直接引起投资效果的变化,甚至某些在投资决策时认为可行的方案,投入实施以后也会由于某些因素的变化而变成不可行。由于任何一项旅游投资决策都会出现风险,因而在旅游投资决策中,就需要对投资风险做出正确的评判,并力求使这种风险减小到最低程度。

第二节 旅游投资项目可行性研究

一、旅游投资项目可行性研究的必要性

旅游投资决策的依据是投资项目的可行性研究。所谓可行性研究,是在旅游投资项目建设之前,由旅游开发商、旅游投资者、旅游经营者委托项目可行性研究单位或人员,对旅游投资项目是否可行所进行的一系列分析性研究。其内容包括旅游投资项目在技术上是否可行,开发上是否可能,经济上是否优化等。研究人员应本着客观、全面的态度,对各种相应资料进行搜集、处理和分析,判断该旅游项目能否取得预期的经济效益。因此,可行性研究就是对拟建设的旅游投资项目,在未来完成投产后能否带来经济上的利益而对旅游市场和发展前景所进行的研究,以确定旅游投资项目在技术上、开发上和经济上的可行性。

（一）**可行性研究是旅游投资项目建设必不可少的工作**

旅游投资项目建设包括三个主要的阶段，即投资前阶段，投资建设过程阶段和生产经营过程阶段。可行性研究属于旅游投资项目建设前阶段的主要工作内容。为了保证旅游投资项目的有效实施，达到投资的基本目标，并且在生产经营过程中实现投资利润的最大化，就必须对旅游市场，包括竞争者市场进行研究分析；对旅游投资项目的选址和区域特点进行分析；对旅游生产经营过程中的各种要素资源的来源渠道、价格等进行分析；对旅游投资项目的建设总成本进行估算；对生产经营成本与收益进行分析。以确定旅游投资项目在技术上是否可行，开发上是否可能，经济上是否合理，从而为投资开发者提供决策的依据。

（二）**可行性研究是评估旅游投资项目的重要依据**

可行性研究是旅游投资项目建设中一项重要的前期工作，是旅游投资项目建设得以顺利进行的基础和必要环节。可行性研究的主要目的就是判断拟建的旅游投资项目能否使产权投资者获得预期的投资收益，而要达到或完成这一目的，就必须用科学的研究方法，经过多方案的分析和评价，并提供可行性研究报告，作为向该项目上级主管部门或者投资者提供对该项目进行审查、评估和决策的重要依据。

（三）**可行性研究为筹集旅游项目资金提供参考依据**

旅游投资项目大多属于资金密集型项目，特别是建设初期往往需要注入大量的资金。因此，对于旅游项目开发单位而言，除自筹资金和国家少量预算内资金外，大部分需要向金融市场融资，其主要渠道就是向银行贷款。作为商业银行，为了保证或提高贷款质量，确保资金的按期收回，往往要实行贷前调查，并对旅游投资项目的可行性进行审查。因此，可行性研究报告可为银行或资金借贷机构贷款决策提供参考依据，也为通过其他方式筹集旅游项目资金提供依据。

二、旅游投资项目可行性研究的基本原则

旅游投资项目可行性研究，作为对拟建的旅游投资项目提出建议，并论证其技术上、开发上和经济上是否可行的重要基础工作，在对旅游投资项目进行可行性分析论证时，必须始终坚持下述基本原则：

（一）目的性原则

旅游投资项目不同于其他投资项目，因为各个旅游投资项目的背景情况千差万别，所以可行性研究并没有千篇一律的模式，必须根据旅游投资项目的具体要求进行研究。这就要求在实际工作中，可行性研究人员应根据旅游市场需求和旅游项目投资者的具体要求，合理地确定旅游投资规模、进行项目开发设计以及编制财务计划等。

（二）客观性原则

旅游投资项目的可行性研究是供旅游投资者、旅游开发商、旅游经营者和有关部门决策时的重要参考依据，因而可行性研究报告中依据必须充分，论证过程必须全面，并明确提出研究的结论和建议，为投资决策者提供充分依据，以便投资决策者进行正确合理的投资方案选择，提高旅游项目投资决策的水平。

（三）科学性原则

在旅游投资项目的可行性研究中，为了保证可行性研究的科学、可靠，应该把定量研究方法和定性分析方法相互结合，灵活正确地使用。通过科学的方法和精确可靠的定量计算，使所得数据和结果能有力地支持定性分析的结论，从而使旅游投资项目可行性研究更具科学性、准确性和可操作性。

（四）公正性原则

旅游投资项目的可行性研究是一项重要的工作，因而必须坚持实事求是和公正性。如果研究人员经过研究认为某一旅游投资项目无法达到预期的效益和目标，就应本着实事求是的态度，毫不迟疑地向投资者报告，而不应该牵强附会地做出一个并不可行的可行性报告，从而导致旅游投资项目实施后带来巨大损失。如果认为项目经过重新设计或调整后还可建设，也需要提出修改的建议和方案，并进行再次评价。

三、旅游投资项目可行性研究的内容

为了保证旅游投资项目可行性研究的准确性和可操作性，必须对旅游投资项目进行全面的分析和研究。通常，可行性研究的规范性内容主要包括七个方面。

（一）旅游市场需求调查和预测

旅游市场需求是一切旅游经济活动的起点，因此对旅游投资项目进行可行性研究时，首先就要进行旅游市场需求调查和预测，即调查旅游者的消费特点，预测国内外旅游市场对旅游产品的需求变化和趋势，以此为基础，估计旅游项目投入后市场发展的前景，从而确定旅游投资项目的建设规模、建设质量、建设规格及相应的服务方式和服务水平等。

（二）旅游投资项目的选址方案

对于旅游投资项目的可行性研究，还必须对本地区或邻近地区旅游市场特点和经济情况进行分析，以便对旅游投资项目建设的地理位置、地形、地质、水文条件及当地或邻近地区的社会经济状况进行分析，以确定合适的旅游投资项目选址方案，并对交通运输及供水、供电、供气、供热等市政公用设施条件进行设计提供依据，以确保旅游投资项目建设的可行性。

（三）旅游投资项目工程方案研究

旅游投资项目的工程方案研究，主要是研究旅游投资项目建设的工期安排、进展速度、建设内容、建设标准和要求、建设目标及主要设施布局、主要设备的选型及所能达到的技术经济指标等，以确定旅游投资项目所提供的旅游产品或服务的规格和要求。

（四）主要原材料、燃料、动力供应

这部分主要研究旅游投资项目建成后原材料、动力、燃料及低值易耗品的供应渠道、供应价格、使用情况和维修条件等，以保证项目建成后能够正常运转，确保旅游产品和服务的正常提供。

（五）劳动力的需求和供应

这部分主要研究旅游投资项目建设和完成后的劳动力使用、来源、培训补充计划以及人员组织结构等方案，包括高中级管理人员、中初级服务人员等，以确保旅游投资项目建成后人力资源的充分利用和正常补充。

（六）项目投资额及资金筹措

这部分主要研究为保证旅游投资项目顺利完成所必需的投资总

额、外汇数额、投资结构、固定资产和流动资金的需要量、资金来源结构、资金筹措方式及资金成本等，从资金上保证旅游投资项目建设的顺利进行。

（七）综合效益评价

这部分主要从经济效益、社会效益和环境效益三方面研究旅游投资项目建成后对周围环境和社区所带来的影响和作用，对其可能产生的不良影响要作出预测性分析，并采取相应措施，尽力减少和避免不利影响，确保旅游投资项目在获得较佳经济效益的同时也能带来较好的社会效益和环境效益。

四、旅游投资项目可行性研究的类型

从旅游投资项目的实际出发，按照现行基本建设的要求，旅游投资项目可行性研究又可分为投资机会研究、初步可行性研究和最终可行性研究三种类型。

（一）投资机会研究

投资机会研究，是指在某一个旅游地区或企业内，在利用现有旅游资源的基础上所进行的寻找最有利的投资机会的研究。其主要目的是对旅游投资项目提出建议，旅游投资项目建议书就是在投资机会研究的基础上形成的。投资机会研究比较粗略，主要是对旅游投资项目的效益可行性进行一些估计，并非进行详细的计算。但是，这种研究是必要的，因为每个项目都需要确定是否有必要进一步获取建设的详细资料。通常，投资机会研究对总投资估算的误差一般要求控制在30%以内。

（二）初步可行性研究

初步可行性研究是在投资机会研究的基础上，对拟议的旅游投资项目的可行性所进行的进一步研究。它主要针对那些比较复杂的旅游投资项目而进行的，因为这类旅游投资项目仅凭投资机会研究还不能决定其取舍，必须进一步进行可行性分析。初步可行性研究要解决的主要问题是：进一步论证投资机会是否有可能；进一步研究拟议的旅游投资项目建设可行性中某些关键性问题，如旅游市场分析，项目建设选址等；分析是否有必要开展最终可行性研究。对旅游投资项目初步可行性研究的准确性,即对投资估算的误差一般要求控制在20%以内。

(三) 最终可行性研究

最终可行性研究是在上级主管部门批准立项后,对旅游投资项目所进行的全面的技术经济论证,它需要进行多种投资方案的比较。旅游投资项目越大,其研究内容就越复杂。最终可行性研究是确定旅游投资项目是否可行的最终依据,也是向有关管理部门和银行提供进一步审查和进行资金借贷的依据。通常,旅游投资项目最终可行性研究的误差一般要求控制在10%以内。

在旅游投资项目建设中,常常涉及旅游开发商、旅游经营者、资产借贷者、资产投资者和政府机构等,每一方从各自的利益出发,都要对拟建的旅游投资项目进行可行性研究。所以可行性研究往往又因为相关单位的要求不同,而分为投资前研究、经营研究、资金研究、资产投资研究和政府机构研究等内容。

第三节 旅游投资项目评价

一、旅游投资项目的宏观评价

旅游投资项目除了进行可行性研究外,还要从宏观角度进行评价,即分析旅游投资项目是否符合国家或地方政府旅游政策所强调实现的目标,是否属于政府重点发展的旅游建设项目,是否符合整个社会经济发展的要求。通常,对旅游投资项目进行宏观评价,主要用一些代表性的数量指标来反映投资项目实现某一特定目标的程度,常用的数量指标主要有以下几种:

(一) 外汇收入指标

旅游业是一项重要的创汇产业,因而旅游投资项目的创汇能力是宏观评价的重要指标之一。通常,某项旅游投资项目建成后的外汇收入能力,反映了一定时期内所赚取的外汇净额与同期产生这一净额所需国内资金之间的比率关系。在国外,一定时期是指该项目投入建设期加上建成后 5 年的时间，而不是可行性研究要求的 20 年。其计算公式如下：

设：F——旅游投资项目外汇收入能力

X——旅游投资项目在一定时期内的旅游外汇收入

Y——旅游投资项目在一定时期内的旅游外汇支出

Z——旅游投资项目在一定时期内的该国货币支出

则有外汇收入能力计算公式 7-6：

$$F=\frac{X-Y}{Z}$$

在上式中，X 数值仅是一种估计，是根据一定时期内旅游投资项目所接待的旅游者人次、旅游者平均停留时间和人均消费数预测的结果。X、Y、Z 三个数值在使用时，必须用贴现率折算成现值。

（二）提供就业指标

旅游业不仅是一个创汇产业，也是一个吸收社会劳动力就业潜力较大的产业。某一旅游投资项目提供直接就业的能力，可以根据该项目招用的职工人次数，或者以该项目向职工所付工资总额占总成本的比例来衡量。计算公式如下：

设：E——旅游投资项目提供的直接就业能力

W——旅游项目在一定时间内支出的工资总额

TC——旅游项目在一定时间内发生的总成本

则有就业能力计算公式 7-7：

$$E=\frac{W}{TC}$$

（三）社会文化影响指标

旅游投资项目对社会文化的作用通常难以用数量表示，它只能依靠主观判断。为了最大限度地减少主观判断的偏差，可组织有关专家对旅游投资项目可能给社会文化带来的影响进行各个方面的综合评价，并对起积极作用的用正数表示，起消极作用的用负数表示。旅游投资项目对社会文化影响的方面很多，主要的有：对恢复、保护和合理利用名胜古迹的影响；对传统艺术和文化遗产的作用；对人们思想与职业道德的影响；对当地居民消费方式的影响；对传统社会结构与家庭的影响；

对国内旅游起的促进作用等。

（四）综合效益指标

对旅游投资项目进行综合效益评价，首先，应分别列出各投资项目综合效益的各个领域，并分别计算各领域的数值；其次，应根据国家或地方政府旅游规划和旅游政策所强调的重点，对各个领域的数值进行加权，以确定各领域的相对重要性；最后，计算在同一离散范围内每一领域加权数值同基点的偏差，并以此为基础来比较各个方案的优劣。在具体计算中，根据不同的旅游投资项目，可以采取不同的综合效益计算方法。

二、旅游投资项目的风险评价

任何投资都是既有收益又有风险，旅游投资也同样存在着风险。伴随着旅游投资风险的加大，投资者对旅游投资的预期收益率也相应提高，以便用较高的收益率来补偿较大的风险。在一般情况下，旅游投资风险有两种：一种是系统风险，又称市场风险，是旅游投资无法回避的风险，也是所有旅游投资项目都共同面临的风险，如物价上涨、经济不景气、高利率和自然灾害等；另一种是非系统风险，又称企业风险，是指由于旅游企业对旅游投资项目经营不善或者管理不当等因素所引起的风险。对后一类风险可以通过改善经营和加强管理等方式来抵消或减少，如采取投资多样化，就是分散和减少这类风险的最佳途径之一。正是由于旅游投资具有一定的风险性，因此必须对旅游投资项目进行投资风险评价。

评价旅游投资风险的大小，可以用投资风险率指标。所谓投资风险率，就是指标准离差率与风险价值系数的乘积。标准离差率是标准离差与期望利润之间的比率，而风险价值系数一般由投资者主观决定。当投资风险率计算出来后，就与银行贷款利率相加，所得之和如果小于投资利润率，那么方案是可行的，否则是不可行的。

例 7-5　某星级旅游饭店对中餐厅进行改造，现有两个投资方案可供选择，两个方案的投资都是 150 万元，预测年利润额及可能实现的概率情况如表 7-1 所示，试对两个方案进行投资风险评价。

表 7-1 投资方案比较表

可能的结果	甲方案		乙方案	
	利润(万元)	概率	利润(万元)	概率
较好	45	0.3	50	0.3
一般	35	0.5	35	0.5
较差	25	0.2	0	0.2

解:对旅游投资风险的方案比较,一般有三步程序,即首先计算各方案的期望利润,其次计算标准离差和标准离差率,再次计算风险价值,最后做出评价。每步的计算方法如下:

(一) 期望利润的计算

期望利润,是指旅游投资方案最可能实现的利润值。它是各个随机变量以各自的概率进行加权平均后得到的平均数,计算公式如下:

设:E——期望利润

X_i——第 i 种结果的利润

P_i——第 i 种结果发生的概率

则有公式 7-8:

$$E = \sum_{i=1}^{n} X_i \cdot P_i$$

解:根据公式和表 7-1 中的数据,可计算出甲、乙两个投资方案的期望利润分别为:

$E_{甲} = 45 \times 0.3 + 35 \times 0.5 + 25 \times 0.2 = 31.5$(万元)

$E_{乙} = 50 \times 0.3 + 35 \times 0.5 + 0 \times 0.2 = 32.5$(万元)

(二) 标准离差与标准离差率的计算

标准离差是各种可能实现的利润与期望利润之间离差的平方根,标准离差率则是标准离差与期望利润之间的比率,其计算公式如下:

设:σ——标准离差

σ'——标准离差率

则有标准离差公式 7-9:

$$\sigma = \sqrt{\sum_{i=1}^{n} (X_i - E)^2 \cdot P_i}$$

标准离差率公式 7-10：

$$\sigma' = \frac{\sigma}{E} \times 100\%$$

按照上述计算公式，可分别计算出甲、乙两个方案的标准离差和标准离差率如下：

$$\sigma_{甲} = \sqrt{(45-31.5)^2 \times 0.3 + (35-31.5)^2 \times 0.5 + (25-31.5)^2 \times 0.2}$$
$$= 8.32(万元)$$

$$\sigma_{乙} = \sqrt{(50-32.5)^2 \times 0.3 + (35-32.5)^2 \times 0.5 + (0-32.5)^2 \times 0.2}$$
$$= 17.50(万元)$$

甲方案标准离差率：$\sigma'_{甲} = 8.32/31.5 \times 100\% = 26.41\%$

乙方案标准离差率：$\sigma'_{乙} = 17.50/32.5 \times 100\% = 53.84\%$

从以上计算可以看出：由于甲方案的标准离差＜乙方案的标准离差，说明甲方案的风险小于乙方案；同时，甲方案的标准离差率也小于乙方案的标准离差率，即 $\sigma'_{甲} < \sigma'_{乙}$，说明甲方案比乙方案的投资风险小。

（三）风险价值的计算与衡量

标准离差率计算出来后，就可计算投资风险率了。所谓投资风险率，是指标准离差率与风险价值系数的乘积。其计算公式如下：

设：δ —— 风险率

V_F—— 风险价值系数

则有风险价值的计算公式 7-11：

$$\delta = \sigma' \times V_F$$

假设投资者确定该旅游投资项目的风险价值系数为 10%，则两个投资方案的风险率分别为：

$\delta_{甲} = 26.41\% \times 10\% = 2.64\%$

$\delta_{乙} = 53.84\% \times 10\% = 5.38\%$

再假设银行现行贷款利率为 17%，那么，只要投资利润率超过贷款利率与风险率的总和，就认为此方案是可行的，否则就会由于风险过大而被否决。根据计算，甲方案的投资利润率为 21%（31.5/150×100%），大于贷款利率加风险率 19.64%（17%＋2.64%），因此可采用甲方案进行投资；乙方案的投资利润率为 21.66%（32.5%/150×100%），小于贷款利率加风险率 22.38%（17%+5.38%），说明投资风险过大，因而不能采用乙方案进行投资。

三、旅游投资项目的评价方法

任何旅游投资项目都必须以盈利为目标，即旅游投资不仅要收回投资成本，而且必须取得一定的利润。因此，按照以利润最大化为标准，旅游投资项目的评价方法通常有以下几种常用方法：

（一）投资回收期法

投资回收期，是指收回某项旅游投资所需的时间（年数）。因此，投资回收期法就是根据某项旅游投资项目的回收期，来判断旅游投资项目是否可行的方法。这种方法主要是通过计算旅游投资项目未来产生的税后净利总量与最初的投资总量相等时，旅游投资项目所需要的回收期长短。如果每年的净现金流量相等，可用每年净现金流量除以旅游投资项目的投资额，即可得到回收期。如果每年的净现金流量不等，就需要用推算的方法求回收期，一般也可计算年均净现金流量来推算。

设：T_{iv}—— 旅游项目投资回收期

IV —— 旅游投资项目的投资总量

NCF —— 旅游投资项目每年的净现金流量

则有公式 7-12：

$$T_{iv}=\frac{IV}{NCF}$$

例 7-6　假设某个旅游投资项目有三个方案，各个方案的投资额和净现金流量如表 7-2 所示，试计算哪一个投资方案最佳？

表 7-2　旅游投资方案的净现金流量表

年次	投资方案		
	A 方案（万元）	B 方案（万元）	C 方案（万元）
0	−1 000	−1 500	−2 000
1	200	500	1 000

续表

年次	投资方案		
	A 方案(万元)	B 方案(万元)	C 方案(万元)
2	200	500	600
3	400	300	400
4	400	200	1 000
5	400	200	—
6	500	1 000	—

注:表中的负值净现金流量指旅游投资额,正值净现金流量是指税后净利润总量。

解:根据表 7-2 中各方案的有关数据,可计算出旅游投资项目各方案的投资回收期如下:

$$T_{iv}A = 1\,000/[(200+200+400+400+400+500)\div 6]$$
$$= 2.86(\text{年})$$
$$T_{iv}B = 1\,500/[(500+500+300+200+200+1\,000)\div 6]$$
$$= 3.33(\text{年})$$
$$T_{iv}C = 2\,000/[(1\,000+600+400+1\,000)\div 4]$$
$$= 2.67(\text{年})$$

使用投资回收期法评价旅游投资项目方案,需要首先确定一个标准投资回收期,即最低限度的投资回收期,然后将各投资方案的回收期与其进行比较,凡小于标准投资回收期的方案均可接受。其中,投资回收期最短的方案为最优方案。假如表中三个方案的标准投资回收期都为 3 年,根据计算,上例中投资方案 A 和 C 的投资回收期都低于 3 年,因而两个方案都是可以接受的,而其中 C 方案的投资回收期最短,因而C 方案为最佳方案,A 方案是次佳方案。

投资回收期法的优点是便捷、简单、易懂,因而是旅游投资项目评价常用的方法。但由于其未考虑资金的时间价值,并忽略了投资回收期以后该项目各年的盈利状况,因而准确性不够高。

(二) 净现值法

净现值,是指某项投资方案未来预期总收益现值减去总投资额现值后的余额。通常,任何一项旅游投资都希望未来的收益比原投资额更多。因此,对未来收益按资金时间价值折算后再与总投资额现值比较,就可以评价和比较旅游投资项目的各个方案是否可行，并从中选择最佳方案。净现值的计算公式如下：

设：NPV —— 净现值

C —— 投资费用

R_t—— 投资项目在未来 t 年内的收益量(各年收益不等)

i —— 资金成本率

则有公式 7-13：

$$NPV = \sum_{i=1}^{n} \frac{R_t}{(1+i)^t} - C$$

在上式中，若企业资金是从银行借贷的，则资金成本率为银行利息率；若资金来源于企业积累，则资金成本率为资金的机会成本；若资金来源于多种渠道，如银行借款、债券、股票、利润留成，那么资金成本率等于各项资金的成本率与各项资金在资金总额中所占百分比乘积的总和。根据上述公式计算，若净现值 NPV 为负值，说明该方案不可行；若净现值 NPV 等于零，意味着该方案的预期收益刚够还本付息；只有当净现值 NPV 为正值时，方案才可接受。在多方案比较中，如果净现值 NPV 越大，则投资收益越多，该方案可行性越强。

例 7-7　某旅游企业计划投资一项旅游景区建设，该方案的总投资额为 6 500 万元；各年末的净收益分别为：第一年 1 000 万元，第二年 1 150 万元，第三年 1 300 万元，第四年 1 450 万元，第五年 1 700 万元，第六年 1 800 万元，第七年 1 900 万元；资金成本率为 6%。试计算该项目的净现值是多少？该旅游投资项目方案可否接受？

解：根据题中所给数据，按公式计算如下。

$$NPV = \frac{1\,000}{1+6\%} + \frac{1\,150}{(1+6\%)^2} + \frac{1\,300}{(1+6\%)^3} + \frac{1\,450}{(1+6\%)^4} + \frac{1\,700}{(1+6\%)^5} + \frac{1\,800}{(1+6\%)^6} + \frac{1\,900}{(1+6\%)^7} - 6\,500$$

$$= (1\,000 \times 0.943 + 1150 \times 0.89 + 1\,300 \times 0.84 + 1\,450 \times 0.792 + 1\,700 \times 0.747 + 1\,800 \times 0.705 + 1\,900 \times 0.665) - 6\,500$$

$$= (943 + 1023.5 + 1\,092 + 1\,148.4 + 1\,269.9 + 1\,269 + 1\,263.5)$$

$-6\ 500$

$=8\ 009.3-6\ 500$

$=1\ 509.3$(万元)

净现值为正值 1 509.3 万元，说明该方案可行。

净现值法的优点不仅考虑了资金的时间价值，能反映方案的盈亏程度；而且考虑了投资风险对资金成本的影响，有利于企业从长远和整体利益出发作出决策。该方法的不足之处是只反映了投资方案经济效益量的方面(即盈亏总额)，而没有说明投资方案经济效益质的方面，即每单位资金投资的效率。这样容易促使决策者趋向于采取投资大、盈利多的方案，而忽视盈利总额较小，但投资更少，经济效益更好的方案。

(三)内部投资回收率法

内部投资回收率，是指旅游投资方案的未来预期净收益与投资总额之差等于零时的利息率或贴现率。所谓贴现率，就是在投资决策分析中，把未来值折算为现值的系数。如果贴现率定得高了，现值就小；贴现率定得低了，现值就大。所以，合理确定贴现率是正确计算内部投资回收率的关键。通常，当计算出投资方案的内部投资回收率大于企业或主管部门规定的投资回收率，则投资方案可取；当计算出投资方案的内部投资回收率小于规定的投资回收率，则投资方案不可取。内部投资回收率公式如下：

设：C —— 旅游投资项目的全部投资额

R_t —— 旅游投资项目在未来 t 年的净收益

r —— 内部投资回收率

则有公式 7-14：

$$\sum_{t=1}^{n}\frac{R_t}{(1+r)^t}-C=0$$

由于该公式是一个 t 次方程，要求出内部投资回收率 r 的值，依靠手算较困难。可借助计算机计算，如果没有计算机，一般可采用试算法。

例 7-8　根据上例旅游企业对某旅游景区建设方案的有关数据，可分别按 $r_1=10\%$ 和 $r_2=12\%$ 进行试算如表 7-3。

表 7-3 贴现率试算表

年份	净收益	10%贴现率		12%贴现率	
		现值系数	现值	现值系数	现值
(0)	(1)	(2)	(3)=(1)×(2)	(4)	(5)=(1)×(4)
1	1 000	0.909	909.00	0.893	893.00
2	1 150	0.826	949.90	0.797	916.55
3	1 300	0.751	976.30	0.712	925.60
4	1 450	0.683	990.35	0.636	922.20
5	1 700	0.621	1 055.70	0.567	963.90
6	1 800	0.564	1 015.20	0.507	912.60
7	1 900	0.513	974.70	0.452	858.80
净收益的总现值		6 871.15		6 392.65	

从上表可以看出，按内部投资回收率 $r_1=10\%$进行试算，则第一至第七年的现值系数顺序为 0.909、0.826、0.751、0.683、0.621、0.564和0.513。根据现值系数，可算出按 10%贴现的现值6 871.15大于期初6 500的投资额，说明内部投资回收率应比 10%要大。再按内部投资回收率 $r_2=12\%$进行试算，用同样方法算得净现值 6 392.65 小于期初6 500的投资额，说明内部投资回收率要比 12%小。因此，内部投资回收率应该在 10%与 12%之间。那么，在 10%和 12%之间的内部投资回收率究竟是多少呢？

设内部投资回收率为 r_3，则可以按下式计算出：

$$|6\ 871.15|/|6\ 392.65|=(r_3-10)/(12-r_3)$$

计算结果为 $r_3=11.04\%$，即内部投资回收率为 11.04%。以此同企业或主管部门的标准投资回收率相比较，即可判断旅游投资项目的方案是否可行。

从经济意义上说，内部投资回收率实质上是资金成本的加权平均数，因为旅游投资项目资金来源往往是多渠道的。内部投资回收率法的优点，在于它为企业或主管部门评价旅游投资项目的经济效果提供了一个合理的衡量标准，这对加强旅游行业投资管理具有十分重要的现实意义。

（四）利润指数法

利润指数法是用单位投资所获得的净现金收益来比较投资方案经济效果的方法。

设：PI —— 利润指数

C —— 投资费用

R_t—— 投资项目在未来 t 年的净现金收益

r —— 资金成本率

则有公式 7-15：

$$PI = \sum_{t=1}^{n} \frac{R_t}{(1+r)^t} \div C$$

根据上式计算，若利润指数 $PI>1$，则该旅游投资方案会取得盈利，说明该投资方案可接受；若利润指数 $PI<1$，则该旅游投资方案会亏损，说明该投资方案应该放弃。

复习与思考

一、重点概念

旅游投资　旅游投资决策　资金时间价值　净现金流量　机会成本　投资风险　可行性研究　市场风险　企业风险　期望利润　投资回收期法　净现值法　内部投资回收率法　利润指数法

二、简答题

1. 旅游投资包括哪些内容？
2. 旅游投资决策有哪些类型？
3. 为什么要对旅游投资项目进行可行性研究？
4. 可行性研究有哪些原则和内容？
5. 旅游投资有哪些风险？应如何防范？

6. 为什么要进行旅游投资项目的宏观评价？

7. 内部投资回收率法有何重要性？

三、论述题

1. 阐述旅游投资的重要意义。

2. 阐述旅游投资项目可行性研究的方法和内容。

3. 试比较旅游投资项目的几种评价方法。

案例分析

深圳华侨城股份有限公司的投资策略[①]

深圳华侨城股份有限公司是一家上市公司。该公司于1997年8月4日在深圳交易所上市，除本公司股本外，通过发行4 558万社会股，同时向公司职工配售442万股，形成了上市初期总股本19 200万股。到1999年底公司的总资产规模已经达到11亿元，总股本达34 560万股，全年主营业收入2.8亿元，实现净利润5 333万元。公司的经营范围主要是旅游景区开发与管理、旅游景区配套的供水供电、旅游房地产和旅行社业。几年来公司的迅速发展，主要是采取了以下的投资策略：

1. 始终坚持旅游景区的创新开发和管理。尤其是在成功开发华侨城欢乐谷旅游项目后，公司在参控股旅游景区方面不断创新和发展。近几年来先后推出了四维电影馆、阿尔卑斯滑雪场、法老地宫幻想馆、科尔泌滑草场等项目，使景区保持了强大的生命力和吸引力。同时，公司还积极与山东曲阜孔子旅游(集团)有限公司联合成立了“曲阜孔子国际旅游股份有限公司”，拥有孔庙、孔府、孔林等8个文物景点的经营权，致力于培育和打造孔子旅游的国际知名品牌。

2. 始终坚持推进旅游业与房地产业的结合。尤其是把握华侨城内旅游业与房地产业相互促进、相得益彰的商机，在华侨城的黄金地段开发主题度假住宅小区，把旅游度假的商机和房地产的丰厚利润相结合，既促进了旅游业的快速发展，又推动房地产业的拓展，实现了旅游业与

① 根据深圳华侨城股份有限公司的有关资料编写。

房地产业的共同发展。

3.始终坚持围绕主题公园业务发展产业群。几年来，该公司坚持以欢乐谷主题公园为重点，与国际知名的主题公园经营商、游乐设备生产商、旅游商品设计和生产商建立战略合作伙伴关系，不断引进先进理念、技术和经营管理方式，围绕主题公园发展产业群，筹建了策划与设计公司、旅游设备生产公司、旅游商品开发公司、旅游景区管理公司等，从而为公司主题公园业务的不断创新与发展构筑了坚实而稳固的发展平台。

4.探索以品牌优势进行对外投资和控股经营。随着华侨城公司知名品牌的打响，公司充分利用已经形成的品牌、人才、管理和资本优势，通过对外收购兼并、控股经营、管理输出等方式，在国内选择具有惟一性或稀缺性的旅游资源进行开发，一方面扩大公司的经营领域和范围，促进公司经营业务的不断扩张和发展；另一方面，积极扩大和储备公司的旅游资源，为公司的可持续发展奠定良好的基础。

第八章　旅游经济结构

学习目的

- 熟悉旅游经济结构的概念
- 掌握旅游经济结构的内容
- 了解旅游经济结构优化的策略

基本内容

旅游经济结构的特征

- 基本概念:旅游经济结构
- 旅游经济结构的特征
- 旅游经济结构的影响因素

旅游经济结构的内容

- 旅游市场结构
- 旅游产品结构
- 旅游产业结构
- 旅游区域结构
- 旅游投资结构
- 旅游管理结构

旅游经济结构优化标志

- 基本概念:旅游经济结构优化
- 旅游经济结构优化的标志
- 旅游经济结构优化的意义

旅游经济结构优化策略

●旅游产品结构优化策略

●旅游市场结构优化策略

●旅游产业结构优化策略

●旅游区域结构优化策略

案例分析

●中国旅游饭店业结构分析

第一节　旅游经济结构的特征

一、经济结构的概念

旅游经济发展既离不开旅游经济总量的增长,又离不开旅游经济结构的优化。尤其是旅游经济结构不仅决定着总量增长的规模和水平,而且还直接影响着旅游经济效益的提高。研究旅游经济结构首先必须对经济结构有基本的了解。

所谓结构,是指一个系统各组成部分的比例及构成的状况。凡有系统,必有结构,结构和系统是相互联系、互有区别的概念。结构存在于系统之中,系统由结构所组成,结构的性质特征及运行规律决定着系统的功能及特点。国民经济是一个大系统,经济结构就是国民经济系统各组成部分的比例、构成及其相互联系、相互作用的内在形式及状况。经济结构通常有狭义和广义之分,进一步理解经济结构的狭义和广义概念,有利于从社会经济系统的内在特征,动态地考察社会经济的运行过程和状态,从而揭示社会经济运行的客观规律和发展趋势。

狭义的经济结构,一般是指生产关系或生产力结构。马克思指出:“人们在自己生活的社会生产中发生一定的、必然的、不以他们的意志为转移的关系,即同他们的物质生产力的一定发展阶段相适合的生产关系。这些生产关系的总和构成社会的经济结构。"[①] 马克思所下的这个定义,是从生产力和生产关系相互作用方面,着重研究作为生产关系总和的经济结构,具体包括所有制结构、产权结构、社会阶层结构等。而生产力结构则主要表现为产业结构、生产力要素结构及经济技术结构等,反映了社会生产力发展到一定水平的经济比例和构成关系。

广义的经济结构,则是把生产力和生产关系统一起来的社会经济结构。马克思又说:"生产的承担者对自然的关系以及他们互相之间的关系,他们借以进行生产的各种关系的总和,就是从社会经济结构方面来看的社会。"[②]显然,马克思在这里讲的经济结构,既包括生产关系,又包括生产力。因此,广义的经济结构反映了国民经济系统在总体上由哪些部门构成,具有哪些层次、要素和特点;反映了各部门、各层次、各要素之间是如何相互关联地组成一个有机整体;反映了国民经济系统内部及其整体运动和变化的形式、规律及内在动力等。

二、旅游经济结构的特征

旅游业是国民经济大系统中的一个子系统,具有与其自身发展相适应的经济结构。所谓旅游经济结构,就是指旅游业内部各组成部分的比例关系及其相互联系、相互作用的形式。同社会经济大系统和其他经济子系统相比较,旅游经济结构既有一般经济结构所具有的共同特征,又有不同于其他经济结构的典型特征,具体可概括为以下几方面:

(一)旅游经济结构的整体性

旅游业是一个综合性的经济产业,由食、住、行、游、购、娱等要素所组成并缺一不可,每种要素都体现了旅游经济的一个部分或方面,是从属于旅游经济这个整体的。由于各组成要素的性质和特点不同,使任何一个组成要素都不能代替由它们所组成的旅游经济结构。因此,旅游经济结构不仅仅是各组成要素的简单相加,而是根据旅游经济整体发展的需要,按照各要素之间相互联系、相互作用的特点和规律性,形成合

① 《马克思恩格斯选集》第2卷,人民出版社1972年,第82页。

② 马克思:《资本论》第3卷,人民出版社1974年,第925页。

理的比例及构成，从而发挥出旅游经济的综合性功能。

（二）**旅游经济结构的功能性**

结构和功能是密切相关的，经济结构决定经济功能，经济功能又促进经济结构的变化。因此，不同的旅游经济结构必然产生不同的旅游经济功能和旅游经济效益。例如，我国传统的旅游经济结构是以观光型旅游为主的，因此其功能及效益也是同观光型旅游相联系的。随着社会经济的发展，人们的旅游需求有了新的变化，要求从观光型旅游向休闲度假、康体娱乐型旅游发展，必然要求对旅游经济结构进行调整，以提供更好满足人们新的旅游需求的功能。因此，判断一个社会在一定时期旅游经济结构功能好坏的标准，就是看旅游经济结构能否有效地提供和满足人们不断变化的需求，能否形成一种自我协调、自我适应、具有充分活力的旅游经济机制，从而促进旅游业的快速发展和旅游生产力的不断提高。

（三）**旅游经济结构的动态性**

由于旅游经济系统各要素、各部门及其相互关系是不断变化的，因此旅游经济结构也是不断发展变化的。旅游经济结构的变化不仅有量的变化，而且有质的变化。其量的变化一方面表现为旅游经济规模的增长，另一方面表现为旅游经济各种比例关系的变化。因此，通过对旅游经济结构量的分析，可以把握旅游经济结构在旅游经济发展规模和速度方面的适应性。旅游经济结构质的变化主要表现在旅游经济的效益和水平上，并通过各种量的指标反映出来，但总的情况是表现为旅游业的综合发展水平和经济效益的不断提高。由于旅游经济结构的变动是十分复杂的，因此必须注意分析影响结构变动的各种因素，适时进行调整，才能提高旅游经济结构的动态适应性。

（四）**旅游经济结构的关联性**

旅游经济结构与其他产业或部门经济结构的最大差别就在于关联效应较强。从旅游业食、住、行、游、购、娱六大要素看，任何一个要素的有效供给都离不开其他相关要素的配合；从旅游产业中的旅行社、旅游饭店、旅游交通、旅游景点、旅游购物等行业看，任何一个行业的发展都必须以其他行业的发展为条件，都离不开其他行业的密切配合。因此，旅游经济结构较强的关联性，使组成旅游经济结构的各行业、各要素的协调发展成为旅游经济结构协调的重要内容。其中任何一方面的发展薄弱或不协调，都会影响到旅游经济产业整体发展的规模、效益和水平。

三、旅游经济结构的影响因素

旅游经济结构的典型特征，决定了影响旅游经济结构的因素也是十分复杂的，既有自然因素又有社会因素，既有客观因素又有主观因素。通常，对旅游经济结构的影响因素主要有以下几方面：

（一）旅游资源因素

旅游资源对旅游经济结构的影响是至关重要的。传统观点认为，旅游资源主要是自然旅游资源和人文旅游资源。而现代观点认为，旅游资源还应包括人才、信息、智力、资金等。旅游资源是旅游业赖以生存和发展的物质基础，其所具有的数量和质量不仅决定着旅游业的发展规模及水平，而且决定着旅游经济结构的功能和属性。因此，正确认识和分析旅游资源的品位、特点、类型及规模，是实现旅游经济结构合理化的重要因素之一。分析旅游资源对旅游经济结构的决定和影响作用，通常应重点考虑以下三个方面：

1.分析自然和人文旅游资源的状况。自然和人文旅游资源是旅游业发展的基础，一个国家所拥有的自然旅游资源和人文旅游资源的状况、规模、品位及特点，直接决定着该国旅游业发展的规模和水平。因此，必须首先分析自然和人文旅游资源的规模、品位及特点，掌握它们的特色和比较优势，才能开发出具有特色和优势的旅游产品，形成具有鲜明特点的旅游目的地，不断提高对旅游者的吸引力，增强在旅游市场上的竞争力。

2.分析资金和劳动力资源的状况。旅游业是一个高投入、高产出的经济产业，必须投入大量的资金进行旅游产品的开发和建设；同时，旅游业又是以服务为主的行业，劳动力素质的高低直接影响着服务水平的高低。因此，分析旅游资源因素对经济结构的影响还必须分析资金和劳动力的状况，既要分析资金和劳动力拥有的数量对旅游经济结构的作用，还要分析劳动力质量对旅游经济结构的影响，以不断提高对资金、劳动力资源要素的投入。

3.分析智力和信息资源的状况。旅游是一种满足人们身心需求的高层次活动，因而智力资源的开发不仅能更广泛地利用自然与人文旅游资源，还能创造出新的资源，组合成颇具吸引力的旅游产品。智力资源的开发越好，则旅游产品的形象就越好，吸引力就更大。而要有效地开发智力资源，就离不开充分的信息资源，特别是在瞬息万变的国际旅游市场中，及时、准确地掌握市场信息及其他相关信息，不仅对形成合理的旅游经济结构具有重要的影响作用，而且对旅游经济的良性循环发展也是非常重要的。

（二）旅游市场因素

市场经济作为社会经济运行方式和社会资源配置机制，要求一切经济活动都必须以市场为轴心，按照市场经济规律对社会经济活动进行调节和控制。现代旅游经济是一种以市场为导向的外向型经济，因而其整个经济运行都必须围绕市场来进行。

从旅游需求角度看，旅游者的需求是决定和影响旅游经济结构的关键因素。因为一个国家或地区旅游业发展的规模和水平，主要表现在其对旅游客源市场的拥有数量和水平。而旅游客源地的数量，旅游客源地的社会经济发展水平，旅游客源地的出游人数等，又决定着旅游目的地国家或地区的旅游经济结构及旅游业的发展速度和规模。因此，分析旅游经济结构时，要重点考虑不同地区、不同发展阶段旅游客源市场的对象、范围及变化趋势，从而为旅游经济结构的调整和优化提供科学的依据。

从旅游供给角度看，一个地区旅游市场的大小还取决于其旅游产品的供给及旅游服务的水平，它不仅决定着该地区旅游市场接待规模的大小，还决定着旅游市场的开拓发展水平及旅游经济效益的提高。旅游供给规模和水平通常是受旅游开发和投资结构的决定和影响，因此必须根据旅游市场需求变化趋势，有效地增加资金的投入，科学地进行旅游资源的开发，形成合理的旅游产品供给规模和旅游产业结构与区域结构，才能有效地促进旅游经济结构的合理化。

（三）科技进步因素

科学技术是第一生产力，科技进步不仅是现代经济发展的主要动力，也是影响旅游经济发展的重要因素。特别是对于现代旅游经济来讲，科技进步因素对旅游经济结构的作用越来越重要，并从以下三个方面表现出来：

1.科技进步促进人们旅游需求结构的变化。现代科学技术的发展对人们的生活方式产生重要的影响，引起人们消费结构的变化，而人们消费结构的变化又促进旅游需求结构的变化，进而引起旅游产品结构和投资结构的变化，从而增强了对旅游经济结构变动的影响力，促使旅游经济结构在科技进步的基础上实现质的飞跃。民用航空、高速列车等旅游交通技术的发展，主题公园、康体度假和现代娱乐设施的发展，都充分体现了旅游业如何有效地利用现代科学技术，最大限度地满足旅游者的旅游需求。

2.科技进步直接影响着旅游经济结构的变动。现代科学技术的进步与发展，改变了对旅游资源开发和利用的具体方式，提高了旅游资源的利用效果和水平；促进了旅游交通工具和通信手段的发展，为旅游活动的有效进行提供先进的工具和手段；加快了旅游设施的建设和发展，丰富了旅游活动的内容，改善了旅游服务的质量。从而直接对旅游经济结构发生影响作用，不断提高旅游业的经济效益和社会效益。

3.科技进步提高了组织管理的能力和水平。一方面，科技进步对旅游业的经营和管理等“软”技术方面产生着积极的促进作用，促进现代旅游经济管理的科学化和现代化；另一方面，加快了现代信息技术、高新技术在旅游业应用的步伐，提高了现代旅游经济的科学内涵。特别是在我国建立社会主义市场经济的过程中，在各种旅游“硬”技术逐渐完善的条件下，旅游经营管理和信息技术等“软”技术的广泛应用，将在旅游经济结构的合理化和高度化中发挥着十分重要的作用。

（四）社会经济因素

一个国家或地区社会经济发展水平及其为旅游业发展所提供的有利条件或限制因素，直接影响到该地区旅游经济结构的变化及旅游经济的可持续发展。通常，发达的经济条件更容易为旅游业提供各种基础设施、交通运输手段及财力资源，并且往往具有较高的旅游服务和管理水平，从而增强了旅游目的地的吸引力和市场竞争力，促进旅游经济效益和社会效益的提高。

从旅游经济发展的国际比较看，欧洲和北美地区由于经济发达，从20世纪50年代以来的半个多世纪中，一直是世界旅游业较发达的区域，其接待国际旅游入境人数占到全球国际旅游入境人数的80%左右。又如我国东部沿海地区及大多数中心城市经济比较发达，从而也成为我国旅游经济较发达的地区，接待海外旅游者占全国海外入境旅游总人数的60%；而中西部经济欠发达地区，虽然拥有丰富的旅游资源，但开发能力及相配套的社会经济条件薄弱，无法尽快转化为经济优势，使旅游经济的发展较为缓慢。因此，在考虑旅游业发展和旅游经济结构调整时，除了考虑旅游资源、科技进步及旅游市场因素外，也要充分适应不同地区社会经济的发展水平，适度超前发展旅游业，通过旅游业带动地方社会经济发展；同时又要根据不同发展阶段的社会经济状况，合理地进行旅游经济结构的调整，实现整个旅游经济与社会经济发展的和谐统一。

（五）政策和法律因素

经济政策和法律、法规是政府部门的重要调控手段之一。运用经济政策和法律、法规，不仅能加快旅游资源的优化配置，促进旅游经济在数量扩张、结构转换和水平提高方面协调发展，实现旅游经济的良性循环；而且有利于促进旅游经济结构的合理化，减少地区间经济差异，实现总体效率与空间平等的统一。尤其旅游业是以市场为导向的经济产业，如果没有国家从政策和法律、法规等方面给予宏观的指导和调控，旅游业不仅不能快速地发展，而且也不可能得到健康的发展。因此，在考虑旅游经济结构合理化时，应充分考虑政策、法律和体制三方面的因素。

从政策方面讲，国家对旅游产业的重视和相应的经济政策和规定，不仅对旅游经济的发展具有重要的促进作用，同时也对旅游经济结构的变动及发展具有影响和调控作用。特别是目前国家按照经济发展与经济结构演进规律所制定的一系列政策，对大力发展旅游业，推进旅游经济结构的合理化等，都具有十分重要的影响和促进作用。

从法律方面看，按照旅游经济总体发展的需要，制定有利于旅游经济结构合理化的法律法规，促进旅游经济结构按照市场经济的要求，进行合理的调整；同时根据已有的法律法规要求，合理地进行旅游产业的组织和旅游区域的布局，有利于促进旅游经济持续快速地发展。

从体制方面看，我国旅游经济体制是最早适应市场经济要求，与国际旅游市场接轨的，许多经营方式和管理模式已大量借鉴了国际惯例适应了现代市场经济的要求。但也要看到传统经济体制的弊病对旅游经济发展和旅游经济结构的变化仍产生着影响。因此，加快旅游经济体制的改革，促进旅游经济结构的合理化和高度化，对旅游经济持续快速发展具有十分重要的作用。

第二节　旅游经济结构的内容

一、旅游市场结构

旅游市场结构，是指旅游市场上旅游需求和供给之间的数量规模和比例关系，反映了旅游目的地和旅游客源市场之间的供求比例和相互联系。因此，对旅游市场结构的研究，重点是分析旅游需求结构、旅游供给结构及旅游供求相适应的结构状态等方面。

（一）旅游需求结构

旅游需求是旅游者对旅游产品既有购买欲望又具有支付能力的需求。由于旅游者的收入水平、闲暇时间、兴趣爱好、职业类型、年龄性别、个人修养等方面的差别，导致旅游者需求也是千差万别、各不相同的，从而形成不同的旅游需求结构。因此，分析和研究旅游需求结构，要着重研究国际旅游市场和国内旅游市场的需求构成及分布状况，着重研究不同性别、年龄、阶层和职业的旅游者构成及需求特点，着重研究不同季节、不同旅游方式（如团队、散客）的需求结构和变化趋势等，从而为旅游经营者开发和提供多种类型的旅游产品，满足旅游者多样化的需求提供科学依据。

(二)旅游供给结构

旅游供给是旅游经营者在一定时期内向旅游者提供的各种旅游产品的总和,是包括旅游住宿、旅游交通、旅游餐饮、旅游景观、旅游购物、旅游娱乐等各种内容的综合性服务。旅游产品是一种综合性产品,不仅要求从供给数量上满足旅游者需求,还要求从供给结构上能够相互配套。因此,分析和研究旅游供给结构,必须研究旅游资源的类别和性质,以开发出具有特色的旅游景观;必须研究各种旅游设施的规模、水平和比例,以形成合理配套的综合接待能力;必须研究各种旅游服务的内容和质量,不断提高旅游服务水平,才能有效地满足旅游者的需求。

(三)旅游供求适应结构

旅游需求与供给都有一定的时空变化,因而旅游供给和需求一旦在数量、规模和比例上相互适应,就实现了旅游市场结构的协调,从而促进旅游经济的发展。但由于旅游需求的变动性和旅游供给的相对稳定性,以及旅游资源分布的不均衡性和旅游活动的季节性等因素影响,使旅游供给和需求在数量、规模、层次、时间和空间比例上往往难以相互适应。因此,为了提高旅游经济效益,避免旅游资源浪费或供给不足,就必须根据实际情况对旅游市场结构中出现的不协调现象进行及时的调整,以满足旅游经济发展对旅游市场结构的要求。从旅游供给与需求相适应的情况看,要重点研究在完全竞争、完全垄断及垄断竞争等不同市场结构下,市场供求变化及竞争的特点,以针对旅游市场供需变化,为形成供求适应的市场结构,制定宏观管理政策及微观经营策略提供科学的依据。

二、旅游产品结构

旅游产品是指为旅游者开展旅游活动提供的各种物质产品和服务的总和,它是由各种旅游资源要素所组成的综合性产品,包括各种旅游景观、旅游交通、旅游娱乐、旅游餐饮、住宿及旅游购物等。此外,组合性的旅游线路产品也有不同的规模、不同的日程等,这些不同旅游产品及要素之间的各种组合关系就构成了旅游产品结构。由于旅游产品具有不同于一般物质产品和服务产品的特点，因而研究旅游产品结构也应从不同的方面来掌握。

（一）旅游产品消费结构

旅游产品消费结构，是指旅游者在旅游过程中所消费各种类型的旅游产品及相关消费资料的比例关系，以及旅游者的不同消费层次及水平的比例关系。不同旅游产品及其要素的消费类型主要包括食、住、行、游、购、娱等方面的消费；而不同消费层次及水平的消费类型则主要包括高档消费、中档消费、低档消费或舒适型消费、经济型消费等。因此，研究旅游产品消费结构对进行旅游产品结构的调整，以便有的放矢地开发适销对路的旅游产品具有十分重要的意义。

（二）旅游产品要素结构

旅游产品是一种综合性产品，包含食、住、行、游、购、娱等多种要素。因此要从要素结构入手，研究旅游景观、旅游设施、旅游服务及旅游购物等各自的发展规模、数量、水平及比例状况，从而把握住各种要素的特点及供给能力，为开发旅游产品奠定基础。研究旅游产品要素结构，还要研究各种旅游要素的组合状况，即以旅游景观为基础的各种自然风景和人文风情资源的有机组合，各种旅游设施和旅游服务的配备比例，各种旅游活动的合理安排等，从而组合成综合性的旅游产品，更好地满足旅游者的消费需求。

（三）旅游产品组合结构

旅游产品组合，是按照一定的旅游需求和旅游供给条件，把各种单项旅游产品有机组合起来，形成一定区域内旅游活动的消费行为层次结构。因此，从旅游产品组合结构入手，研究各种旅游线路的设计与单项旅游产品的有机组合，把各个区域旅游产品和专项旅游（如会议、探险、考察、体育等）有机结合起来，向旅游者提供具有吸引力的综合性旅游产品，就成为旅游产品组合结构研究的重要内容。

三、旅游产业结构

旅游产业结构，是指以食、住、行、游、购、娱为核心的旅游业内部各行业间的经济技术联系与比例关系，也就是旅游产业内部的行业（或部门)结构。由于旅游经济具有综合性的特点,从而决定了旅游产业结构具有多元化的性质。一般讲,旅游业主要包括旅游交通、旅游饭店和旅行社,它们被誉为"旅游业的三大支柱"。但是,从旅游业的六大要素看,旅游产业还应包括旅游娱乐业、旅游商品业、旅游景点开发与管理等。从更广泛的角度看,旅游产业还应包括旅游教育培训部门、旅游研究和设计规划部门等。只有从大旅游观的角度来认识旅游产业结构,才能提高对旅游经济重要性的认识,从而确立旅游业在国民经济中应有的地位。

(一)旅行社业

旅行社是依法成立,专门从事招徕、接待国内外旅游者,组织旅游活动,收取一定费用佣金,实行自负盈亏、独立核算的旅游企业。旅行社作为旅游业的"龙头",不仅是旅游产品的设计、组合者,同时也是旅游产品的营销者,在旅游经济活动中发挥着极为重要的作用。因此,旅行社发展的规模、经营水平及其在旅游产业结构中的比重,直接对旅游经济结构和发展产生着重要的影响作用。

(二)旅游饭店业

旅游饭店是为旅游者提供食宿的基地,也是一个国家或地区发展旅游业必不可少的物质基础。旅游饭店数量、饭店客房数和床位数标志着旅游接待能力的大小;而旅游饭店的管理水平高低、服务质量好坏、卫生状况及环境的优劣,则反映了旅游业的综合服务水准。因此,对于任何国家或地区而言,没有发达的、高水平的旅游饭店业,就不可能有发达的旅游业,而旅游饭店业的发展规模和结构同样对旅游经济结构和发展产生着重要的影响作用。

(三)旅游交通业

旅游业离不开交通运输业,没有发达的交通运输业就没有发达的旅游业。旅游交通作为社会客运体系的重要组成部分,不仅满足旅游产业发展的要求,同时又促进社会交通运输的发展。特别是旅游交通运输要满足旅游者安全、方便、快捷、舒适等方面的需求,这就要求旅游交通不仅具有一般交通运输的功能,还要具有满足旅游需求的功能,从而要求在交通工具、运输方式、服务特点等方面都形成旅游交通运输业的特色。

（四）旅游景观业

旅游景观，是指对各种自然旅游资源与人文旅游资源进行开发而形成的旅游吸引物，包括各类旅游景区景点及特种旅游活动等。具有吸引力的旅游资源是构成旅游景观业的核心内容，也是形成旅游产品的重要内容。因此，必须从整体上把旅游景观业作为旅游产业结构的重要组成部分，通过统一的规划和开发建设，加强统一的宏观协调和管理，使旅游景观业的建设发展与其他部门相协调，形成合理的旅游产业结构，才能促进旅游经济的发展。

（五）旅游娱乐业

旅游是一种以休闲为主的观光、度假及娱乐活动，因而丰富的旅游娱乐不仅是旅游活动中的重要组成部分，也是增强旅游目的地吸引力、提高旅游经济效益的重要手段。随着现代科技进步和发展，旅游娱乐业成为丰富旅游产品内涵，增强旅游产品吸引力的重要内容，使旅游娱乐业在旅游产业结构中的地位日益上升，其促进旅游经济发展的作用也在不断提高。

（六）旅游购物业

旅游购物是旅游活动的重要内容之一，也是在旅游接待规模既定情况下，提高旅游经济综合效益的重要手段。随着现代旅游经济的发展，各种旅游工艺品、纪念品、日用消费品的生产和销售正不断发展，形成了商业、轻工、旅游相结合的产销系统和大量的旅游商品网点，不仅促进了旅游经济的发展，也相应带动了地方民族工业、土特产品轻工业、传统手工业的发展，从而促进了地方社会经济的繁荣。

四、旅游区域结构

一个国家的经济发展及产业布局总是离不开一定的地域空间，只有对各个产业和企业在地域空间上进行合理的配置和布局，才能实现生产力的合理组织，最终实现经济的效率目标与空间平等目标的和谐统一。因此，所谓旅游区域结构是指在一定范围内旅游业各要素的空间组合关系，即从地域角度所反映的旅游市场、旅游区的形成、数量、规模及相互联系和比例关系，或称为旅游业的生产力布局。

旅游区域结构一般包括旅游要素区域结构和旅游经济区域结构两方面。旅游要素区域结构，主要包括旅行社区域结构、旅游饭店区域结构、旅游交通区域结构、旅游商品区域结构、旅游资源区域结构、旅游市场区域结构、旅游流区域结构、旅游投资区域结构等，它们反映了各旅游要素的空间分布与布局、功能分区以及要素与地区间的空间联系状态等。旅游经济区域结构，主要是建立在以特定区域为范围的旅游区、旅游圈、旅游带结构，是构成旅游目的地的重要内容。

研究旅游区域结构，合理布局旅游生产力，有利于充分有效地利用各区域的旅游资源、经济资源和劳动力资源，发挥资源优势和比较优势，调动各区域的积极性，促进区域旅游经济的发展；有利于以有限的资金投入，促进旅游经济的最佳地域组合，促进旅游区域的联合与协作，从而提高旅游经济的综合效益；有利于保护环境和生态平衡，保障城乡居民生活环境和生活质量，保护旅游业赖以生存和发展的自然物质基础，保证旅游经济与生态环境有机协调起来，以旅游开发促进环境保护，以环境保护促进旅游发展，真正形成旅游经济发展与环境保护的良性循环，实现旅游经济的可持续发展；有利于在建设社会主义市场经济体制中，充分发挥政府宏观调控的主体作用，通过制定旅游区域经济政策，为不同地区、不同阶段的旅游经济发展提供政策依据及指导，使不同地区从旅游市场出发，结合自身的资源优势，制定旅游业发展规划，促进旅游经济的发展。

从现代旅游经济的发展看，研究旅游区域结构的内容包括：一是研究旅游区域市场结构，即对国际和国内不同区域的旅游市场需求和供给进行研究，研究不同区域市场的需求特点、需求规模及水平，以便有针对性地提供合适的旅游产品；二是研究旅游区构成和特点，即通过运用区划理论分析各旅游区的特色与发展方向，明确各旅游区开发重点与旅游形象塑造，探讨旅游区的总体构成及相互之间的联系和互补关系，形成既有层次又浑然一体的旅游总体形象；三是研究旅游产业布局，通过对旅游区的研究，掌握旅游产业布局的原则，分析旅游区域布局的影响因素，探寻旅游业合理布局的内容和方法，促进旅游产业布局的合理化。

五、旅游投资结构

旅游投资结构，是指投资额在不同旅游建设项目之间、不同旅游目的地之间的比例关系，它对旅游市场结构、旅游产品结构、旅游产业结构、旅游区域结构等都会产生不同程度的影响。

旅游建设项目从不同角度可分为不同的类型。从建设内容可分为旅游基础设施项目、景区项目、旅游饭店项目、旅游教育项目、旅游交通项目、旅游购物开发项目、旅游环境保护项目等等；从项目规模可分为大型、中型、小型项目；从建设项目的性质可分为新建项目、改建项目、续建项目、扩建项目；从地区分布可分为旅游业发达地区、欠发达地区、不发达地区；从旅游投资来源可分为国家投资、地方政府投资、旅游企业投资和社会融资等。

由于旅游投资的目的、方式、途径各不相同，故不同投资来源也导致旅游投资结构不同。从中国的实际看，旅游投资一般来源于国家投资、利用外资、银行贷款、社会融资和自筹资金五方面。国家投资一般是指纳入各级政府财政预算的旅游投资，主要用于旅游基础设施建设。利用外资是指利用外国政府、银行、国际金融组织、各种国外基金组织的资金和外商直接投资等，既可用于旅游基础设施建设，又可用于经营性投资。银行贷款是有偿向银行借用的资金，大多数是用于流动资金，但也可用于旅游基础设施、接待设施等方面的建设。社会融资是通过发行股票、债券等方式从社会募集资金，投入旅游开发和建设。自筹资金是由地方政府或旅游企业自行筹集的不属于以上范围的资金，其筹集和使用方式比较灵活多样。

总之，由于旅游投资结构对其他结构具有重要的影响作用，因而必须充分考虑旅游市场需求及各种影响因素，并从旅游业发展的战略高度进行综合分析，才能最终确定合理的旅游投资结构。

六、旅游管理结构

旅游经济结构不仅包括生产力方面的结构，也包括生产关系方面的结构。因此，所谓旅游管理结构，是从生产关系角度研究旅游经济的所有制结构、企业规模结构和相应的体制结构等。

旅游经济所有制结构，反映了旅游业所有制关系的构成及比例。在社会主义市场经济中，发展以公有制为主体的多种所有制结构是客观趋势。因此，分析旅游经济所有制结构的特点、运行状况及发展趋势，既有利于坚持社会主义方向，充分发挥公有制主体的作用；又有利于不断改革探索，促进非公有制经济的发展，增强旅游经济的内在活力和外在动力，从而进一步加快旅游经济的发展。

旅游企业规模结构，反映了旅游企业大、中、小结构比例和旅游企业集团化发展的状况。从国际旅游业发展的情况看，一方面，旅游企业大、中、小规模结构是由客观条件所决定的，是在市场竞争中，通过市场竞争而逐步形成相对稳定的大、中、小企业规模结构；另一方面，旅游企业遵循规模经济和集约化经济的市场竞争要求，逐步形成一些紧密型与松散型相结合的大企业集团，如饭店管理公司、旅游集团公司等，其有利于增强旅游企业的竞争力和提高经济效益。

旅游管理体制结构，是从宏观角度所表现的有关旅游行业的政策保障体系、行业管理体制及实施手段体系的状况。随着中国经济体制改革从计划经济向市场经济转变，经济增长方式从数量扩展型向综合效益型转变，以及旅游经济的快速发展，中国旅游业正逐步形成以政府行业管理为指导，旅游企业为主体，中介组织为辅助的，集旅游政策保障体系、旅游法律法规体系和旅游宏观调控体系为一体的旅游管理体制结构。

第三节　旅游经济结构优化标志

一、旅游经济结构优化的概念

旅游经济结构优化，是指整个旅游经济结构的合理化和高度化。旅游经济结构的合理化，是指在现有经济技术基础上，旅游经济内部各种结构保持较强的互补性和协调性，具有符合现代旅游经济发展要求的比例关系，从而实现整个旅游经济的持续稳定的发展。旅游经济结构的高度化，是指在旅游经济合理化基础上，充分应用现代科学技术成果，有效利用社会分工的优势，不断提高旅游业的技术构成和旅游生产要素的综合利用率，促进旅游产出向高附加值方向发展，不断提高旅游经济的综合效益。旅游经济结构的合理化和高度化，是旅游经济结构优化的两个相辅相成的重要内容和目标，它们既相互联系，又有区别，具体表现在以下三个方面：

（一）旅游经济结构合理化是高度化发展的前提和基础

旅游经济结构合理化，是使旅游经济活动中各种因素或结构之间在各种数量、规模的比例方面形成一种动态协调，以有利于旅游经济顺利地发展；而旅游经济结构高度化是以技术进步为标志，是一个不断创新发展的动态过程。因此，旅游经济结构高度化必须以合理化为前提和基础，没有旅游经济结构的合理化则高度化就失去了依存的条件，不但不能促进旅游经济的协调发展，甚至会引起旅游经济结构的失衡而制约旅游经济的发展。只有当旅游经济结构实现了合理化，并且其结构效益积累到一定水平，才可能推动旅游经济结构向高度化发展。

（二）旅游经济结构高度化是合理化发展的方向和目标

旅游经济结构合理化发展的方向和目标，就是要不断适应社会经济发展的需要，努力推进旅游经济结构的高度化，以满足人们不断增长的旅游需求。因为人们的旅游需求是随着物质文化生活水平的提高而不断变化的，尤其是现代科技进步对人们的物质文化生活有较大的影响，如果旅游经济结构不以高度化为发展方向和目标，就难以满足人们日益变化的旅游需求，旅游经济结构也无法实现更高层次上的合理化。因此，旅游经济结构合理化是一个动态发展的过程，以高度化为发展方向和目标，通过不断应用现代科学技术，调整旅游经济结构，提高旅游经济的外部适应性，促进旅游经济的高度化发展。

（三）旅游经济结构合理化和高度化是相互促进的

通常，在旅游经济发展的不同阶段和不同时期，旅游经济结构的合理化和高度化发展的目标是不一样的。在某一发展时期，当旅游经济发展缓慢、结构性矛盾突出情况下，就必须对旅游经济结构进行合理化调整，以缓解结构性矛盾，保证旅游经济稳定协调地发展；当旅游经济结构基本协调，而旅游需求结构变动较大情况下，就要积极推进旅游经济结构的高度化，以增强旅游经济结构的转换能力，提高结构生产力和发挥结构的联动功能，促进旅游经济的快速发展。因此，旅游经济结构的合理化和高度化的区分是相对的，在旅游经济发展过程中它们是相互渗透、相互联系而共同发挥作用的。

二、旅游经济结构优化的标志

旅游经济结构优化并不是一个抽象的概念，而是有具体的评价标准的。尽管由于各个国家在旅游经济发展水平、旅游经济结构形成的历史背景方面的不同，从而导致各国旅游经济结构优化的标准存在着差别，但旅游经济结构作为一种客观经济活动的实体，却有着普遍意义的优化标准，具体表现在六个方面。

（一）旅游资源配置的有效性

在现实旅游经济中，旅游资源的稀缺性和旅游需要的无限性是客观存在的矛盾，因此旅游资源配置的有效性是衡量旅游经济结构优化的基本标志之一。通常，合理的旅游经济结构应能够充分、有效地利用旅游资源及人、财、物要素；能够较好地利用国际分工的条件，发挥自身的比较优势，实现旅游资源要素的最佳配置；能够促进旅游资源的保护和适度开放，尽量保持旅游资源的有效使用和永续利用。

（二）旅游产品类型的多样性

由于人们旅游需求的千差万别、多种多样，决定了旅游产品类型的多样化发展。在旅游经济发展初期，大多数旅游产品是以观光旅游产品为主，但随着社会经济的发展和人们生活水平的提高，人们的旅游需求从观光旅游向休闲度假、康体娱乐、科考探险、商务会展等多方面发展，从而要求旅游产品必须向多样化发展，才能满足人们多样化的旅游需求。因此，能否实现旅游产品类型多样化就成为衡量旅游经济结构优化的重要标志之一。

（三）旅游产业结构的协调性

旅游经济结构优化的重要标志之一，就是旅游产业结构演进和内部构成的合理化和高度化，从而促进旅游产业结构的协调发展。因此，合理的旅游经济结构应能够使旅游业内部各产业、各部门保持合理的比例关系；能够相互配合、相互促进地协调发展；能够有效地促进旅游生产、流通、分配及消费的顺利进行；能够不断调整旅游供给和需求，使其处于协调发展的状态。从而使旅游业的综合生产力不断提高，促进整个旅游经济动态协调地发展。

（四）旅游区域布局的合理性

任何旅游经济活动都必须在一定的空间范围内进行，因此旅游区域布局的合理性也是评价旅游经济结构优化的重要标志之一。通常，合理的旅游经济结构应遵循旅游经济发展的客观要求，形成包括旅游景点、旅游景区、旅游经济圈、旅游经济带在内的合理的旅游区域布局，才能树立一个旅游目的地的整体形象，提高国家或地区旅游经济的综合生产能力，提高整个旅游经济的综合效益。

（五）旅游科技应用的广泛性

现代旅游经济是一种依存性很强的经济，它不仅以相关经济产业的发展为基础，更是依赖现代科技的广泛应用。在旅游产业中的各个部门无一不利用现代科技来谋求健康地发展，从旅游业的“龙头”部门——旅行社，到旅游饭店、旅游交通、旅游娱乐、旅游购物、旅游景区景点等，都必须应用现代科技来提升竞争力。而旅游宣传促销、旅游教育、旅游规划与开发、旅游经营管理更离不开现代信息技术和高新技术的应用。因此，旅游科技应用的广泛性也是衡量旅游经济结构优化的重要标志之一。

（六）旅游经济发展的持续性

良好的生态环境是旅游经济可持续发展的前提和基础，也是旅游经济结构优化的重要标志。合理的旅游经济结构应能够促进生态环境的保护和改善，即随着旅游经济的发展，不仅保护自然旅游资源和人文旅游资源不受破坏，而且进一步美化和改善生态环境，使旅游业发展与生态环境的保护有机地融为一体，实现经济、资源和环境的良性循环，促进旅游经济持续稳定地发展，促进社会经济效益的不断提高，促使国家经济实力的不断增强。

总之，旅游经济结构的优化，必须从各国、各地区的实际情况出发，在研究本国国情或本地区实际状况的基础上，建立一个既符合本国或本地区实际，又有利于进入国际旅游市场，参与国际竞争，以使旅游经济健康发展的旅游经济结构。同时，要制定有利于旅游经济结构优化的方针、政策，为旅游经济结构的优化进程创造一个适宜的环境。

三、旅游经济结构优化的意义

旅游经济结构优化对旅游经济发展具有十分重要的意义，因为旅游经济的持续发展取决于旅游经济结构的优化，而旅游经济结构的优化不仅是旅游经济发展的战略目标，而且也是旅游生产力体系形成的客观要求，是旅游经济实现良性循环发展的根本保证。

（一）旅游经济结构优化是旅游经济发展的战略目标

在传统的经济体制下，人们往往把经济发展的总量增长和速度作为经济发展目标，因而在讲到旅游经济发展战略时，也往往过分强调发展指标和增长速度，忽略了旅游经济结构和效益。事实上，旅游经济总量的增减和发展速度的快慢不一定反映生产力水平的提高或降低，而旅游经济结构的优劣则明显反映出生产力水平的升降和旅游经济效益的好坏。因此，数量扩展型的旅游经济增长未必带来经济效益的提高，相反，有可能引起投入量的增加和结构失衡，最终使整个旅游经济发展不协调；而质量效益型的旅游经济增长依赖于技术进步和结构优化，旅游经济结构合理而优化，既有速度，又有效益，从而能实现旅游经济长期持续协调地发展。因此，必须把旅游经济结构的优化作为旅游经济发展的战略目标，通过经济结构的合理化和高度化来求速度、增效益，才能促进旅游经济持续协调地发展。

（二）旅游经济结构优化是旅游生产力体系形成的要求

生产力经济学认为："生产力是由相互联系、相互依存、相互制约的各种因素所构成的有机整体，各个因素必须质量相适应，数量成比例，序列有秩序，才能形成合理的生产力结构，才能有效地实现人与自然之间的物质变换过程。否则，就不能形成合理的结构，不能构成有效的生产能力。"[①] 旅游业是一个综合性的经济产业，旅游经济各部门、各要素的发展规模、速度和水平，如果不能相互适应，形成一定的数量比例和合理的序列结构，就不能形成旅游生产力体系，从而也就不能发挥出应有的功能。因此，要促进旅游经济的发展，就必须形成有效的旅游生产力体系；而要形成有效的旅游生产力体系，就必须努力实现旅游经济结构的合理化，推动旅游经济结构的高度化发展，才能不断提高旅游经济的结构生产力和效益。

（三）旅游经济结构优化是旅游经济良性发展的根本保证

旅游经济的良性发展通常表现为旅游经济各部门、各要素比例协调地发展。如果比例不协调，经济发展大起大落，则是不良循环的反映。纵观改革以来中国旅游经济的发展，在总体呈现高速增长的情况下，也一度出现大起大落的状况。虽然通过宏观调控的手段可以使旅游经济比例关系暂时协调，但随着旅游经济的继续增长，又会出现新的比例失调。因此，要解决旅游经济的平衡协调发展问题，最根本的还是从旅游经济结构优化入手。只有从根本上实现了旅游经济结构的合理化，不断促进旅游经济结构的高度化，才能使旅游经济发展实现速度适当、效益良好，最终进入持续协调发展的良性循环中。

（四）旅游经济结构优化是提高旅游经济综合效益的手段

旅游经济结构优化的根本目的是使旅游资源得到合理的开发利用，旅游供给体系趋于完善，形成旅游区域结构新格局，使旅游产业外部和内部各种重要比例不断趋于协调，并向高度化方向发展，从而充分有效地发挥旅游业的产业功能和经济优势，全面提高旅游经济的综合效益。旅游经济结构优化的目标和内容，包括旅游经济各种结构都必须处在合理化和高度化的发展状态，而且各种结构之间的相互作用、制约的关系必须有利于各种结构保持合理化发展的状态。其中旅游产品结构、旅游市场结构、旅游产业结构和旅游区域结构的优化又在整个旅游经济结构的合理化中居于重要地位。

---

① 蔡建华主编：《生产力经济学教程》，吉林人民出版社，1985年，第147页。

第四节　旅游经济结构优化策略

一、旅游产品结构优化策略

旅游产品结构优化的目标，是指各种旅游产品之间在规模、数量、类型、层次等各种指标的比例方面形成一种协调的组合关系，包括各种旅游产品之间要保持合理的数量比例关系，同种旅游产品在不同消费者类型之间要保持合理的数量比例关系等。实现旅游产品结构的优化，包括三个方面的主要策略和措施。

（一）加强旅游产品的开发

大多数旅游产品都是由单项旅游产品组合而成的，任何单项旅游产品的缺少、不足或过多都对旅游产品结构的优化产生影响。因而必须对各种单项旅游产品的开发都给以重视，不能因收益回报少而忽视对某些单项旅游产品的开发，也不能因某种单项旅游产品的收益大而一哄而上。有些单项旅游产品特别是旅游景区景点，一旦经过开发引导，就成为旅游产品结构中不可缺少的重要一环，若开发不足势必降低旅游产品的吸引力。因此，只有加快各类单项旅游产品的开发和协调，才能不断完善旅游产品结构，形成完整的旅游产品体系。

（二）优化旅游产品的结构

旅游产品结构不是一个静止的结构，而是在不断地发生运动和变化的。随着旅游者消费需求的提高和多样化，会对旅游产品类型和产品层次提出新的要求。如旅游者需求由观光旅游需求发展到对度假旅游的需求，由对普通交通工具的需求变为对高级交通工具的需求等。因此，要求旅游经营者时刻跟踪旅游需求的变化，及时对旅游需求结构做出准确的预测，以适时调整现有旅游产品结构。此外，为延长现有旅游产品的生命周期，也要注意对现有旅游产品的挖潜、更新和提高工作，进行深层次开发，创造出新的价值，在满足旅游需求的同时，保持旅游产品结构的优化。

（三）培育名牌旅游产品

名牌旅游产品是旅游产品结构的核心，也是使旅游活动具有吸引力的基础，在旅游产品结构中占有举足轻重的地位。因此，在旅游资源开发中既要重视对具有特色及吸引力强的旅游产品的开发建设，又要注意丰富旅游产品的类型和数量，尤其是通过加强名牌旅游产品的开发，促进整个旅游产品结构的优化。要通过对优势旅游资源和特色旅游产品的开发，开发更多的、内容丰富的一般旅游产品来增加旅游环境的容量，通过培育名牌旅游产品来吸引更多的旅游者，实现既增加旅游经济效益，又能促进生态环境的保护。

二、旅游市场结构优化策略

旅游市场结构的优化目标，是在促进旅游供给和需求动态均衡发展的基础上，不断扩大旅游客源市场规模，增加消费支出高的旅游者，提高旅游创汇收入和旅游经济总量的数量和水平。根据旅游市场结构优化的目标，其主要策略和措施包括以下三个方面。

（一）优化旅游市场结构

优化旅游市场结构，就是要大力开拓入境旅游市场，积极扩大国内旅游市场，稳步发展出境旅游市场。入境旅游者不仅能够增加旅游接待国或地区的旅游收入，而且入境旅游者的消费支出体现为对一国国民收入的增加，即外来经济的“注入”，从而促进旅游接待国或地区的社会经济发展。因此，必须采取各种有效的旅游宣传促销措施，大力开拓入境旅游客源市场，招徕大量的入境旅游者，以增加大量的旅游外汇收入。

从一国的角度看，国内旅游消费主要是活跃市场，加快货币回笼，但是对一国内的不同地区而言，积极扩大国内旅游客源市场，吸引大量国内旅游者同样是对地区经济的一种外部“注入”，有利于促进和带动地区社会经济的发展。因此，在大力开拓入境旅游客源市场的同时，必须积极扩大国内旅游客源市场，促进旅游经济总量增加和规模扩大。

出境旅游与一国的社会经济发展密切相关，同时出境旅游意味着国民收入的“漏出”，因此必须从一国的社会经济发展的实际情况出发，稳步发展出境旅游市场。

(二)优化旅游客源结构

优化旅游客源结构,就是要努力开拓高素质的旅游客源,不断提高旅游经济总量和经济效益。由于人们的旅游需求具有多样性,决定了旅游者出游的目的和消费水平也不一样。通常,以度假、商务为目的旅游者要比观光旅游者的消费支出高,而高消费的旅游者则为旅游目的地带来更多的旅游收入。因此,旅游目的地要通过开发多样化的旅游产品,尤其是度假、商务等高消费旅游产品,进一步提高旅游设施质量和服务水平,丰富旅游活动的内容和形式,提供更方便的旅游通达条件和更优质的旅游服务,吸引更多具有高需求、高消费、高素养的国内外旅游者,不断增加旅游目的地的旅游收入。

(三)优化旅游消费结构

旅游者在旅游活动中的消费包括食、住、行、游、购、娱等要素,其中食、住、行是最基本的旅游消费,也是旅游活动中必不可少的消费,而游、购、娱等则根据旅游者的支付能力可多可少。因此,优化旅游消费结构就是要在保证旅游者的基本消费支出的基础上,尽可能提供丰富的游、购、娱内容和产品,以刺激旅游者更多的消费支出,从而增加旅游目的地的旅游收入。

三、旅游产业结构优化策略

旅游产业结构优化的目标,是指旅游业内部各行业之间形成协调的数量比例和经济技术关系。包括旅游产业在类型、规模、发展水平等各方面结构的合理化和高度化。为了实现旅游产业结构优化的目标,必须针对以下内容采取有效的策略和措施。

(一)坚持宏观调控与市场调节相结合

在旅游产业结构优化过程中,宏观调控与市场调节分别具有不同的优越性。从宏观上,国家对旅游经济结构中的不合理状况,可以通过行政手段、预算投资及价格、利率、税收等宏观调控措施强制性地、及时地进行调整,从而避免市场失效和市场调节的滞后性。但市场的复杂性及其运行的规律性又决定了市场调节也具有不可替代的基础性地位和作用，特别是在社会主义市场经济中，旅游行业的供给结构总是受着旅游市场需求的引导。因此，宏观调控与市场调节在旅游经济结构优化过程中各有特点，但又不能互相代替，只有充分发挥二者的作用，协调好二者的关系，才能促进旅游产业结构的优化。

（二）坚持主导行业与关联行业相适应

在旅游产业结构中，旅行社在各行业中处于中心地位，起主导作用，它是联系各行业的纽带。因此，要充分发挥它的“龙头”带动作用，并与其他行业形成合理的比例关系。同时，也要深入研究旅游市场的发展趋势，根据旅游市场需求变化特点，分析和研究不同旅游行业的变化趋势，着重解决“瓶颈”行业的制约，及时调整相关行业的供给及运行状态，保持整个旅游产业结构的合理性，才能适应旅游经济发展的要求。

（三）加快旅游企业的集团化发展

加快旅游企业集团化发展是旅游产业结构高度化的重要内容。国际经验表明：专业化、综合性强的企业集团是增强旅游竞争力的重要手段，它能够发挥规模经济的优势，降低旅游市场风险，是旅游产业结构合理化和高度化的重要措施之一。加快旅游企业集团化发展，一是组建大型旅游集团，形成旅游开发、经营、管理的一体化；二是促进所有制结构调整，实现旅游经济所有制结构的合理化；三是加强旅游集团的科学管理和现代化管理，不断提高旅游企业经营管理的国际化水平，依靠科技促进发展，依靠管理增加效益。

四、旅游区域结构优化策略

旅游区域结构优化的目标，是指根据不同地区旅游资源和社会经济发展的差异性，合理布局旅游生产力，形成各旅游区在旅游产品数量、规模上的合理比例及相互联系，提高旅游目的地的整体竞争力。实现旅游区域结构优化目标，应切实按照以下要求，促进旅游区域结构的合理化和高度化发展。

（一）突出重点发展的原则

旅游区域布局应按照区域经济发展理论，遵循突出重点的原则，加强对重点旅游区、旅游城市及旅游路线的建设和发展。应根据旅游市场需求变化和发展趋势，重点加强具有一定知名度的旅游区的配套建设及旅游度假区的开发，通过重点建设一批融观光、度假及文化娱乐为一体的旅游区，尽快形成具有相当产业规模的综合接待能力，增强对国内外旅游者的吸引力；应加快对重点旅游城市的配套建设，特别是对旅游中心城市进一步深度开发，提高综合接待能力，充分发挥旅游中心城市的作用，增强对邻近地区和全国的辐射功能，成为旅游经济发展的“增长点”；要重点扶持和建设一批具有发展潜力，经济效益好的旅游路线，开展多种专项旅游，丰富旅游的内容，增强旅游经济发展的后劲。

(二)遵循点—轴发展的规律

所谓旅游点—轴发展规律，就是以建设国际化旅游城市为依托，形成“增长点”，再以“点”带“面”，经过辐射扩散作用，发展旅游区，带动整个区域旅游经济的发展。按照点—轴发展规律的要求，首先要加快重点旅游区和国际化旅游城市的建设，在重点旅游区和旅游城市中，有选择地建设一批具有国际化标准和功能的旅游城市和旅游景区，形成旅游经济发展的“增长点”。然后，依托这些“增长点”的辐射扩散作用，不断向周围地区扩散，并形成旅游经济圈和旅游经济带，带动相应地区旅游经济跳跃式地发展，从而促进整个旅游经济区域的形成，推动整个旅游经济区域的发展。

(三)强调合理分工、互相补充

旅游区域布局必须遵循合理分工、突出特色、互相补充的原则，根据各区域旅游经济的发展水平及区位状况，进行合理的分工和布局。一方面，各地区应根据自身的旅游资源优势和区位条件，根据旅游市场需求，开发和建设与经济发展相适应的旅游产品，并和相关地区旅游经济结构形成合理的分工和布局。另一方面，在注意突出各自的优势和特色时，要强调互补互济，形成各地区之间旅游资源互补、旅游市场互补、旅游产品互补、旅游优势互补，从而促进整个旅游生产要素的流动和有效利用，提高旅游经济的整体效益。

(四)积极发展国内外区域的合作

旅游业是一个开放型的经济产业，封闭是不能发展的，因而必须加快对外开放，积极发展国际国内的旅游合作。一是要按照旅游经济的内在联系，以区域经济理论为指导，加强各地区之间的旅游区域联合和协作，逐步形成具有一定规模、具有一定水平和各具特色的区域旅游网，提高区域旅游的整体竞争能力。二是要积极发展国际区域合作，参与国际市场竞争。特别是要顺应目前国际经济区域一体化的趋势，打破边界约束，寻求更大范围内的区域旅游合作，增强中国旅游业在国际旅游市场上的联合竞争能力，为进一步开拓国际旅游市场拓展新的途径。

复习与思考

一、重点概念

经济结构　旅游经济结构　旅游市场结构　旅游产品结构　旅游产业结构　旅游区域结构　旅游需求结构　旅游供给结构　旅游投资结构　旅游经济管理结构　旅游经济结构优化　旅游经济结构合理化　旅游经济结构高度化

二、简答题

1. 旅游经济结构具有哪些特征？
2. 旅游经济结构包括哪些内容？
3. 旅游经济结构优化具有哪些标志？
4. 实现旅游经济结构优化有何意义？
5. 分析旅游产品结构优化的目标和内容。
6. 为什么说高素质客源是旅游市场结构优化的重要内容？
7. 如何实现旅游产业结构的优化？
8. 旅游区域结构优化有哪些原则和要求？

三、论述题

1. 结合实际，阐述旅游经济结构的影响因素。
2. 分析旅游经济结构合理化和高度化的关系。

3. 论述如何实现旅游经济结构的优化。

案例分析

中国旅游饭店业结构分析①

改革开放以来，随着中国旅游业的快速发展，尤其是一批原来作为“培训中心”、“招待所”、“公寓”使用的住宿设施主动要求纳入旅游饭店管理，使中国旅游饭店数量规模有较大增长。到2000年末，全国共有旅游饭店10 481家，比上年末增加3 446家，增长48.98%，其中星级饭店数量增幅高达56.35%；全国旅游饭店共拥有客房94.82万间，比上年末增加5.88万间，增长6.6%；共拥有床位185.60万张，比上年末增加8.61万张。全国旅游饭店业的构成情况如下：

1. 按饭店注册登记类型划分。在全国10 481座旅游饭店中，国有饭店有6 646座，占全国旅游饭店总数的63.4%；集体经济饭店有1 280座，占12.2%；外商投资饭店有419座，占4.0%；港澳台投资饭店有414座，占4.0%。以上四种注册登记类型的饭店，共占全部饭店的83.6%。此外，联营、股份制、私营等其他注册登记类型的饭店共有1 722座，占全部涉外饭店总数的16.4%。从客房间数来看，在全国拥有的94.82万间客房中，国有饭店共有59.34万间客房，占全国旅游饭店客房总数的62.6%；集体经济饭店共有7.92万间客房，占8.4%；外商投资饭店共有5.80万间客房，占6.1%；港澳台投资饭店共有7.37万间客房，占7.8%。以上四种注册登记类型的饭店客房占全部饭店客房的84.8%；其他注册登记类型的饭店客房共有14.39万间，占全部饭店客房数的15.2%。

2. 按饭店规模大小划分。按饭店规模大小划分的情况是：客房数在500间以上的饭店129座，共有24.03万间客房，占全国旅游饭店客房总数的25.3%；客房数在300～499间的饭店309座，共有11.23万间客房，占11.8%；客房数在200～299间的饭店547座，共有13.14万间客房，占13.9%；客房数在100～199间的饭店1 926座，共有

① 根据国家旅游局有关统计资料编写。

26.45万间客房，占27.9%；客房数在100间以下的饭店7 570座，共有19.91万间客房，占21.1%。

3.按饭店星级类型划分。截至2000年底，全国共有旅游涉外星级饭店6 029座，比上年末增加2 173座；拥有客房59.47万间，比上年末增加6.98万间；床位114.48万张，比上年末增加11.99万张。具体情况是：五星级饭店117座，共有4.52万间客房，占全国旅游涉外星级饭店客房总数的7.6%；四星级饭店352座，共有8.49万间客房，占14.3%；三星级饭店1 899座，共有23.12万间客房，占38.9%；二星级饭店3 061座，共有20.51万间客房，占34.5%；一星级饭店600座，共有2.82万间客房，占4.7%。

4.按饭店的地区分布划分。全国10 481座旅游饭店分布于31个省、自治区、直辖市，具体情况如下：一是按拥有旅游饭店座数多少排列，位居全国前十名的地区是：广东1 506座，江苏803座，云南629座，浙江594座，山东558座，北京522座，湖北497座，辽宁431座，四川408座，广西403座；二是按拥有旅游饭店客房间数多少排列，位居全国前十名的地区是：广东16.31万间，辽宁8.76万间，北京7.67万间，上海5.60万间，浙江5.57万间，山东5.06万间，江苏5.01万间，海南3.44万间，四川3.42万间，广西3.29万间；三是按拥有旅游涉外星级饭店座数多少排列，位居前十名的地区是：广东697座，江苏450座，北京425座，浙江411座，云南408座，湖北295座，上海248座，湖南227座，辽宁216座，福建213座。

第九章　旅游经济效益

学习目的

●熟悉旅游经济效益的概念

●掌握旅游经济效益的内容

●了解提高旅游经济效益的对策

基本内容

旅游经济效益的特点

●基本概念:旅游经济效益

●旅游经济效益的特点

●旅游经济效益的影响因素

旅游收入的分类和指标

●基本概念:旅游收入

●旅游收入分类

●旅游收入指标

●旅游收入的影响因素

旅游成本的特点和分类

●基本概念:旅游成本

●旅游成本的意义

●旅游成本的分类

旅游经济效益评价和提高

●旅游经济效益评价原则

●旅游企业经济效益评价与提高

●旅游宏观经济效益评价与提高

案例分析

●全球旅游经济效益分析

第一节　旅游经济效益的特点

一、旅游经济效益的概念

讲求和提高旅游经济效益，不仅是从事旅游经济活动的基本准则和发展社会主义经济的根本目标，也是社会主义基本经济规律和人类社会可持续发展的客观要求。所谓旅游经济效益，是指旅游经济活动的有效成果与劳动占用和消耗之间的比较，简言之，即从事旅游经济活动的投入与产出的比值。讲求和提高旅游经济效益，就是在从事旅游经济活动时，要以尽可能少的劳动占用和消耗，产出尽可能多的、符合社会需要的有效成果。

旅游经济活动的有效成果，是指旅游经济活动的最终产出（包括产品、劳务和收益）。由于旅游经济活动是一种包含了经济、技术、社会、文化、政治等多种因素相结合的活动，因而其有效成果也是多方面的。既包括向旅游者提供的旅游产品和服务，以满足他们多样化的旅游消费需求；又包括通过旅游经济活动获取应有的利润和税收，从而为企业发展和国家经济建设积累资金；此外，还包括促进人们生活质量水平的提高和生态环境的不断改善等。

旅游经济活动的劳动占用和消耗，是指旅游经济活动的投入，即旅游企业和管理部门在规划组织旅游活动，向旅游者提供旅游产品和服务过程中所占用和耗费的各种物化劳动和活劳动消耗，包括旅游企业、管理部门和相关方面的各种成本和费用支出等。在一定的劳动占用和耗费情况下，旅游者在旅游活动中的满足程度越高，旅游企业、管理部门和相关方面的旅游收益越高，则表明旅游经济效益越好，从而为企业发展和国家经济建设积累的资金就越多。

二、旅游经济效益的特点

旅游经济作为国民经济的组成部分，有其自身的特点和运行规律。因此，要正确把握旅游经济效益的概念及其评价标准，分析影响旅游经济效益的各种因素，探寻提高旅游经济效益的途径和措施，还必须掌握旅游经济效益的特点。从旅游经济发展的实践看，旅游经济效益既有和一切经济活动相同的基本特征，又有区别于其他经济活动的不同特点，具体表现在三个方面。

（一）旅游经济效益具有宏观和微观的统一性

旅游经济活动通常由旅行、餐饮、住宿、交通、观赏、娱乐和购物等多种活动所组成，因而旅游经济效益实质上是食、住、行、游、购、娱等多种要素综合作用的结果，而各种要素作用发挥的好坏，最终也必须体现在经济效益上。一方面，旅游经济效益体现了旅游企业作为一个独立的经济主体，在从事旅游经营活动过程中相应获得的经济利益，这是旅游企业生存和发展的基础和前提；另一方面，旅游经济效益还要体现国家或地区的宏观经济效益，即国家通过促进旅游经济活动的发展而获得相应的税收和其他收入，并以其较强的产业带动效应，把旅游经济活动所产生的经济效益辐射到其他产业和部门，带动整个社会经济的发展。因此，旅游经济效益是国家宏观经济效益与企业微观经济效益的统一。

（二）旅游经济效益具有质和量的规定性

旅游经济效益同其他经济活动一样，不仅有质的规定性，而且也有量的规定性。旅游经济效益质的规定性，主要表现为取得旅游经济效益的途径和方法必须在国家有关法律、法规和政策的范围内和指导下，通过加强管理、技术进步和改善服务质量来实现。旅游经济效益量的规定性，是指旅游经济效益不仅能用量化的指标来反映，而且还能通过对指标体系的比较分析，发现旅游经济活动中的问题，从而寻求提高旅游经济效益的途径和方法。

旅游经济效益质和量的规定性是有机统一的整体，离开了质的规定而片面追求量的目标，就会偏离社会主义旅游经济发展的宗旨和方向，甚至成为不良社会行为滋生的土壤；反之，若只考虑旅游经济效益的质的规定性，而没有量的追求，就没有积极开拓的进取精神和科学的经营管理方法，就难以提高旅游经济效益。因此，只有把旅游经济效益的质和量有机统一起来，才能保证旅游经济活动健康的发展，促进旅游经济效益的不断提高。

（三）旅游经济效益衡量标准的多方面性

在社会主义市场经济条件下，旅游经济活动必须面向市场，并以旅游者为中心。这就要求旅游经营部门和企业在组织旅游活动时，必须树立为旅游者服务的经营思想和观念，从旅游者的消费需求考虑，尽可能提供适销对路、物美价廉的旅游产品和服务，这是获取旅游经济效益的重要前提。只有在充分满足人们旅游消费需求的基础上，获取合理的旅游经济收入和利税，才能不断提高旅游经济的宏观和微观经济效益。因此，从以上两方面来衡量旅游经济效益可以有多方面的标准，实践中通常是采用以下指标体系进行综合分析和评价，即接待旅游者人数、游客逗留天数、旅游收入、旅游外汇收入、旅游利润和税收、客房利用率、游客人均消费、游客投诉率、资金利润率、成本利润率以及服务质量等多项指标。

三、旅游经济效益的影响因素

旅游经济效益的影响因素是多方面的，既有主观因素又有客观因素，既有宏观因素又有微观因素，既有经济、技术因素又有政策、法律因素，既有国内因素又有国际因素等。因此，为了有效地提高旅游经济效益，就必须对影响旅游经济效益的主要因素进行科学的分析和研究。

（一）旅游者数量及构成

在旅游经济活动中，旅游者是旅游活动的主体和旅游服务的对象，也是旅游活动产生的前提。旅游者数量的多少与旅游活动中所占用和耗费的劳动量之间存在着一定的比例关系。若以较少的劳动占用和耗费，而为更多的旅游者及时提供了优质的旅游产品和服务，则旅游经济效益就好；反之，若为一定的旅游者服务而劳动占用和耗费不断增加，则旅游经济效益就差。因此，旅游者数量的多少对旅游经济效益具有直接的影响。

旅游者数量及构成对旅游经济效益的影响具体表现在两方面：一方面，旅游经济活动中旅游者数量的增加，必然相应增加旅游收入，从而提高旅游产品和旅游服务的利用效率，增加旅游经济效益；另一方面，旅游经济活动中的劳动占用和耗费，特别是表现为固定费用部分（如基本工资、折旧、管理费用等），在一定范围内会随旅游者数量的增加而相对减少，于是在其他条件不变的情况下，旅游者数量越多，则对于每一个旅游者所花费的成本费用就相对减少，从而使旅游经济效益相应增加。此外，在旅游者数量既定的情况下，旅游者逗留时间越长，所需旅游服务项目越多，则每个旅游者的平均消费支出就越大，于是旅游目的地的经济效益就越高。因此，不仅旅游者的数量规模大小对旅游经济效益具有直接的影响作用，而且旅游者的结构状况也对旅游经济效益产生直接的影响作用。

（二）旅游物质技术基础及其利用率

旅游物质技术基础是指对各种旅游景观、旅游接待设施、旅游交通和通信、旅游辅助设施的总称。在旅游经济活动中，各种旅游物质技术基础与旅游经济效益具有直接的关系。通常，旅游物质技术基础条件好，则吸引的旅游者就多，旅游人数多必然使旅游收入增多，而劳动占用和耗费相对就少，从而提高了旅游经济效益。

因此，要提高旅游经济效益，就应促进旅游业适度超前地发展各种旅游设施，尽可能配备现代化程度较高的物质技术设备和手段，以提高劳动效率，减少劳动耗费，为提高旅游经济效益奠定基础。同时，还必须不断提高旅游物质技术设施的利用率，而提高旅游物质技术设施利用率，就意味着花费在单位游客上的劳动占用和耗费减少，从而降低旅游成本，提高旅游经济效益。

（三）旅游活动的组织和安排

旅游活动全过程涉及旅游者的食、住、行、游、购、娱等多方面的需求，这些需求是相互联系、衔接配套的。因此，在旅游活动中能否有效地提供旅游产品和服务，能否高质量地组织和安排好旅游者的旅游活动，就直接影响着旅游经济效益。例如，在其他条件既定情况下，若旅游时间超过了计划安排，则势必增加旅游成本而减少旅游利润；若旅游活动组织得单一、重复、枯燥，则可能产生负面影响，导致客源减少，效益下降；若旅游服务质量不高，不能较好地满足旅游者的身心需求，就不能刺激旅游者增加旅游消费，从而也就无法增加经济效益。

综上所述，在旅游活动的组织和安排中，一定要针对不同旅游者的类型、需求特点、消费习惯等，有目的地规划和组织好旅游活动。尽可能在旅游时间安排上张驰结合，留有余地，保证旅游时间有效利用；在旅行线路上尽可能安排紧凑、内容丰富、生动有趣，提高旅游者的兴致，使其得到最大的身心需求满足；在旅游服务质量上，要礼貌谦和、服务周到，使旅游者真正能够高兴而来，满意而归。

（四）旅游业的科学管理

旅游经济效益的提高，最根本的是劳动生产率的提高，而劳动生产率的提高离不开现代科学管理。因此，旅游行业必须科学地组织劳动的分工与协作，把食、住、行、游、购、娱等方面衔接配套好，才能有效地提高劳动生产率。另外，劳动者是生产力诸要素中最活跃、最关键的因素，也是决定劳动生产率能否提高的关键，因而要积极培训和提高职工的业务技术水平，充分调动职工的劳动积极性和创造性，真正实现劳动生产率的提高。

总之，对旅游经济活动的管理越科学、合理，职工的业务技术水平越高、对本职工作的责任心越强，则劳动时间的利用越充分，劳动效率就越高，创造的劳动成果就越多，于是旅游经济效益就越好。反之，若旅游劳动效率低，则旅游劳动的成果就少，相应旅游经济效益也就差。

第二节　旅游收入的分类和指标

一、旅游收入的概念

旅游收入，是指旅游目的地国家或地区在一定时间内（以年度、季度、月度为单位），从旅游产品的销售中所得到的全部货币收入的总和。

旅游收入的增长不仅对旅游企业的积累和发展起着决定性作用，同时对国民经济和旅游业的发展也起着举足轻重的作用。

（一）旅游收入反映了旅游经济活动的成果

旅游收入体现了旅游经济活动的成果，在旅游产品生产与经营成本不变的情况下，旅游收入的多少与旅游利润成正比例关系。旅游收入越多，旅游利润就越大，则旅游经济效益就越好；反之，旅游收入越少，旅游利润就越小，则旅游经济效益就越差。同时，旅游收入的增加标志着流动资金周转的加速，而每一次旅游收入的取得，都标志着在一定时期内，一定量的流动资金所完成的一次周转。因此，在一定时期内，旅游收入取得的越快越多，就意味着流动资金周转次数多、速度快、占用的流动资金越少，旅游企业的经济效益就会更好，从而综合地反映了旅游经济活动的成果。

（二）旅游收入体现着旅游业对国民经济的贡献

发展旅游经济的目的是为了发展同全世界各国人民之间的友好往来，促进国际经济、文化、技术交流，满足国内外旅游者对旅游产品的需求。因此，旅游收入的多少，一方面体现着接待旅游者数量的增减、旅游服务质量的高低、旅游产品的畅销程度和旅游者旅游需求的满足程度；另一方面旅游收入直接反映了旅游目的地国家或地区旅游经济的运行状况，是衡量旅游经济活动及其经济效益的不可缺少的指标，也是一个国家或地区旅游业发达与否的重要标志，体现着旅游业对国家作出贡献的大小，以及对国民经济的促进和影响作用。

（三）旅游收入体现了货币回笼和创汇的状况

旅游经济活动包括国内旅游业务和国际旅游业务两部分。通过开展国内旅游业务活动，可引导人们进行合理消费，让人们在旅游活动中增长见识、丰富知识、开拓眼界，同时通过销售旅游产品和提供服务，完成回笼货币的任务。通过开展国际旅游业务活动，努力销售本国各类旅游产品，取得旅游外汇收入，对减少国家外贸逆差，平衡外汇收支，增强国家外汇支付能力，增加国家外汇储备等方面都具有重要的作用。

二、旅游收入的分类

为了更好地认识旅游收入的内涵，分析旅游经济活动过程，促进旅游活动的有效开展，可从不同角度对旅游收入进行分类研究。通常，可按旅游收入的来源、内容和构成进行分类。

（一）按旅游收入来源划分

在旅游经济活动中，由于旅游者既有国际旅游者又有国内旅游者，因此按照旅游收入的来源，可将旅游收入划分为国际旅游收入和国内旅游收入。

国际旅游收入，是指旅游目的地国家或地区的旅游经营部门和企业，因经营国际旅游业务，向外国旅游者提供旅游产品和旅游服务等所取得的外国货币收入，通常被称为旅游外汇收入。国际旅游收入来源于国际旅游者在旅游目的地国家或地区的入境旅游消费支出，也是旅游目的地国家或地区向外出口旅游产品和劳务所取得的收入，是另一种形式的对外贸易，它意味着旅游目的地国家或地区的国民收入的增长，体现着旅游客源国与旅游接待国之间所形成的国际经济关系。

国内旅游收入，是指旅游目的地国家或地区的旅游经营部门和企业，因经营国内旅游业务，向国内旅游者提供旅游产品和服务而取得的本国货币收入。国内旅游收入来源于本国居民在本国境内的旅游消费支出，是本国物质生产部门劳动者所创造财富的转移和国民收入再分配的结果，它体现着一个国家或地区内经济发展的状况以及国家与企业、企业与企业、企业与居民之间的经济关系。国内旅游收入的增加一般不会导致一国财富总量的增加。

（二）按旅游消费内容划分

旅游者在旅游活动中的消费支出是多种多样的，涉及食、住、行、游、购、娱等方面，因此按照旅游者的消费内容一般可划分为基本旅游收入和非基本旅游收入两大类。

基本旅游收入，通常是指在旅游过程中，旅游目的地国家或地区的旅游部门和企业通过向旅游者提供旅游交通、食宿、游览景点等旅游产品和服务所获得的货币收入的总和。基本旅游收入是每个旅游者在旅游过程中必须支出的费用，尽管每个旅游者由于支付能力不同，需求层次不同，花费的标准不同，支付货币额的多少不同，但都是必须支出的。因此，对每一个旅游者来说基本旅游支出是缺乏弹性的，是一种固定性的支出。所以，基本旅游收入是与旅游者人次数、旅游者的停留时间和旅游者的消费水平成正比例变化的。

非基本旅游收入，一般是指在旅游活动中，旅游目的地国家或地区的旅游相关部门和企业，通过向旅游者提供医疗、电信、购物、美容、银行、保险、修理、娱乐、体育等旅游设施和服务所获得的货币收入的总称，是旅游者在旅游过程中可能发生的各种费用支出。由于旅游者的需求不同、支付能力不同、兴趣爱好不同、消费习惯不同，使旅游者这一类支出具有较强的选择性和灵活性，并非是每一个旅游者在旅游活动中都必须花费的。因此，这一部分服务项目的需求弹性较大，具有不稳定的特点，是一种可变的支出。

由于基本旅游收入具有相对刚性的特征，而非基本旅游收入具有较大的弹性特征，因而二者在旅游收入总量中所占比重的大小，成为衡量一个国家或地区社会经济发展程度和旅游业发展水平的重要参考指标之一。某一旅游目的地的非基本旅游收入所占的比重越大，表明该地区旅游业的发展水平越高，旅游收入的增长潜力越大；若某一旅游目的地的非基本旅游收入在旅游收入总量中所占比重较小，则说明该地区的旅游业仅处于初创和发展阶段，在产品结构、旅游项目开发、经营方式等方面都有待于进一步提高和发展。

（三）按旅游收入构成划分

从旅游统计的角度，按照旅游者消费支出的构成情况可划分为商品性旅游收入和劳务性旅游收入两大类（见表 9-1）。

商品性收入。主要指为旅游者提供物质形式的旅游产品而得到的收入，包括销售旅游商品和提供餐饮等所获得的收入。商品销售收入是向旅游者销售旅游商品而得到的收入，包括销售各种生活用品、工艺美术品、药品、书报杂志等得到的收入，餐饮销售收入主要是为旅游者提供膳食、饮料等而得到的收入。

表 9-1 中国旅游外汇收入构成比较表

单位:百万美元,%

收入项目	1995 年		2000 年		2002 年	
	收入额	比重	收入额	比重	收入额	比重
总计	8 733	100.0	16 224	100.0	20 385	100.0
一、商品性收入						
1. 商品销售	1 641	18.8	3 231	19.9	4 211	20.7
2. 餐饮	1 658	19.0	1 523	9.4	1 660	8.1
小计	3 299	37.8	4 754	29.3	5 871	28.8
二、劳务性收入						
1. 长途交通	2 017.1	23.1	4 880	30.1	5 260	25.8
民航	1 491.3	17.1	3 502	21.6	3661	18.0
铁路	163.9	1.9	596	3.7	465	2.3
汽车	133.4	1.5	596	3.7	874	4.3
轮船	228.6	2.6	186	1.1	260	1.3
2. 游览	358.0	4.1	751	4.6	1431	7.0
3. 住宿	1 831.7	21.0	2 205	13.6	2 565	12.6
4. 娱乐	229.2	2.6	1 193	7.3	1 525	7.5
5. 邮电通信	249.4	2.8	503	3.1	720	3.5
6. 市内交通	282.6	3.2	534	3.3	882	4.3
7. 其他服务	466.2	5.3	1 404	8.7	2 131	10.5
小计	5 434	62.2	11 470	70.7	14 514	71.2

资料来源:《中国旅游年鉴》,1996 年,2001 年,中国旅游出版社。

《中国旅游统计便览》,2003 年,中国旅游出版社。

劳务性收入,一般是指为旅游者提供各种劳务性服务而获得的收入,包括旅行社的业务费收入、住宿费、交通费、邮政通信费、文化娱乐费以及其他各项费用收入。旅行社业务收入,是旅行社营业收入中扣除支付给有关部门的住宿费、餐费、交通费、文娱活动费等费用后余下的翻译导游费、各项手续费及其他服务性收入;住宿费是指为旅游者提供饭店、宾馆客房住宿服务而获得的收入;交通费则指为旅游者提供地区间的飞机、火车、轮船、汽车等长途运输和市内交通服务而获得的收入；邮政电信费是指为旅游者提供邮寄文件、包裹、长途电话、电报等服务而获得的收入；文化娱乐费是指为旅游者提供游览、娱乐、文艺表演等各种文化娱乐服务而获得的收入及其他收入等。

三、旅游收入指标

旅游收入指标，是用货币单位计算和表示的旅游活动成果的价值指标，它反映了旅游经济活动的水平、规模、速度和比例关系。旅游收入是补偿劳动消耗、实现旅游业再生产的先决条件，也是旅游目的地国家或地区的旅游企业和有关部门掌握和分析旅游经济活动的重要工具，常用的旅游收入指标主要有五类。

（一）旅游收入总量指标

旅游收入总量指标，是指在一定时期内，旅游目的地国家或地区的旅游部门和企业，向国内外旅游者出售旅游产品和其他服务所获得的货币收入的总额。这一经济指标综合反映了该国家或地区旅游经济的总体规模状况和旅游业的总体经营成果。在实际计算中，国内旅游收入按以下公式计算；国际旅游收入参照下述公式，先计算旅游外汇收入，再按汇率折算为本国货币收入。

设：R——旅游总收入

N——旅游者人次数

Q——旅游者人均消费支出

t——旅游者停留时间

则有旅游总收入计算公式 9-1：

$$R=N\cdot Q\cdot t$$

（二）旅游外汇收入指标

旅游外汇收入指标，是指在一定时期内旅游目的地国家或地区向海外旅游者提供旅游产品和其他劳务所获得的外国货币收入的总额，也是外国旅游者入境后的全部消费总额。旅游外汇收入指标是衡量一国国际旅游业发展水平的重要标志之一，又是反映该国旅游创汇能力的一项综合性指标。在国际旅游业中，它常被用于同外贸商品出口收入和其他非贸易外汇收入进行比较，以说明一国国际旅游业在全部外汇收入中的地位和对弥补国家外贸逆差所做的贡献。旅游外汇收入指标的计算公式同旅游总收入计算公式一样，只是货币单位一般都用美元来表示。

（三）人均旅游外汇收入指标

人均旅游外汇收入指标，是在一定时期内，旅游目的地国家或地区平均每接待一个海外旅游者所取得的旅游外汇收入额，同时它也是每一个海外旅游者在旅游目的地国家或地区境内的人均外币支出额。这一指标是一定时期内该国家或地区旅游外汇收入总额与该国或地区接待的海外旅游者人次之比。该指标主要用于分析比较不同时期接待海外旅游者的外汇收入水平。人均旅游外汇收入指标数值的高低与入境旅游者的构成、支付能力、在境内停留时间以及旅游目的地国家或地区的旅游接待能力有密切的关系。

（四）旅游换汇率指标

旅游换汇率指标，是指旅游目的地国家或地区向国际旅游者提供单位本国货币的旅游产品所能换取外国货币的数量比例。通常，旅游换汇率与该国家或地区同期的外汇汇率是一致的。在不同的时期，外汇比价不同，旅游换汇的数值也就会不同。在国际经济交往中，旅游外汇收入属于非贸易外汇，换汇成本低于贸易外汇，即以一定数量货币表示的出售给国际旅游者的旅游产品，要比同量货币表示的出口一般商品能换取到较多的外汇收入。由于旅游换汇率指标反映了旅游外汇收入对一个国家或地区国际收支平衡作用的大小，愈来愈引起各个国家和地区的高度重视。

设：H_r——旅游换汇率

R_f——单位旅游产品外汇收入

R_s——单位旅游产品本币价格

则有旅游换汇率计算公式 9-2：

$$H_r=\frac{R_f}{R_s}\times 100\%$$

（五）旅游创汇率指标

旅游创汇率，又称为旅游外汇净收入率，是指旅游目的地国家或地区在一定时期内，经营国际旅游业务所取得的全部外汇收入扣除了旅游业经营中必要的外汇支出后的差额，并与全部旅游外汇收入的比值。

设：C_r—— 旅游创汇率

R_t—— 旅游外汇总收入

E_t—— 旅游外汇总支出

则有旅游创汇率计算公式 9-3：

$$C_r=\frac{R_t-E_t}{R_t}\times 100\%$$

在旅游业发展过程中，既要通过销售旅游产品获取外汇收入，也要从所获取的外汇收入中，支出一部分用于购买旅游业发展所必需的国内短缺物资以及其他支出。在旅游外汇支出中，包括从国外进口必要的旅游设施、设备、原材料等，旅游境外宣传和统一驻外机构费用支出等，偿付外商投资利息、利润分红和国外管理人员费用，以及为适应海外来华旅游者的需求，从国外进口各种日用消费品的支出等。从而造成旅游外汇收入中的一部分再流向国外。因此，在最大限度地满足旅游者需要的前提下，在旅游外汇总收入既定的条件下，用于经营旅游业务所支出的外汇越少，旅游外汇净收入率就越高。这一指标既反映了旅游目的地国家或地区增收节支、尽量减少外汇流失的情况，又是衡量该国家或地区社会经济发展总体水平和完善程度的重要标志之一。

四、旅游收入的影响因素

旅游业是一个关联性、依赖性较强的行业，由于各种社会经济现象和经济关系等多种因素不同程度的影响，使得某一旅游目的地国家或地区在一定时期内的旅游收入和旅游外汇收入量都会出现不同程度的高低变化。可以说，旅游收入量是多种影响因素的函数。具体讲，影响旅游收入的因素主要有以下六个方面：

（一）接待旅游者人数

旅游目的地国家或地区接待旅游者人数的多少，是影响旅游目的地国家或地区旅游收入高低的基本因素。在正常情况下，旅游收入与接待的旅游者人数成正比例关系变化。虽然旅游者的个人消费水平由于其收入水平和支付能力的不同会产生较大差异，但接待旅游者人数增加，会使旅游收入的绝对数增加，接待旅游者人数减少，则旅游收入也随之减少。

（二）旅游者支付能力与人均消费水平

在旅游接待人数既定的条件下，旅游者的支付能力和人均消费水平是旅游目的地国家或地区旅游收入增减变化的另一决定因素。旅游者的人均消费水平和支付能力与旅游目的地国家或地区的旅游收入呈正比例关系变化。旅游者的支付能力强、人均消费水平高，旅游目的地国家或地区的旅游收入就必然增加。反之，旅游者的支付能力和人均消费水平低，则旅游目的地国家或地区的旅游收入就减少。旅游者的支付能力和人均消费水平的高低又与旅游者的年龄、社会阶层、家庭状况、职业、个人可自由支配的收入以及消费偏好等因素有着密切的联系。

（三）旅游资源吸引力和旅游产品质量

旅游资源的吸引力和旅游产品的质量是影响旅游收入的重要因素之一。通常，旅游目的地国家或地区旅游资源的吸引力及丰富程度、旅游产品开发品位、特色等，是吸引旅游者的主要方面，而旅游产品的服务质量，则是促成旅游者进行购买的重要原因。因此，要充分利用旅游目的地国家或地区的旅游资源及其吸引物，不断对旅游产品进行深层次的开发，调整产品结构，提高旅游服务质量，才能不断提高旅游者的消费支出，增加旅游收入。

（四）旅游者在旅游目的地的停留时间

在旅游者人次、旅游消费水平既定的条件下，旅游者在旅游目的地的停留时间长短对旅游收入的增减有着直接的影响。旅游者人均停留时间与旅游收入之间存在着正比例变化的关系，即旅游者在旅游目的地停留时间越长，其所花费支出就越大，旅游目的地的旅游收入就会随之增长。反之，旅游者在旅游目的地停留时间越短，旅游花费越少，则旅游目的地的旅游收入就越小。因此，要提高旅游者的停留时间，就必须分析旅游者个人的闲暇时间、旅游目的地对旅游活动的组织安排、所提供的旅游产品的吸引力以及其他消费品和服务的多样性等因素，以提供丰富的旅游产品内容，增加旅游者停留时间。

（五）旅游目的地的旅游价格

旅游价格是影响旅游收入高低的一个最直接的因素，它们两者之间存在着密切的依存关系，旅游收入等于旅游产品价格与出售的旅游产品数量的乘积。根据旅游需求规律，在其他条件不变的情况下，不论旅游产品的价格是上涨还是下落，旅游需求量都会出现相应的减少和增加。为了测量旅游需求量随旅游产品价格的变化而相应变化的程度，就必须正确计算旅游需求价格弹性系数。并根据旅游产品需求价格弹性大小，正确地计算旅游收入。

（六）外汇汇率

外汇汇率是各个国家不同种类货币之间的相互比价。外汇汇率对旅游目的地国家或地区旅游收入的变化产生一定的影响。如果旅游目的地国家相对旅游客源国的货币贬值，即汇率降低，在旅游目的地国家价格未提高的条件下，会刺激该旅游客源国的旅游需求，导致旅游目的地国家或地区的入境旅游人数增加，从而使旅游外汇总收入增加。反之，如果旅游目的地国家相对旅游客源国的货币升值，即汇率提高，那么，将会抑制旅游客源国的旅游需求，导致旅游目的地国家或地区入境旅游者人数减少，从而使该国旅游外汇总收入降低。因此，在衡量旅游目的地国家或地区的旅游收入时，应注意分析因汇率变动而形成的差异，这样，才能使旅游目的地国家或地区在不同时期内所取得的旅游收入更具真实性和可比性。

第三节　旅游成本的特点和分类

一、旅游成本的概念

旅游成本，从狭义看是指旅游企业为生产和销售旅游产品所支出的费用总和，即旅游产品价值中的物化劳动和活劳动的货币表现；从广义看是指为了实现旅游经济活动目的而发生的全部可用货币来测定的支出，包括旅游企业的各种支出和社会、环境等方面的支出。具体讲，可以从下述三个方面来理解旅游成本的概念和特点。

（一）旅游成本是经营旅游产品所耗费的经济价值

从旅游企业的经营看，企业的生产和销售活动要得以顺利进行，就必须消耗一定的生产资料和劳动力，生产和销售旅游产品所消耗的生产资料的价值、支付劳动力的劳动报酬以及为维持生产经营活动而进行的各种管理活动所发生的各种费用，共同构成了旅游企业的经营成本。

（二）旅游成本是取得物质财富所付出的经济价值

从社会经济活动看，人类为进行各项经济活动，获取必需的物质财富，就必须发生各种物质方面的消耗，并投入一定的劳动，为此而支付各种费用，这些费用随着社会经济活动的进行，又具体转变为生产成本和经营成本，并表现为一定时期内社会经济活动所必需的社会经济成本，即取得物质财富必须付出的经济价值。

（三）旅游成本是进行旅游经济活动的经济社会成本

旅游成本作为实现一定经济目的所付出的经济价值，可以是已经付出的，也可能是尚未付出的但允许付出的，还可能是间接支付的成本。因此，从广义来说，旅游成本是进行旅游经济活动而发生的全部经济社会成本，即为达到旅游目的而发生的经济支出和付出的其他代价，如环境污染、社会问题等。

二、旅游成本的意义

旅游成本是反映旅游经济效益的一个综合性指标，在旅游业和旅游企业经营活动中具有十分重要的作用，对于发展旅游经济，搞好旅游企业经营管理都有着十分重要的意义。

（一）旅游成本是旅游企业进行经营活动的重要依据

旅游企业经营的目的是为旅游者提供高质量的服务，同时以最少的耗费取得最大的经济收益。因此，旅游企业在进行各种经营决策时都必须以成本为依据，根据成本对旅游投资项目进行最佳方案的选择，根据成本对经营活动作出科学的决策。并努力降低成本，提高旅游企业在市场中的竞争能力，不断增强旅游企业的活力，增强企业的内在发展能力和盈利能力。

（二）旅游成本综合反映了旅游企业经营管理水平的高低

企业总成本、单位成本、费用率是综合反映旅游企业管理工作的几项重要经济指标。企业材料物品消耗的多少，劳动生产率的高低，服务设施的利用情况，人员构成是否合理等都可以通过旅游成本反映出来。因此，旅游企业的成本越低，则反映出企业经营管理水平越高。所以，通过成本分析能及时发现旅游企业经营活动中出现的各种问题，为提高旅游企业经营管理水平提供参考和指导。

（三）旅游成本直接影响国家财政收入的变化

在价格一定的情况下，企业成本越高，盈利就越少，上交给国家的税收就越低；成本越低，盈利就越多，上交给国家的税收就越多。在价格随成本升降的情况下，成本高，价格相应就会提高，从而使竞争力下降，上交国家税收也降低；而成本低，价格就会相应降低，从而使价格竞争力增强，上交国家税收就相应增多。由此可知，旅游成本的高低直接影响到国家财政收入的相应变化，进而影响到整个宏观经济效益。因此企业在处理价格、盈利、成本这些关系时，必须从全局出发，保证为国家提供更多的税收收入。

三、旅游成本分类

为了有效地控制旅游成本扩大，取得良好的旅游经济效益，必须根据成本的性质，从其构成及支出范围等不同角度进行科学的分类，并按不同的分类特点进行成本的控制。

（一）按成本的经济内容分类

按照旅游成本的经济内容划分，可将旅游成本划分为营业成本、管理费用和财务费用三大类。目的是能够准确地了解旅游成本费用发生的范围和数量，以便加强成本控制和管理，为提高旅游企业经济效益指明方向和途径。

营业成本，是指旅游企业从事经营活动所支出的全部直接费用，由于旅游企业包括很多不同的服务部门，使各部门营业成本有着不同的内容。例如旅行社营业成本包括宿费、餐费、车费、陪同费、文杂费、邮电费、劳务费、地陪及加项费、其他费用等；旅游饭店营业成本包括住宿成本、餐饮成本、商品成本、洗涤成本以及其他成本等。

管理费用，是指旅游企业决策和管理部门在企业经营管理中所发生的费用，也就是不能直接计入营业成本的其他支出，包括行政办公经费、工会经费、职工培训费、劳动保险费、外事费、租赁费、咨询费、审计费、诉讼费、土地使用费、无形资产摊销，开办费摊销、坏账损失、上级管理费用以及其他管理费用等。

财务费用，是指旅游企业为筹集经营资金所发生的各种费用，包括利息支出、汇兑损失、金融机构手续费及筹资发生的其他费用等。

（二）按成本的形态分类

按照成本形态划分，旅游成本可划分为固定成本和变动成本两部分。这种分类方法有利于把旅游成本和业务量结合起来考察，为旅游企业的经营决策提供科学的依据。

固定成本是指在一定的业务范围内，不随业务量的增减变化而固定不变的成本，主要包括固定资产折旧费、修理费、租赁费用、行政办公费、管理人员的工资等。尽管固定成本总额不随业务量增减而发生变化，但是随着业务量的增加，分摊到单位旅游产品或服务上的固定成本却会相对减少。因此，在一定的条件下（即固定成本总额不变），努力提高旅游设施的利用率，提高劳动生产率，必然会降低单位旅游产品或服务的成本，增加旅游企业的盈利。

变动成本是指随着业务量增减变化而发生相应变化的成本，主要包括各种原材料的消耗、水电费用、燃料费用、低值易耗品费用、服务人员的工资和奖金等。由于变动成本总是随业务量的增加而增加，因此降低单位旅游产品和服务的变动成本，就能使单位成本和总成本都得到降低，从而能增加企业的经济效益。

（三）按照管理责任分类

按照管理责任分类，可将旅游成本划分为可控成本与不可控成本。这种划分的主要目的是为了明确各责任单位的职责，起到更有效地控制成本费用的目的。因为相对于一定时间而言，有些成本费用从短期看是不可控的，但从长期看却又是可控的。

可控成本，是指在会计期间由一个责任单位有权确定开支的成本。如部门经理对本部门所生产的旅游产品的成本、工资费用等就可以施加影响，并有权做出决定，那么这些成本费用对该部门经理来说就是可控成本。

不可控成本，是指在一定时期内责任单位对成本费用的发生无法控制的成本。如折旧费对于上述部门经理来说就是不可控的。

（四）按旅游宏观成本分类

旅游宏观成本，是指为开展旅游经济活动而形成的整个社会的耗费和支出，即旅游的社会总成本。除了旅游企业所发生的旅游经营成本以外，其他旅游宏观成本可大致划分为有形成本和无形成本两大部分。

有形成本，是指为开展旅游经济活动必须付出的直接成本，主要体现在经济上的支出。具体包括：对发展旅游业必须的有关道路、机场、水电、排污、码头等基础设施的投资；国家、地方、集体、个人对旅游景点、接待设施等方面的投资；引进国外的旅游设备设施及购买原材料的支出等；国家各级旅游组织及相关机构用于旅游方面的市场调研、宣传促销、考察交流、外联、科研等方面的支出等。

无形成本是指为发展旅游业而导致社会、经济和生态环境等方面产生的消极影响，是开展旅游经济活动而支付的“间接成本”。事实上，旅游业虽然是一个“无烟工业”，但并非是无污染的产业。随着旅游业的发展及大量旅游者的涌入，一方面会对旅游目的地的环境和生态造成消极影响，如疾病的流传、环境的污染、生态平衡的破坏，从而使良好的自然景观受到影响；会造成对传统文化、艺术及各种文物古迹的破坏和影响。另一方面，会引起旅游目的地的消费超前增长，从而刺激通货膨胀、物价上涨，对社会经济增长和经济结构产生消极的作用。总之，旅游经济活动的消极影响往往为人们所忽略，而要解决这些问题需要投入大量的成本费用，因此就形成了旅游宏观成本的重要组成部分。

第四节　旅游经济效益评价

一、旅游经济效益的评价原则

要提高旅游经济效益，就必须在旅游经济活动中以尽可能少的投入，获取尽可能多的产出，这也是评价旅游经济效益的重要标准。通常，对旅游经济效益的评价必须按照以下原则进行比较分析。

（一）旅游经济活动的有效成果同社会需要的比较

旅游产品作为旅游者在旅游活动过程中所购买的物质产品、精神产品和服务的总和，它同样具有价值和使用价值。只有当旅游产品能够有效地满足旅游者的需求时，才能实现其价值。否则，不仅不能体现旅游产品的价值和使用价值，使旅游经营单位遭受损失，而且会因旅游者的反面宣传而使旅游产品失去更多的客源。因此，必须努力生产和提供旅游者满意且又物美价廉的旅游产品，才能促进旅游经济效益的不断提高。

（二）旅游经济活动的有效成果同劳动消耗和占用的比较

作为旅游经营部门和单位，为了向旅游者提供旅游产品，必然要耗费社会劳动，占用资金，从而形成旅游经济活动的成本和费用。如果旅游经济活动只讲满足社会需求，而不计成本高低，则是违背经济规律的。因此，要讲求经济效益就必须把旅游经济活动的有效成果（主要是利润和税金）同劳动占用和消耗进行比较，以评价旅游经济活动的合理性和旅游经济效益的好坏。

（三）旅游经济活动的有效成果同资源利用的比较

旅游经济活动必须以旅游资源为基础，以市场为导向，充分有效地利用各种资源。通过把旅游经济活动的有效成果同旅游资源的利用相比较，可以揭示利用旅游资源的程度和水平，从而寻找充分利用旅游资源的途径和方法。另外，在利用旅游资源时，还要考虑对旅游资源的保护。因为旅游资源是一种特殊的资源，不论是自然景观还是人文风情，对其保护就是保持旅游产品的质量。如果自然生态环境恶化，人文风情遭受破坏，就直接表现为旅游产品质量的下降和损坏，就不能持续地带来旅游收入和经济效益。

（四）旅游经济活动的宏观效益与微观效益的统一

任何一项旅游经济活动都必然涉及和影响到旅游业的宏观效益和微观效益。旅游经济活动的微观效益主要指旅游企业的经济效益，表现为旅游企业的经营收入与成本之间的比较，从而导致旅游企业必然把追求利润作为其行为目标。旅游经济活动的宏观效益是指整个旅游产业的整体效益，即不仅要讲求本产业的经济效益，同时还要考虑对社会经济所做的贡献和对生态环境的保护和改善。如果旅游经济活动只考虑旅游企业的经济效益，而不顾旅游业整体的宏观效益，则旅游企业持续的经济效益也是无法保障的。因此，讲求旅游经济效益必须把旅游经济活动的微观效益同宏观效益统一起来，才能保证旅游经济效益有效实现和提高。

二、旅游企业经济效益评价与提高

旅游企业经济效益的好坏，不仅决定着自身的生存和发展，而且直接影响整个旅游业的宏观经济效益。因此，必须对旅游企业经济效益进行科学的考察和分析，以采取有效措施提高旅游企业的经济效益。

（一）旅游企业经济效益概念

旅游企业经济效益，是指旅游企业在旅游经济活动中，为了向旅游者提供旅游产品和服务而花费的物化劳动和活劳动同取得的经营收益的比较，也就是旅游企业的经营收益同成本的比较。

旅游企业的成本，是指旅游企业在生产经营旅游产品或提供旅游服务时所耗费的的物化劳动和活劳动的价值形态，也就是提供物质产品、精神产品和服务时所支出的全部费用。旅游企业的成本，按照费用类别可划分为营业成本、管理费用和财务费用三大类；按照成本性质可划分为固定成本和变动成本两部分。

旅游企业的收益，是指旅游企业从事旅游经济活动所创造的利润和税收。它是通过出售旅游产品或提供旅游服务后所取得的营业收入，在补偿了旅游产品或服务成本以后的余额。从经济学意义上讲，它也是旅游企业为社会创造的新增价值。旅游企业的收益，是分析旅游企业经营状况和评价其经济效益的重要指标。在市场经济条件下，要取得理想的经营收益，必须严格控制好经营成本，强化销售工作，争取更多的顾客，才能使旅游企业的利润水平不断地提高。

（二）旅游企业经济效益评价

旅游企业经济效益评价，是通过分析旅游企业的收入、成本、利润的实现，以及它们之间的比较来体现的。因此，要分析和评价旅游企业的经济效益，首先应掌握好各主要指标的经济含义和计算方法。

1. 旅游企业的经营收入。经营收入是指旅游企业在出售旅游产品或提供旅游服务中所实现的收入。包括基本业务收入和其他业务收入。经营收入的高低，不仅反映了旅游企业经营规模的大小，而且反映了旅游企业经营水平的高低。例如，通过旅游经营收入同企业职工人数的比较，就可以反映旅游企业劳动生产率的水平。

设：S—— 人均旅游经营收入

TS —— 年旅游经营总收入

P —— 年职工平均人数

则有劳动生产率计算公式 9-4：

$$S=\frac{TS}{P}$$

2. 旅游企业的经营成本。经营成本就是旅游企业从事旅游经济活动所耗费的全部成本费用之和，既包括旅游企业的营业成本、管理费用和财务费用，也是旅游企业的固定成本与变动成本之和，用公式表示如下：

设：TC —— 旅游经营成本

C_o—— 营业成本

C_m—— 管理费用

C_a—— 财务费用

C_f—— 固定成本

C_v—— 变动成本

则有经营成本计算公式 9-5 或 9-6：

$$TC = C_o + C_m + C_a$$

$$TC = C_f + C_v$$

分析旅游企业的经营成本，一方面要分析成本的发生及构成情况，从而有利于加强对成本的控制及管理；另一方面把经营成本同企业职工人数进行比较，可以反映旅游企业的成本水平。计算公式如下：

设：C —— 人均经营成本

则有人均经营成本计算公式 9-7：

$$C=\frac{TC}{P}$$

3. 旅游企业的经营利润。经营利润是指旅游企业的全部收入减去全部成本，并缴纳税收后的余额，包括营业利润、投资净收益和营业外收支净额。旅游企业的经营利润指标，集中反映了企业从事旅游经济活动的全部成果，体现了旅游企业的经营管理水平和市场竞争力。通常，经营利润的计算如下：

设：P—— 旅游营业利润

T —— 营业税金及附加

TP —— 旅游经营总利润

I_p—— 投资净收益

D_s—— 营业外收入

D_c—— 营业外支出

则有营业利润计算公式 9-8：

$$P=TS-C_o-T-C_m-C_a$$

旅游经营总利润计算公式 9-9：

$$TP=P+I_p+(D_s-D_c)$$

根据上述指标，可以对旅游企业经济效益进行分析和评价。常用的分析方法有利润率分析法、盈亏平衡分析方法、边际分析方法等。利润率分析法，是根据反映一定时期内旅游企业的利润同经营收入、劳动消耗和劳动占用之间的相互关系来分析和评价旅游企业的经济效益状况，具体包括计算资金利润率、成本利润率和销售利润率三个利润率指标。盈亏平衡分析方法，是对旅游企业的成本、收入和利润三者的关系进行综合分析，从而确定旅游企业的保本点营业收入，并分析和预测在一定营业收入水平上可能实现的利润水平。边际分析方法，又称为最大利润分析法，通过比较边际收入与边际成本的关系来分析旅游企业实现最大利润的经营规模的方法。

（三）提高旅游企业经济效益的途径

1. 加强旅游市场调研，扩大旅游客源。旅游客源是旅游业赖以生存和发展的前提条件，也是增加旅游企业营业收入的重要途径。因此，必须随时掌握旅游客源市场的变化，对现有客源的流向，潜在客源的状况，以及主要客源国的政治经济现状及发展趋势进行调查、研究和分析，以便有针对性地进行旅游宣传和促销，提供合适的旅游产品和服务，不断扩大客源市场，增加旅游企业的经营收入，提高经济效益。

2. 提高劳动生产率，降低旅游产品成本。提高劳动生产率，就是要提高旅游企业职工的素质，加强劳动的分工与协作，提高劳动组织的科学性，尽可能实现以较少的劳动投入完成同样的接待任务，或者以同样的投入完成更多的接待任务，达到节约资金占用、减少人财物力的消耗，降低旅游产品的成本。同时，提高劳动生产率还有利于充分利用现有设施，扩大营业收入，达到提高利润，降低成本，增加旅游经济效益的目的。

3. 加强经济核算，提高经济效益。经济核算是经济管理不可缺少的重要工作之一。旅游企业的经济核算，是旅游企业借助货币形式，通过记账、算账、财务分析等方法，对旅游经济活动过程及其劳动占用和耗费进行反映和监督，为旅游企业加强管理、获取良好的经济效益奠定基础。加强旅游企业的经济核算，有利于发现旅游经济活动中的薄弱环节和问题，分析其产生的原因和影响因素，有针对性地采取有效的对策和措施，开源节流，挖掘潜力，减少消耗，提高经济效益。

4. 提高旅游职工素质，改善服务质量。服务质量的好坏主要体现在职工身上。通过旅游企业职工热情周到、诚挚友好的服务态度，通过服务人员谦虚礼貌、整洁的仪表、娴熟的服务技能、良好的文化素质和修养，使游客真正享受到“宾至如归”的感受。因此，提高旅游企业职工的政治素质、专业知识、业务技能和道德修养，改善和提高服务质量，就能满足游客的需求，促使他们增加逗留时间，增加消费，从而相应地提高旅游经济效益。

5.加强旅游企业的管理基础工作，不断改善经营管理。良好的管理基础工作，不仅是改善旅游企业经营管理的前提，也是创造良好经济效益的重要途径。因此，加强旅游企业的管理基础工作，一是要加强标准化工作，促使企业各项活动都能纳入标准化、规范化和程序化的轨道，建立良好的工作秩序；二是要加强定额工作，制定先进合理的定额水平和严密的定额管理制度，充分发挥定额管理的积极作用；三是加强信息和计量工作，通过及时、准确、全面的信息交流和反馈，不断改善和提高服务质量；四是加强规章制度的制定和实施，严格各种工作制度、经济责任制度和奖惩制度，规范职工行为，促进经营管理的改善和提高。

三、旅游宏观经济效益评价和提高

旅游宏观经济效益不仅体现了旅游业自身的直接效益，而且体现了由旅游业的带动而引起国民经济中相关产业部门的间接效益，以及社会经济发展和生态环境改善的间接效益等。因此，研究旅游宏观经济效益不能孤立地研究旅游产业，还必须对相关的社会经济和生态环境进行分析和研究。

（一）旅游宏观经济效益概念

旅游宏观经济效益，是指在旅游经济活动中，以尽可能少的劳动和资源的占用和耗费，而为全社会带来的综合成果和收益，即通过对旅游宏观成本和宏观收益进行比较，而获得尽可能多的经济效益、社会效益和生态环境效益。

旅游宏观成本，是指为开展旅游经济活动而形成的整个社会的耗费和支出，即旅游的社会总成本。除了旅游企业所发生的旅游经营成本以外，还包括为发展旅游业而投入的其他宏观经济支出，以及为保证旅游业持续发展而对有关社会秩序、环境污染、生态保护等投入的支出，一般分为有形成本和无形成本两大部分。

旅游宏观收益，是反映通过发展旅游业而为全社会带来的成果和收益。它不仅包含旅游业自身所获得的经济收益,也包括对相关产业、部门的带动,对社会文化的促进,以及对整个社会、经济所产生的积极作用等。具体讲,旅游宏观收益也可分为有形收益和无形收益两大部分。有形收益是指发展旅游业而给社会带来的直接经济收益,包括各类旅游企业上缴的税金和利润;通过旅游经济活动而创造的外汇收入;围绕旅游经济活动而提供的劳动就业人数;随着旅游业的发展而带动其他经济部门、文化、教育、科技、卫生等方面的发展;对旅游资源的开发利用及对社会经济繁荣的促进等。无形收益是指发展旅游业给社会带来的无法量化的收益,如促进了国家之间、民族之间、人民之间的相互了解,增进了友谊;促进了自然环境的保护和对各种民族文化、历史遗产的保护和维修,弘扬了优秀的民族文化传统;增强人们的爱国主义观念,促进精神文明建设以及带动边疆少数民族贫困地区的社会经济发展等。

(二)旅游宏观经济效益分析

旅游宏观经济效益涉及面很广,内容丰富,通常要求从多方面、用多种指标进行分析和评价。分析旅游宏观经济效益的常用指标主要有以下几个:

1. 旅游创汇收入和旅游总收入。旅游创汇收入反映了旅游业通过开展旅游经济活动,直接从海外游客的支出中所得到的外汇收入。由于外汇收入在一国的国际收支平衡中有着重要的意义,而旅游业又是除了出口产品以外最主要的创汇途径,因此旅游创汇收入指标在旅游宏观经济效益的考核评价中就占有十分重要的位置。旅游总收入,是指通过开展旅游经济活动从国内外旅游者的支出中所得到的全部收入,反映了旅游产业发展的总规模收益,也是考核评价旅游宏观经济效益的重要指标。

2. 旅游就业人数。旅游就业人数指标反映了旅游产业发展过程中,为社会提供的劳动就业人数的总量。旅游业是一个以服务为主的综合性产业,具有对劳动力的高容纳性特点,可以从不同的工种、不同的部门为社会提供大量的就业机会。据世界旅游组织统计,全世界每年新增的劳动就业人数中,每 15 个人中就有 1 人是从事旅游业工作的。而对于许多经济发达国家来说，社会经济越发展，旅游业就业人数就越多。因此，旅游业就业人数的多少，也反映了旅游业自身发展的规模及其对社会经济发展的推动作用。

3.旅游投资效果系数。该指标是指旅游投资所获得的盈利总额同投资总额的比值，是反映旅游投资效益的重要指标。旅游投资效果系数的动态指标是考虑了资金的时间价值以后，通过贴现计算每年的平均现金净流量，因此该指标通常略低于静态指标，但更符合旅游经济活动的实际。根据旅游投资效果系数，就可评价旅游投资的效益好坏，通常旅游投资效果系数越大，则表明旅游投资效益越好。旅游投资效果系数计算公式如下：

设：E_i—— 投资效果系数

T_i—— 旅游投资总额

F_i—— 年平均现金净流量

则有公式 9-10（静态指标）：

$$E_i=\frac{TS-TC}{T_i}$$

或公式 9-11（动态指标）：

$$E_i=\frac{F_i}{T_i}$$

4.旅游投资回收期。旅游投资回收期是指一项旅游投资回收的年限，是投资效果系数的倒数，也是反映旅游投资效益的重要指标之一。通常，旅游投资回收期数值愈小，说明旅游投资的回收时间短，投资效益好；反之，旅游投资回收期数值大，则投资的回收时间长，投资效益就差。其计算公式如下：

设：T_b—— 投资回收期

则有公式 9-12（静态指标）：

$$T_b=\frac{T_i}{TS-TC}$$

或公式 9-13（动态指标）：

$$T_b=\frac{T_i}{F_i}$$

5.旅游带动系数。旅游带动系数是指旅游直接收入的增加对国民经济各部门收入增加的促进作用。根据国际上有关研究表明：每1美元的直接旅游收入可带动相关产业增加25美元的间接收入；旅游业每增加1名直接就业人员，可带动相关产业增加25个人就业。据中国有关研究测算，在中国，旅游业每收入1元，第三产业产值相应增加人民币10.7元；旅游外汇收入每增加1美元，利用外资金额相应增加59美元。①

（三）提高旅游宏观经济效益的途径

1.改善宏观调控，完善旅游产业政策。旅游业与国民经济中许多行业和部门是密切相关的，旅游经济活动的顺利开展必需得到其他相关部门和行业的支持与配合。同时，旅游产品和服务又是由多个旅游部门和企业共同完成的，客观上也需要这些部门和企业达到最优化的配合。因此，要提高旅游宏观经济效益，促进整个旅游业的发展，就要求国家不断改善和加强宏观调控，制定和完善旅游产业政策，充分利用和发挥经济、行政、法律等调控手段，对整个旅游产业的发展作出统一、科学合理的规划和指导，调动社会各方面的积极性，促进旅游产业的发展。

2.改革旅游经济管理体制，建立现代企业制度。按照社会主义市场经济的要求，改革传统计划经济管理体制，建立市场经济管理体制。要做到政企分离，明确划分旅游行政管理部门和企业的权利和责任，充分调动旅游企业的积极性，提高旅游企业的经济效益；要改善和加强旅游行业管理，促进行业管理的规模化和科学化，促进旅游企业面向市场，在国家宏观调控下自负盈亏地从事各种旅游经济活动；要改变单纯依靠国家为投资主体的做法，建立能调动各方积极性的管理机制，形成多渠道投资的格局，加快旅游区的开发和建设；要加快对国有旅游企业的改革，建立适应于社会主义市场经济要求的现代旅游企业制度，促进企业行为规范化，建立合理的利益动力机制，调动各方面的积极性，不断提高旅游经济效益。

3.加快旅游设施建设，提高旅游服务质量。旅游业的发展和经济效

---

① 魏小安等：《中国旅游业：产业政策与协调发展》，旅游教育出版社，1993年。

益的提高，离不开旅游“硬件”建设和“软件”建设。所谓旅游“硬件”就是指旅游产业的基础设施和接待设施等；所谓旅游“软件”，就是指旅游的服务质量，即旅游行业职工的服务态度、服务技能和水平。要提高旅游经济效益，就要加快水、电、交通、通信等基础设施的建设，为旅游者迅速抵达和离开旅游目的地提供“安全、舒适、方便”的条件；要抓好旅游产品的开发，加快旅游景点、景区的建设，在搞好环境保护的前提下，努力开发对旅游者具有吸引力的旅游产品；要不断改善和提高服务质量，更好地满足旅游者的消费需求；要求对旅游目的地的社会治安、交通、卫生、市容等进行综合治理，创造一个良好的旅游环境和氛围，促进旅游产业长期持续稳定的发展。

4. 抓好旅游市场管理，加强法制建设。旅游业是一个新兴产业，涉及面广，关联效应大，因此必须建立、健全市场法规，依法规范市场主体行为，严厉打击破坏、犯罪行为，制止各种不正当竞争手段，提高旅游市场管理水平，使旅游行业管理逐步实现法制化、规范化和国际化，加快与国际旅游市场的接轨，促进旅游产业服务质量和经济效益的不断提高，为培育和发展社会主义市场经济创造条件。

复习与思考

一、重点概念

旅游经济效益　旅游企业经济效益　旅游宏观经济效益
旅游收入　国际旅游收入　国内旅游收入　基本旅游收入
非基本旅游收入　商品性旅游收入　劳务性旅游收入
旅游外汇收入　旅游换汇率　旅游创汇率　旅游成本
固定成本　变动成本　可控成本　不可控成本　有形成本
无形成本　营业收入　经营成本　经营利润　旅游宏观收益
旅游宏观成本　旅游投资效果系数　旅游带动系数

二、简答题

1. 何谓旅游经济效益？有何特点？
2. 旅游经济效益有哪些影响因素？
3. 旅游收入在旅游经济中有何重要性？
4. 旅游收入有哪些类型？
5. 旅游成本有何重要意义？
6. 如何进行旅游成本的分类？
7. 如何提高旅游企业的经济效益？
8. 如何提高旅游宏观经济效益？

三、论述题

1. 论述旅游经济效益评价的标准。
2. 试比较旅游企业和旅游宏观经济效益的评价指标。
3. 结合实际，阐述如何提高旅游经济效益。

案例分析

全球旅游经济效益分析①

2002 年年初，世界旅游理事会（WTTC）曾根据 2001 年旅游卫星账户做出预测：由于“9·11”恐怖事件造成的危机和可能对伊拉克进行军事打击等因素的影响，将使 2002 年世界旅游经济持续走低，世界旅游总需求预计达到 42 111 亿美元，将比上年继续下降 0.4%；旅游业 GDP 预计达到 11 951 亿美元，下降 0.9%；旅游经济 GDP 预计达到32 825亿美元，下降 0.3%；旅游业就业人数预计为7 171万人，下降2.0%；旅游经济就业人数预计为19 810万人，下降0.8%（见案例表-3）。

到 2002 年年底，不仅全球国际旅游发展比预期好，而且世界旅游经济发展也出现转机，呈现出良好的发展态势。特别是全球国际旅游出

① 资料来源：WTTC ：The Travel & Tourism Economy 2002 Special End of Year Update.

现恢复性增长，使2002年世界旅游经济也开始走出低谷。世界旅游理事会公布的“2002年旅游卫星账户”的最新数据表明，2002年世界旅游总需求达到42 355亿美元，仅比上年下降0.1%，比年初预测回升0.3个百分点；旅游业GDP达到12 115亿美元，比上年增长了0.1%，回升了1.0个百分点；旅游经济GDP达到33 179亿美元，增长了0.6%，回升了0.9个百分点；旅游业就业人数为7 194万人，仅比上年下降1.7%，回升了0.3个百分点；旅游经济就业人数为19 867万人，仅下降0.5%，回升了0.3个百分点。世界旅游经济已开始走出低谷，主要旅游经济指标均呈现出恢复性增长的态势，预计2003年各项主要旅游经济指标都将进一步持续增长。

案例表-3　2002年世界旅游经济效益状况和2003年预测

单位：亿美元，万人，%

旅游经济项目	2002年年初预测		2002年年底实际		2003年预测	
	数量	增长率	数量	增长率	数量	增长率
个人旅游消费	20 390	0	20646	0.7	22 339	4.4
公务旅游消费	3 791	−3.9	3 803	−3.5	4 068	3.4
政府支出	2 036	3.2	2 073	3.7	2 215	3.1
资本投资	6 422	1.0	6 347	0.4	6 769	3.0
旅游出口	5 147	−4.2	5 147	−4.7	5 515	1.6
其他相关出口	4 328	1.6	4 343	2.6	4 930	8.3
旅游总需求	42 111	−0.4	42 355	−0.1	45 833	4.1
旅游业GDP	11 951	−0.9	12 115	0.1	12 861	2.3
旅游经济GDP	32 825	−0.3	33 179	0.6	35 414	2.8
旅游业就业	7 171	−2.0	7 194	−1.7	73 186	1.7
旅游经济就业	19 810	−0.8	19 867	−0.5	20 159	1.5

第十章　旅游经济发展

学习目的

●熟悉旅游经济发展的概念
●掌握旅游经济发展的内容
●了解旅游经济发展的对策

基本内容

旅游经济增长
●基本概念：旅游经济增长
●旅游经济增长决定因素
●旅游经济增长波动
●旅游经济增长方式
旅游经济发展
●基本概念：旅游经济发展
●旅游经济发展的内涵
●旅游经济发展模式比较
●政府主导型旅游发展模式
旅游经济可持续发展
●基本概念：旅游经济可持续发展
●旅游经济可持续发展观念
●旅游经济可持续发展规律
●旅游经济可持续发展重点

案例分析

●旅游大省国际旅游发展实力比较

第一节 旅游经济增长

一、旅游经济增长概念

旅游经济增长、旅游经济发展和旅游经济可持续发展是三个既有联系又有区别的概念，它们从不同方面反映了旅游经济发展的整体情况，既对社会经济的发展产生积极的作用，也对资源、环境及社会文化带来一定的积极作用和负面影响。

旅游经济增长，是指一个国家或地区在一定时期内，旅游经济在数量上的增加和规模上的扩大，具体表现为旅游经济总产出数量的增加和规模上的扩大，反映了一个国家或地区旅游经济总量的变化状况。目前，国内外通行的衡量旅游经济增长的指标主要是旅游总收入增长率。但是，由于旅游总收入指标中不仅仅是新增价值，还包含了转移价值，不能完全反映旅游经济新增总量的变化状况，因此必须采用旅游经济的国民生产总值(GNP)或国内生产总值(GDP)的增长率来反映旅游经济增长变化状况。

在现代市场经济条件下，旅游经济增长受许多因素的作用和影响，主要的因素是旅游资源开发及利用程度，旅游投资增长率和效率，劳动力供给数量和质量，科技进步及应用，经济体制及管理水平，对外开放的条件和水平等，这些因素直接影响旅游生产要素的增加和要素生产率的提高。因此，要正确把握旅游经济增长的概念，还必须对这些影响因素进行分析和研究。

(一)旅游资源开发及利用

旅游资源作为旅游活动的对象是客观存在的，其禀赋状况不仅决定了一个国家或地区能否开发和发展旅游业，而且直接影响到旅游经济的增长。通常，拥有丰富的旅游资源可开发出优质的旅游产品，吸引众多的国内外旅游者，促进旅游经济的增长；反之，旅游资源贫乏则制约旅游经济的增长，因此旅游资源的禀赋状况决定着旅游经济的增长与发展。但是，实践证明，拥有丰富的旅游资源并不一定都能使旅游经济增长，而只是提供了旅游经济增长和发展的条件，要真正实现旅游经济的增长，还必须对旅游资源进行科学有效的开发和利用，才能使旅游资源优势转化为经济优势，促进旅游经济的增长与发展。

（二）旅游投资增长率和效率

旅游投资是旅游经济活动各种投入要素的价值体现，是实现旅游经济增长的基本前提条件。通常，旅游经济的增长离不开旅游投资的推动，在其他条件不变的情况下，旅游经济增长率一般与旅游投资增长率和投资效率成正相关关系。但在现实旅游经济中，由于旅游投资的增加受各种因素的限制，如生产力发展水平、旅游市场供求变化、宏观经济调控等制约，使旅游经济增长不可能完全依赖旅游投资的推动，而是必须提高旅游投资效率，充分利用有限的旅游投资增量激活旅游经济的存量，实现旅游经济的持续增长。

（三）旅游就业数量和质量

劳动力不仅是经济增长的主要生产要素，也是推动旅游经济增长的重要因素，因为在其他条件不变的情况下，国内生产总值就是一定时期内劳动就业量与社会平均劳动生产率的乘积，因此旅游就业人数的数量和质量直接对旅游经济增长产生影响作用。但是，旅游就业数量的增长取决于旅游需求量和旅游投资量的增长。在已有旅游设施设备未充分利用的情况下，旅游需求量的增长必然拉动旅游就业量的增加，从而促进旅游经济的增长；在已有旅游设施设备已经充分利用的情况下，为了适应旅游需求量增长就必须增加旅游投资，从而带动旅游就业增加和旅游经济增长。此外，旅游就业的质量和结构也会影响旅游经济增长的变化，尤其是高素质的劳动力投入必然促进劳动生产率的提高，进而促进整个旅游经济的增长。

（四）旅游科技进步和应用

在现代科学技术发展日新月异的情况下，旅游经济能否实现持续的增长还取决于科学技术的应用。尤其旅游业是一个以现代科技应用为核心内容的新兴产业，不论是包括食、住、行、游、购、娱在内的旅游产品的开发，还是整个旅游活动过程的组织和管理，都离不开对现代科学技术的广泛应用。随着以信息技术为核心的现代高新技术的发展，要提高旅游产品的吸引力，增强旅游目的地在旅游市场上的竞争力，都越来越依靠科技进步和应用，同时大量的旅游就业人员也必须掌握现代科技和管理知识，才能不断提高劳动生产率。因此，现代科技进步和在旅游业的广泛应用，已成为现代旅游经济持续增长的重要动力，并在旅游经济增长与发展中起到越来越重要的作用。

（五）旅游业对外开放水平

现代旅游活动已经发展成一种全球性的经济活动，决定了旅游经济必然是一种开放型经济，离不开国际之间的交流和往来，因此旅游经济增长必然受到一个国家或地区对外开放条件和水平的作用和影响。大量的外国旅游者进入和消费，必然对旅游接待国的旅游经济增长起到促进作用。因此，创造良好的对外开放条件，积极参与国际旅游市场的分工与竞争，吸引和招徕大量的外国旅游者，是促进本国旅游经济增长的重要途径之一。同时，利用对外开放的条件，输出旅游人才、旅游商品、旅游技术和管理等，不仅可以促进旅游经济的增长，而且可以有效提高本国富裕旅游产品的利用效率，带动本国旅游经济和整个国民经济的发展。

（六）旅游经济体制及管理

旅游经济体制，是社会生产关系的具体形式，即旅游经济运行关系。一般包括两方面内容，一是旅游经济形式的安排，包括所有制形式、产权制度和经营方式等；二是旅游经济管理体制，包括有关旅游经济运行和发展计划、信贷、价格、工资、税收及企业的管理体制等。旅游经济体制也是影响旅游经济增长的重要因素，尤其是我国从计划经济体制向市场经济体制的转型过程中，旅游经济体制改革和制度创新不仅对现实旅游经济增长具有直接的推动作用，而且在未来较长时期内仍将成为推动旅游经济增长的重要因素。此外，加强旅游经济的管理，包括微观旅游企业的现代化管理和整个旅游经济的宏观管理，既是提高整个旅游经济效益的重要途径，也是实现旅游经济持续增长的重要因素。

二、旅游经济增长波动

现代经济发展的实践表明，经济增长是在波动中实现的，旅游经济也不例外。从理论上分析，旅游经济增长波动是实际增长偏离潜在增长的反映。所谓旅游经济的实际增长，是指一个国家或地区在一定时期内实际旅游总产出水平的增加；而旅游经济的潜在增长，则是指所有决定旅游经济增长的条件都处于最优状态下的旅游总产出水平的增加。由于决定旅游经济增长的条件通常不可能都处于最优状态，因此旅游经济增长波动是客观存在的。

旅游经济增长波动虽然是客观存在的，但并非波动越大越好，而是有一定的合理界限的。根据旅游经济增长波动与整个旅游经济运行的关系，可以将旅游经济增长波动分为正常波动和超常波动。正常波动，是指旅游经济增长的波动幅度保持在一定的范围内，并且不会对旅游经济的运行构成危害；超常波动，是指旅游经济增长的波动幅度超出一定的范围，从而给旅游经济的运行造成危害，直接影响旅游经济的发展。

从图 10-1 可以看出，全球国际旅游收入增长率从 20 世纪 60 年代至 90 年代末一直呈现出波动增长，尤其是 60 年代中期至 80 年代末期世界旅游经济增长波动较大，一度出现超常波动增长的状况。其中，60 年代末期旅游经济增长出现超常波动，增长率持续下降主要是受世界石油危机的影响，从 1967 年开始超常下降，直到 1972 年才开始回升；80 年代初期旅游经济增长出现超常波动，增长率持续下降主要受全球经济危机的影响，从 1982 年开始超常下降，直到 1985 年才开始回升。进入 90 年代以后，世界旅游经济增长开始进入正常波动状态，保持年均递增 4%～5%的趋势发展。

影响旅游经济增长波动的因素很多，如旅游者心理预期变化、旅游消费需求拉动、旅游投资率变动、旅游经济结构变化、科技进步和应用、经济体制变动、旅游要素资源供给、旅游资源开发和利用、政治经济形势变化等。其中，对旅游经济增长波动最主要的影响因素有五个方面。

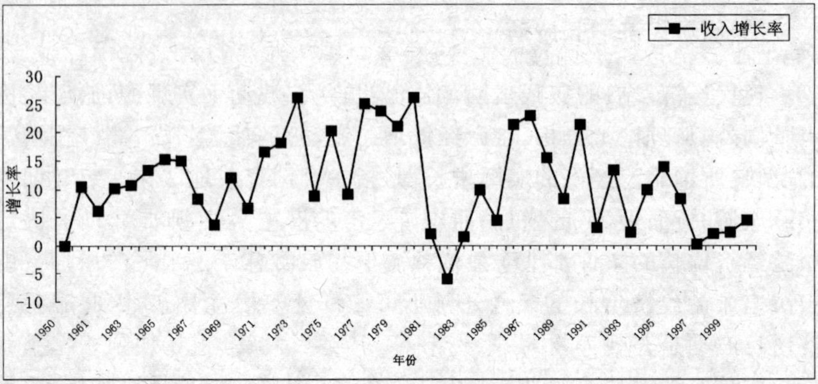

图 10-1　国际旅游收入增长率

(一)旅游消费需求拉动

旅游消费需求是社会总需求的重要组成部分,也是影响旅游经济增长波动的重要因素。当旅游市场消费需求旺盛时,必然使旅游总需求超过旅游总产出,从而拉动实际的旅游经济的快速增长;反之,当旅游市场消费需求不足时,会导致旅游总产出下降,旅游就业减少,使实际的旅游经济增长率下降。因此,旅游消费需求的波动变化会引起旅游经济增长的波动,通过刺激和扩大旅游消费需求,就能够促进旅游经济持续稳定地增长。

(二)旅游者心理预期变化

心理预期是人们对未来旅游经济变化和趋势的一种主观判断和期望,旅游者心理预期的不稳定会直接影响旅游消费和旅游投资行为,从而影响旅游总需求的变化,导致旅游经济增长的波动。因此,树立良好的旅游目的地形象,正确进行旅游产品的宣传促销,积极拓展旅游客源市场,保持稳定发展的旅游客源,是引导旅游者心理预期相对稳定,保证旅游消费需求不断扩大,实现旅游经济平稳增长的重要方法和手段。

(三)旅游投资增长率变动

一般讲,旅游投资增长率与旅游经济增长率呈正相关关系。当旅游投资增长率保持在积累率允许的合理范围内,则旅游投资的增长必将促进旅游经济呈正常波动增长;反之,旅游投资增长率不在积累率允许的合理范围内，要么会因为旅游投资不足而引起旅游总供给不足，难于满足旅游消费需求增长的需要；要么会因为旅游投资过度而导致旅游要素供给不配套，难以形成新的旅游生产力。以上两种情况的结果都会使实际旅游经济增长率下降。因此，保持合理的旅游投资增长率是实现旅游经济稳定增长的客观要求。

（四）旅游要素资源供给状况

旅游经济增长过程也是各种旅游生产要素有效组合和利用的过程。当各种旅游生产要素，包括旅游资源、劳动力、资本要素供给得到充分保障，并合理组合和最佳利用时，旅游经济就会保持快速地增长；反之，当各种旅游生产要素供给不足，或者组合和利用不合理时，旅游经济增长就缓慢，甚至出现下降。因此，旅游要素资源供给是否适当，是否有效组合和最佳利用，就成为旅游经济保持平稳增长的重要影响因素。

（五）政治经济形势变化

现代旅游经济是一种对环境依赖性较强的经济，因此旅游经济增长对政治经济形势的变化十分敏感。当国内外政治经济形势稳定时，旅游经济就呈现出平稳增长的态势；当国内外政治经济形势变动较大时，旅游经济增长就会出现波动，甚至出现超常波动。因此，政治经济形势变化对旅游经济增长波动具有重要的影响。进入 21 世纪后，由于国际政治经济形势急剧变化、动荡不定，因此近 3 年全球国际旅游增长也呈现出超常波动的变化态势。

三、旅游经济增长方式

旅游经济增长方式，是指决定旅游经济增长的各种因素的结合方式和实现旅游经济增长的主要途径。根据现代旅游经济活动的实践，旅游经济增长方式一般有两种，即粗放型增长方式和集约型增长方式，也称为数量扩展型增长方式和质量效益型增长方式。

（一）旅游经济粗放型增长方式

旅游经济粗放型增长方式，是指在旅游生产要素质量、结构和使用效率不变情况下，主要依靠旅游生产要素的大量投入，即通过大量开发旅游资源、增加旅游投资和劳动力投入来实现旅游经济的增长。粗放型增长方式的实质是以数量增长为中心，即单纯数量扩展型的外延式增长，其经济效益一般相对较低。如大量的观光旅游者虽然可以扩大接待旅游者的规模和数量，但由于观光旅游者的消费支出较低，其经济效益通常都不高，对促进旅游经济增长的作用也相对有限。因此，任何国家和地区在旅游业发展初期通常都采取粗放型增长方式，以实现快速的旅游经济数量增长和规模扩大；当旅游经济发展到一定时期后，必然推动旅游经济增长方式的转变，走上旅游经济集约型增长方式的轨道，以追求旅游经济效益的提高和实际旅游经济的增长。

（二）旅游经济集约型增长方式

旅游经济集约型增长方式，是依靠提高旅游生产要素质量和使用效率，优化旅游生产要素组合和利用效率，即通过旅游科技进步和应用，提高劳动者素质和旅游资源、资金、技术和设施的利用率来实现旅游经济的增长。集约型增长方式的实质是以效益增长为中心，即质量效益型的内涵式增长，其经济效益通常相对较高。如康体度假、商务会展旅游者的消费支出通常都比观光旅游者高得多，因而尽管其数量规模不大，但对提高旅游经济效益和推动旅游经济增长却十分重要。因此，旅游经济集约型增长方式是提高旅游经济效益和促进旅游经济增长的重要途径，也是旅游经济发展到一定阶段的必然选择。

（三）旅游经济增长方式的转变

旅游经济增长方式是在一定的社会经济历史条件下形成的，并受一定的经济发展水平和经济体制所制约和影响。例如，我国旅游业虽然起步较早，但一直发展缓慢，从 20 世纪 70 年代末我国实行改革开放以后，我国旅游业才真正实现了快速发展。到 2002 年我接待国际入境过夜旅游者总人数已经达到 3 680 万人次，国际旅游收入达到 203.9 亿美元，迅速跻身于世界旅游接待大国之列，位居世界旅游接待大国的第五位。但是，旅游经济的综合效益还不高，国际入境旅游者人均消费水平多年来一直徘徊在 1 000 美元左右，与美国、西班牙等旅游发达国家人均消费 1 500 美元相比仍有较大差距。因此，必须加快旅游经济增长方式的转变，走旅游经济集约型增长方式的道路，实现从旅游大国向旅游强国的跨越。

加快旅游经济增长方式的转变，是提高旅游业的整体素质和竞争力，参与国际旅游市场竞争的客观需要；是实现旅游经济内涵式增长，不断提高旅游经济效益的客观要求；是合理有效利用旅游资源，加强生态环境保护，实现旅游经济可持续发展的客观要求。为了加快旅游经济增长方式的转变，必须采取以下方面的对策和措施：

1. 积极推动旅游科技进步，这是实现旅游经济集约型增长方式的基础，尤其是旅游业广泛应用现代高新技术，必将为旅游经济快速增长注入新的动力和活力。

2. 加快旅游教育和培训，不断提高劳动者素质和能力，这是实现旅游经济持续增长的重要保障，也是提高旅游经济整体竞争力的核心内容。

3. 加大旅游经济结构调整力度，改善旅游产品结构，增加高素质旅游客源，合理布局旅游区域结构，优化旅游产业结构，促进旅游经济结构的合理化和高度化发展。

4. 积极推进旅游经济体制改革，建立适应现代市场经济的产权制度和法人治理结构，为旅游经济增长提供制度化保证。

5. 加强旅游管理的现代化，不断提高旅游经济的投入产出效益，促进实际旅游经济保持合理持续的增长。

第二节　旅游经济发展

一、旅游经济发展概念

旅游经济发展是与旅游经济增长既有密切联系、又不完全相同的概念。旅游经济发展比旅游经济增长内容更加广泛、内涵更加深刻，不仅包括旅游经济总量的增长，还包括旅游服务水平提升、旅游经济结构优化、旅游资源有效利用、旅游生态环境改善、旅游经济效益提高和人们生活质量不断改善等，即整个旅游经济质的变化和提升。因此，要正确理解旅游经济发展的概念，必须进一步分析和掌握旅游经济增长、旅游经济结构、旅游资源利用、自然生态环境、人们生活质量和旅游发展的相互关系和内在联系。

(一)旅游经济增长与旅游经济发展

旅游经济发展与旅游经济增长是密不可分的。旅游经济增长是推动旅游经济发展的首要因素,并为旅游经济发展奠定必要的物质条件和经济基础。因此,没有旅游经济增长就没有旅游经济发展,旅游经济增长是旅游经济发展的前提条件。但是,旅游经济增长毕竟不同于旅游经济发展,由于旅游经济增长通常只是数量上的增长和规模上的扩大,因此单纯强调旅游经济增长,在现实中可能出现只增长不发展的状况。如有的国家或地区在旅游经济发展的初期,由于没有长期发展的规划而只是盲目追求增长速度,尽管短期内旅游经济增长率很高,但却造成旅游经济结构失调,甚至出现旅游资源受到严重破坏的状况,从而不仅阻碍旅游经济长期持续地增长,而且严重影响旅游经济的可持续发展。因此,必须正确处理好旅游经济增长和旅游经济发展的关系,以保证整个旅游经济的有效增长和可持续发展。

(二)旅游经济结构与旅游经济发展

旅游经济发展既离不开旅游经济总量的增长,又离不开旅游经济结构的合理化和高度化。旅游经济结构通常包括旅游产品结构、市场结构、消费结构、产业结构、区域结构、管理结构等,在旅游经济发展过程中旅游经济结构合理与否,直接关系到旅游经济增长的速度和旅游经济发展的质量。因此,从旅游经济发展的角度考虑,不能片面追求旅游经济的高速度增长,必须在旅游经济增长的同时努力促进旅游经济结构的优化,即实现旅游经济结构的合理化和高度化。优化旅游经济结构的根本目的,是使旅游资源得到合理的开发利用,使旅游供给体系不断完善和提高,使旅游产业结构更加合理和优化,使旅游产业外部和内部各种重要比例关系不断趋于协调,并不断向高级化方向发展,从而充分有效地发挥旅游经济的产业功能和经济优势,全面提高旅游业的综合经济效益,促进旅游经济快速地增长和持续地发展。

(三)旅游资源利用与旅游经济发展

在现代旅游经济中,旅游资源作为旅游的对象物或客体与旅游者有密不可分的关系，旅游资源的本质就是能够激发旅游者的旅游动机和行为，具有吸引旅游者的功能，因此旅游资源是旅游经济发展的物质基础。旅游资源是能够为旅游业所利用的一切自然资源和人文资源的集合，其丰裕程度仅仅意味着自然和社会所赋予的资源优势，但还不是社会财富。要使旅游资源优势转化为经济优势并形成社会财富，就必须开发和利用旅游资源。因此，从旅游资源的角度看，旅游经济发展是指人们以经济效益为目的，以满足旅游者需求为重点，为了充分发挥旅游资源的吸引力，而围绕旅游资源所进行的一系列开发和建设的活动。通常，对旅游资源开发合理得当，会使旅游资源得到有效利用，不仅满足当代人的旅游需求，而且能够持续造福于子孙。但是，如果对旅游资源的开发利用和管理不当，就会对旅游资源造成破坏和毁损，从而危及旅游经济的持续发展。因此，必须正确处理好旅游资源和旅游经济发展的关系，通过对旅游资源的有效开发和利用，使旅游资源的价值真正得以充分体现，才能不断促进旅游经济发展。

（四）自然生态环境与旅游经济发展

旅游经济发展与生态环境是紧密联系在一起的。一方面，良好的生态环境是旅游经济发展的前提和基础，因为任何旅游活动都是人类与周围环境进行物质和能量交换的过程，没有良好的生态环境就没有旅游；另一方面，旅游经济发展的实质就是利用优美的自然环境条件，按照人们的要求进行一定的改善和提高，形成各种各样的风景旅游区和良好的旅游环境，满足人们不断增长的旅游需求。但是，如果在旅游经济发展中不重视生态环境保护，就可能造成生态环境的破坏，最终影响和制约旅游经济的可持续发展。因此，正确处理好生态环境与旅游经济发展的关系，提高人们的生态环境保护意识，促使人们无论是在旅游开发还是经济发展中，都把生态环境保护放在重要的位置，以加强环境保护为旅游开发创造良好的条件，以旅游开发促进生态环境的保护，实现旅游经济与生态环境保护的协调发展和良性循环。

（五）人们生活质量与旅游经济发展

旅游经济发展与人们的生活质量也是密切相关的。一方面，现代旅游活动是一种以文化和精神消费为主的活动，不仅能满足人们的高层次文化与精神消费需求，而且对人们的身体健康也有益无害，因此，随着人们收入水平的提高和生活质量的改善，人们对高层次精神文化的消费比重相对提高，必然增加对旅游产品的消费支出，从而促进旅游经济的不断发展。另一方面，随着旅游经济发展不断创造新的物质文化消费内容和方式，又为人们的高层次文化与精神消费提供了丰富的内容，从而不断改善和提高人们的生活质量。党的十六大提出：在21世纪的头20年我国社会经济发展的总目标是全面建设小康社会，使我国经济更加发展、民主更加健康、科技更加进步、文化更加繁荣、社会更加和谐、人民生活更加殷实，这不仅为我国旅游经济的发展创造了良好的条件，同时也要求把促进旅游经济发展作为全面建设小康社会的重要内容而加快发展。

二、旅游经济发展模式

旅游经济发展模式，是指旅游经济发展的基本运行方式和管理体制。具体讲，旅游经济发展模式是以旅游经济发展的主要内容为目标，在一定的社会经济条件下所形成的旅游经济运行方式和管理体制。由于旅游经济发展是与社会经济的发达程度及发展水平密切联系的，因此，世界各国地理位置、资源条件以及政治、经济、文化等方面的差异，必然使各国旅游经济发展的目的、条件、经营管理方式也不尽相同，从而形成不同国家和地区具有不同的旅游经济发展模式。

（一）旅游经济发展目的

纵观当今世界，大多数国家都在积极发展旅游经济，但由于各国在政治体制、经济发达程度上的差别，使各国旅游经济发展的目的也有较大差别。一般讲，发展旅游经济的目的主要是赚取外汇，改善国际收支平衡；创造就业机会，稳定社会秩序；带动相关产业，促进地区经济发展；促进文化技术交流，增进国家之间的友好往来；改善和提高人们的生活质量等。但对于不同的国家或地区来讲，其旅游经济发展的目的也是有差别的。例如，许多国家把赚取外汇收入作为其旅游经济发展的主要目的，而有的国家则把发展旅游经济当作增加就业机会的重要途径；大多数国家发展旅游经济是为了促进国内经济的发展，但也有不少国家发展旅游经济主要是为了扩大国际影响，增进对外交流与合作；有的国家把旅游活动视为一种豪华消费支出而加以限制，而有的国家则把旅游活动看作是一种社会福利而积极鼓励。因此，分析和比较不同国家的旅游经济发展模式，首先必须对其旅游经济发展的目的进行分析和比较。

（二）旅游经济发展条件

现代旅游经济作为一种跨国性的国际经济活动，其产生和发展必须具备一定的前提条件。通常，发展旅游经济除了社会经济必须相对发达外，还必须具有丰富的旅游吸引物、便捷的交通条件、完善的旅游设施、良好的旅游服务等。但是，由于世界各国所处地理区位、旅游资源、经济发展水平、对外开放程度以及政治和文化等方面的差别，导致旅游经济发展的目的、重点、方式及做法也不同，从而形成不同的旅游经济发展模式和发展水平。例如，发达国家和发展中国家由于经济发展水平上的差别，其旅游经济发展的目标、重点和方式就明显不同；同样，由于不同国家国土面积大小不同，尤其是大国和小国在地理条件、旅游资源及经济发展水平上不同，使其旅游经济发展所采取的战略和措施也有较大的差异。

（三）旅游经济运行方式

旅游业也和其他行业一样，其运行方式同各个国家的政治经济体制和管理体制是分不开的。从总体上看，世界各国旅游经济的运行方式多种多样，概括起来主要有两种运行方式。一种是完全以市场为导向的运行方式，主要是以旅游企业为主导、以旅游市场为基础的旅游经济运行方式。这种运行方式在经济与旅游发达的市场经济国家中比较普遍，其旅游经济的主体绝大部分是旅游企业，其中大型旅游公司、旅游托拉斯、旅馆联号和大型航空公司在旅游经济发展中起着主导作用。另一种是计划和市场相结合的运行方式，即以政府为主导、旅游市场为基础的旅游经济运行方式。尤其在大多数发展中国家及一些后起的旅游发达国家中，为了集中财力、物力以发挥政府主导的优势，往往专门成立国有旅游发展公司（或者拥有公司的绝大多数股份）来促进旅游经济的发展。

（四）旅游经济管理体制

为了促进旅游经济发展，几乎每个国家都成立专门的旅游组织机构，负责制定与执行国家的旅游政策和发展战略。这些旅游组织机构可能是国家旅游行政管理机构，也可能是非官方旅游组织（如旅游行业协会、理事会等），还可能是其他的旅游组织机构。根据管理旅游经济的地位、权力、职能的不同，目前世界各国旅游管理体制可分为官方、半官方和非官方为主等类型。以官方为主的旅游经济管理体制，是国家成立旅游行政管理机构作为全国旅游决策机构，全面负责制定全国旅游发展规划与方针政策，组织协调各部门的关系，并对旅游经济发展进行宏观调控和管理。以半官方为主的旅游经济管理体制，是国家成立相应的非官方旅游管理机构，但主要负责人由政府任命并提供部分经费，按照国家发展旅游经济的战略要求对旅游业进行宏观调控和管理。以非官方为主的旅游经济管理体制，是国家不成立专门的旅游机构，而是通过各种旅游协会、大型旅游企业代行国家旅游机构的职能，负责对本国旅游经济发展进行协调和管理。

三、旅游经济发展模式比较

从世界各国旅游经济发展实践看，旅游经济的产生和发展通常与国土面积、社会经济发展和人们生活质量密切相关。因此，可以根据国土面积大小、经济发展水平和生活质量提高等因素对旅游经济发展模式进行比较。

（一）旅游经济发展的常规模式和非常规模式

根据社会经济发展水平和人们对生活质量提高的要求，旅游经济发展模式一般可分为常规发展模式和非常规发展模式两种。

旅游经济发展的常规模式，主要源于西方经济发达国家，是建立在先发展国内旅游再逐步向国际旅游延伸发展的旅游经济发展模式。根据对西方经济发达国家旅游经济发展规律的分析和研究，首先是国内旅游随着一国社会经济发展而迅速产生和发展，然后在国内旅游广泛发展的基础上，出现了邻国之间的跨境出国旅游，并由近及远而形成远距离的国际旅游，与此同时也接待外国人入境旅游，并逐步形成完整的旅游经济体系。从旅游经济发展的条件及运行方式看，旅游经济常规发展模式实质上是一种依托发达的经济基础和旅游设施条件，以国内旅游充分发展为基础的发展模式。因为西方经济发达国家的旅游接待设施，首先是为国内旅游者服务的，在充分满足国内居民旅游需求的基础上，伴随着国际入境旅游者的增长，原先用于本国居民的旅游资源和旅游设施，逐渐用于接待外国旅游者，从而促进了入境旅游的发展，并使出境旅游与入境旅游、国际旅游与国内旅游呈现出协调发展的局面。从其管理体制看，大多数是以旅游企业为主导，以旅游市场为基础，采取半官方或非官方的旅游管理体制。

旅游经济发展的非常规模式，是发展中国家普遍采取的旅游发展模式，是建立在先发展国际旅游，然后由国际旅游向国内旅游延伸的旅游经济发展模式。根据对大多数发展中国家旅游经济发展规律的分析和研究，通常是先发展入境旅游，通过接待和满足外国旅游者需求，来全面带动国内旅游资源的开发和旅游设施的建设，逐渐形成国际旅游接待服务体系；然后随着本国社会经济的发展和人民生活水平的提高，带动国内旅游和促进出境旅游的发展，最终形成国内旅游与国际旅游的协调发展。旅游经济非常规发展模式的形成，主要原因是大多数发展中国家经济发展相对落后，人们的旅游消费水平较低而使国内旅游尚不发达，只好先发展入境旅游来赚取外汇，加快旅游资源开发，创造更好的旅游设施和接待条件，然后带动国内旅游和出境旅游的发展，从而促进旅游规模的扩大和旅游经济的发展。因此，旅游经济非常规发展模式是在特定的社会经济条件下形成的，不仅与一定的社会生产力发展水平相适应，而且必然形成不同的旅游经济运行方式和旅游管理体制。

（二）旅游经济发展的大国模式和小国模式

从旅游地理的角度看，旅游的空间移动具有十分重要的作用和影响，因此按照国土面积的大小，可以将旅游经济发展模式分为大国模式和小国模式两种。

旅游经济发展的大国模式，主要是指国土面积较大的国家，包括经济发达国家和发展中国家，其旅游经济发展呈现出一种非均衡发展的典型特征。主要特点表现为以下几方面：一是旅游资源丰富而分布广泛，具有发展大规模旅游的资源优势和潜力，尤其是国内各地区旅游资源具有不同的特色和比较优势，使大国旅游具有广泛的吸引力，可以吸引多种层次的旅游者，并不断推出新的旅游产品和旅游目的地；二是经济发展的不平衡决定了大国中各地区旅游设施状况、旅游服务水平及其他发展旅游的条件差异较大，从而使这些国家的旅游经济发展存在着较大的区域差异和非均衡发展；三是大国人口众多的特点，决定了其本身就是一个庞大的旅游客源市场，国内旅游发展规模和潜力都较国际旅游大，因此大力发展国内旅游是所有大国的重要目标；四是大国国际旅游的非均衡发展，决定了在不同国家、不同地区、不同发展阶段国际旅游发展的模式也有很大差异性。

旅游经济发展的小国模式，也包括国土面积较小的经济发达国家和发展中国家在内，是一种以丰富的旅游资源和发达的国际旅游为基本特征的旅游经济发展模式。其主要特点有以下几方面：一是拥有丰富独特的旅游资源和发展国际旅游的良好条件，而且地理位置一般比较优越，大多靠近主要客源国或地处交通要冲，有便利的交通条件，又与西方发达国家在政治、经济、文化等方面存在着长期紧密的联系，有着比较充裕的旅游客源市场；二是拥有较发达的经济基础和条件，旅游基础设施与接待设施较完善，社会福利条件较好，再加上与大多数国际旅游客源国相毗邻，使旅游业成为国民经济的支柱产业，即使是部分经济欠发达的小国家，但由于旅游资源丰富独特，不仅是著名的国际旅游胜地，其旅游业也是国民经济的重要支柱；三是旅游经济运行方式和管理体制各具特色，有的旅游行政管理机构在政府中的地位比较高，权限比较大，而且大多由国家首脑和政府要员直接管辖，有的国家是以大旅游公司发挥重要作用，特别是旅馆业中的旅游饭店连锁集团、饭店管理公司发挥着重要的作用等。

（三）政府主导型发展模式

从旅游经济发展的政府行为和市场行为考察，可以看出旅游经济发展具有政府主导型和市场主导型两种发展模式，许多国家的旅游经济发展采取的是政府主导型发展模式。政府主导型发展模式的本质特征是把政府行为和市场导向有机结合起来，根据旅游市场发展趋势，通过政府强有力的行政干预，推进旅游经济的发展。具体讲，该模式有以下主要特点：

1.设置强有力的旅游行政管理部门。采取政府主导型发展模式的国家，一般都在中央和地方设置强有力的旅游行政管理部门，如旅游部、旅游局或旅游管理委员会等，并由中央旅游主管部门对地方旅游业实行垂直领导，以加强对旅游业的管理。各级旅游行政管理部门下设多个机构，如研究与规划发展、投资与建设、宣传促销、人力资源开发、执法监察等部门，负责不同的旅游管理职能。许多国家还成立一些相应的行业组织，辅助政府促进旅游业的发展。

2.制定鼓励旅游业优先发展的产业政策。这些政策主要包括：一是鼓励旅游业开发的政策，如建立和开发旅游景区、吸引国内外旅游投资、购置旅游设施设备的优惠政策等；二是鼓励旅游经营的政策，包括建立旅游企业、引进外国旅游管理公司、招徕国际游客的优惠政策等；三是吸引国际旅游者的政策，包括落地签证、限时免签、购物退税、外汇兑换等方面的优惠政策；四是改善旅游环境的政策，包括建立旅游警察部队、加强旅游执法监督、制定旅游行业标准、加强旅游人才培训、提高旅游服务水平等方面的促进政策，以形成良好的旅游环境。

3.多方筹集资金，加大对旅游开发和建设的投入。实行政府主导型发展模式的国家，大多数都从中央和地方财政收入中集中一定的资金，投入旅游基础设施、景区景点、接待设施等方面的开发和建设。同时，积极引进外资和鼓励社会各种资金投入旅游开发和从事旅游经营活动。有的国家还专门建立旅游发展基金，用于旅游业的开发与建设、旅游促销和游客招徕、旅游人才培养、旅游市场与行业管理等。

4.加强对旅游行业的宏观管理。在政府主导型发展模式中，大多数国家旅游行政管理部门的主要职能有：制定旅游业发展规划和计划，审议和制定旅游业发展的法律法规和政策，全面负责旅游促销和游客的招徕，促进旅游景区景点和旅游接待设施的建设和完善，加强旅游人力资源的开发，负责旅游行业的宏观管理和调控等。许多非政府组织也积极配合政府部门，加强对旅游业的协调和管理。

第三节 旅游经济可持续发展

一、旅游经济可持续发展概念

旅游经济可持续发展，是指在充分考虑旅游与自然资源、社会文化和生态环境相互作用和影响的前提下，把旅游开发建立在生态环境承受能力之上，努力谋求旅游业与自然、文化和人类生存环境协调发展，并福及子孙后代的一种经济发展模式。其目的在于为旅游者提供高质量的感受和体验，提高旅游目的地人民的生活质量，并切实维护旅游者和旅游地人民共同依赖的环境质量。具体讲，旅游经济可持续发展主要有四大要点。

（一）满足人类发展的多样化需求是旅游经济可持续发展的根本目标

旅游经济的发展应满足人类持续发展的多样化要求，因为人类需求一般包括物质生活的需求、精神文化生活的需求和良好生态环境的需求。尤其是随着社会经济的发展，人们对无污染的空气、洁净的水和食品、优美的居住环境及自然景观的追求将日益迫切。旅游是一种愉悦的旅行和游览活动，是一种以满足人类对精神文化需求和生态环境需求的高层次消费活动，因而旅游经济的可持续发展必然以满足人类的多样化需求为根本目标。特别是要积极倡导那些有利于环境和文化的旅游活动；要积极为人们，特别是老人、妇女、儿童和后代人提供健康、安全的旅游环境和条件；要改变目前的消费模式，减少或避免那些对环境和文化造成危害的旅游活动，尽可能增加有利于持续发展的旅游项目，以充分满足人们不断发展的多样化需求。

（二）保护资源和环境是旅游经济可持续发展的出发点

旅游经济可持续发展的实质，是谋求旅游与自然、文化和人类生存环境融合为一个和谐的整体，因此对资源和环境的保护就成为旅游经济可持续发展的基本出发点。这一出发点要求旅游业的发展必须建立在生态环境的承载能力之上，避免对自然资源、生物多样性和生态环境造成负面影响；要求旅游业的发展能够有效地维护地方特色、文化和旅游胜地的特色，避免对当地文化遗产、传统习惯和社会活动造成负面的影响。因为丰富多样的自然资源和文化遗产既是旅游业赖以生存和发展的基础，也是旅游产品具有较强吸引力和特色的根本所在。一旦破坏了这些资源和环境，就破坏了旅游业赖以发展的基础条件，就破坏了旅游产品特有的魅力，旅游经济就不可能持续地发展，甚至还给后代人带来不可弥补的损失。

（三）合理地规划和开发是旅游经济可持续发展的重要手段

合理地规划和开发是旅游经济实施可持续发展的基础，是保护资源和环境的重要手段。为了消除长期以来缺乏规划或不合理规划的旅游业发展给我们带来的种种危害，各级政府、企业及有关单位必须高度重视旅游规划和开发问题。要充分认识合理规划对旅游经济可持续发展的重要意义，从而在旅游业发展中认真、科学地制定好旅游业总体发展规划和旅游资源开发规划，尽可能使规划与可持续发展的目标一致；要通过合理的旅游开发，切实保护旅游资源和环境，使旅游资源可以永续利用，不仅为当代人的生存和发展提供机会和条件，而且也能为后代人留下持续发展的可能性；要认真评价和鼓励那些有利于环境和文化的旅游需求的发展，合理地开发和提供各种旅游产品，促进旅游供给多样化，提高旅游供给的质量。

（四）加强旅游业管理是旅游经济可持续发展的重要保障

加强对旅游业的管理与合理的旅游规划和开发是同等重要的，从旅游经济可持续发展的角度看，甚至比旅游规划和开发更为重要。因为许多旅游目的地不经规划就进行开发，或者在旅游开发中不按规划进行，其根本问题就在于旅游业的管理薄弱，特别是目前我国正处于从计划经济向市场经济转轨的过程中，加强对旅游业的管理不仅直接关系到旅游业的发展，更是旅游业可持续发展的重要保障。加强对旅游业的管理，要求建立一个高效有力的旅游管理机构来实施政府的职能，通过政府的主导作用和各种行业协会的配合来提高旅游者和旅游企业对环境保护重要性的认识；要求建立一个旅游信息系统来为旅游市场营销、旅游资源开发和旅游业运行监督提供信息，及时开展科学研究、传播可持续发展的知识和保护环境方面的技术等；要求通过对旅游业发展政策、旅游规划和旅游开发是否符合可持续发展要求的评价和检查，加强对旅游经济运行的监督与管理，及时进行引导或调整，以保证旅游经济的可持续发展。

二、旅游经济可持续发展观念

发展旅游经济必须走可持续发展的道路，而要促进旅游经济可持续发展，就必须统一思想，提高认识，牢固树立可持续发展的观念，才能切实保证旅游经济可持续发展战略的实施。旅游经济可持续发展的观念有系统观、资源观、市场观、产业观和效益观等。

（一）旅游经济可持续发展系统观

旅游经济可持续发展的系统观，是把自然圈、生物圈和社会圈视为一个完整的生态系统，其核心是强调人与自然、人与环境、人与社会相互依赖、相互和谐的共生共存关系。在传统经济发展中，人类对自然界采取了全面的索取和开发，但却忽略了对自然界的付出。于是，随着人类文明的发展，自然界也给予人类一系列的报复，如水土流失、土地沙漠化、全球气候变暖、水资源减少等，直接威胁着人类的生存和发展。而在旅游经济持续发展的环境中，强调人类与自然、环境的协调发展，促使人类在向自然索取的同时，保护自然、保护环境，尽快改变传统的追求产值、追求增长，无视社会效益和生态效益的价值观，确立强调综合效益和增长质量的发展观念。通过旅游经济的持续发展，实现自然圈、生物圈和社会圈的有机统一和协调，进而促使整个人类社会的持续发展。

（二）旅游经济可持续发展资源观

旅游业作为一种以观光、休闲为主的产业，旅游资源是其发展的基础和条件，损坏旅游资源就是损坏旅游经济的发展基础。因此旅游经济要实现可持续发展，就必须确立新的资源观念。这种新的资源观引入了可持续发展的理念，强调自然资源与环境的有价性，并将自然资源和环境视为旅游活动的资本，将其价值计入旅游活动的成本中，以期从旅游收入中给予补偿，从而实现自然资源和环境的永续利用。这种新的资源观还强调旅游资源的有限性，即无论是再生性旅游资源还是非再生性旅游资源，对其利用都是有限的。一旦人类对旅游资源的利用超过了一定的承载量，必然会破坏旅游经济持续发展的基础和条件，最终必然制约旅游业的发展。因此，对旅游资源的利用必须保持在资源与环境的承载力范围之内。

（三）旅游经济可持续发展市场观

没有市场需求的旅游资源开发及各种旅游设施建设，不仅不能形成有吸引力的旅游产品和旅游目的地，而且还会造成对旅游资源的浪费和生态环境的破坏。特别是在旅游市场竞争日趋激烈的情况下，必须树立可持续旅游发展的市场观念，根据旅游市场的需求特点、规模、档次、水平及变化规律和趋势，对现有旅游产品进行组合包装，以推陈出新；同时积极开拓新的旅游产品，适应国际旅游市场需求多样化和市场群体细分化的要求；大力开发游客参与性强的旅游产品，增强旅游产品的吸引力，不断提高市场竞争力，促进旅游经济的可持续发展。

（四）旅游经济可持续发展产业观

从产业经济的角度看，任何经济发展的过程都可以看成是某些支柱产业形成和充分发挥其作用的过程。纵观世界，当代旅游业在国际经济中的产业地位已跃居第一，在一些国家或地区，旅游业已成为国民经济的重要支柱产业。因此，必须树立产业观念，加快旅游资源的开发，积极培育和发展旅游支柱产业。要制定正确、合理的旅游产业政策，指导旅游产业综合协调地发展；要按照支柱产业形成的规律性，利用旅游业"增长点"的扩散和关联效应，形成规模，提高聚集效益，带动整个旅游经济的全面发展；要讲求投入产出效率，吸引更多的生产要素投入旅游业，加快旅游产品的开发和旅游景区景点的建设，实现旅游经济的可持续发展。

（五）旅游经济可持续发展效益观

提高效益，促进生产力水平的发展是社会经济发展的根本目标。旅游业作为一项经济产业，在其发展中应始终把提高经济效益、社会效益和环境效益作为主要的目标，推动整个社会生产力的发展。因此，必须牢固树立可持续旅游发展的效益观念，在旅游资源和旅游产品开发中，既要讲求经济效益，又要讲求社会效益和生态环境效益，按照旅游资源和旅游产品开发的原则，遵循自然环境承载力规律，以开发促进保护、以保护推动开发，不断提高旅游资源和旅游产品开发的经济效益、社会效益和生态环境效益，形成健康文明的旅游活动并创造出和谐环境。

三、旅游经济可持续发展规律

旅游经济可持续发展要求经济、社会、环境发展的统一，要求旅游者与旅游目的地的统一，要求旅游管理与旅游行为的统一，因而旅游经济可持续发展规律是从多方面表现出来的。

（一）环境保护超前规律

旅游资源和环境的破坏，往往不易引起人们的重视和注意。只有当旅游业发展对资源和环境的破坏程度超过一定的界限，甚至持续一段时间，使人们的视觉消费受阻，难以享受到外界的美感时，才会普遍产生社会性的旅游环境保护意识和行为。因此，环境保护必须超前于旅游资源开发，这是旅游经济可持续发展的客观规律。

按照环境保护超前规律的要求，在旅游资源开发和旅游经济发展中，首先要树立良好的旅游环境保护意识，特别是各级旅游决策者和旅游管理者必须转变观念，由单一的追求旅游经济效益转为经济效益与社会、生态效益并重，形成由上到下、由下到上，全民环境保护超前的浓厚风气；其次要抓好旅游资源开发和旅游业发展中的环保立法与执法工作，根据旅游活动和旅游业发展的特点，制定切实有效的旅游环保法规，建立、健全相应的环保执法机构，依靠法律的强制力量和社会道德规范来保障旅游环境保护工作超前于旅游项目建设；再次要增大旅游环境保护中的投入，建立良性循环的机制，除政府在旅游环境保护宣传、司法等先期性投入外，各旅游建设项目法人和施工单位也要承担旅游环境保护、设施、人员等经费投入的相应部分，在条件成熟时，旅游消费支出中也应依法纳入一定的旅游环境保护费用。

（二）环境承载力规律

所谓环境承载力，原是指一定的草场能稳定地支持畜群规模大小，以保证牧草的再生能力。这一概念的引用和延伸，就把生态环境与人口规模结合起来，研究人口规模在何等程度时能保证生态环境的持续性。旅游活动是以旅游者为主要对象的社会、经济、文化等复合型活动，旅游者的消费最基本地体现在旅游活动与自然、文化等环境条件有机、和谐的结合中，并从视觉感受和物质消费感受中体验旅游吸引物和周围环境的优美与舒适。因此，旅游环境承载力就是指旅游活动中，旅游目的地最大限度能容纳旅游者数量的能力。

根据旅游环境承载力概念，旅游环境承载力规律是指：旅游经济的可持续发展必须以不超过旅游目的地环境承载能力为前提，并以此作为旅游业各方面发展的依据。旅游环境承载力规律，揭示出旅游经济发展是一动态的过程。若旅游环境承载力降低，则旅游经济发展就会受到限制；若旅游环境承载力提高，则旅游经济就有着较大的发展余地。从此意义上来说，要加快旅游经济的发展，就一定要努力提高旅游环境的承载力，保障旅游资源的持续利用，保护好旅游环境。

（三）综合协调发展规律

旅游经济发展牵涉面广，与其他行业或部门的融合度较高，从而要求旅游经济的发展必须以获得其他相关行业或部门的支持为前提，而旅游经济发展的结果又要体现出多方面的效益和积极的结果，使支持旅游业发展的其他行业或部门也获得应有的经济效益及相应发展的机会等。因此，旅游经济可持续发展要求的是综合协调的发展，而不能单纯追求某一方面的发展，即旅游经济发展要遵循综合协调发展的规律，以旅游活动各环节或各要素为纽带，在统一管理、统一协调的前提下，谋求旅游业与其他行业或部门以及旅游业内部各方利益的最大一致化。

实现旅游经济综合协调发展规律，最重要的是坚持旅游经济发展的统一管理和协调。一方面要努力使与旅游经济发展相关的各方参与到旅游建设中来，以聚集多方资源于旅游业，使可持续旅游发展顺利进行；另一方面，要形成统一管理和协调的机制，按照可持续旅游发展的目标，对不同时期、不同地区和不同条件下旅游经济发展的薄弱环节，加大投资平衡与协调，带动全局实现新的质的变化，实现更佳的经济效益。

(四)创新发展规律

旅游经济可持续发展实质上是动态的综合发展,发展的过程既要体现出旅游业实力的不断增强和经济效益的不断提高,又要体现出社会、资源、环境等方面的质量不断改善。要实现这一辩证的发展过程,就必须在发展的要素上寻求内在的动力。根据马克思主义的思想,可持续发展是旅游活动内部矛盾运动的结果,即旅游活动内部矛盾转化的创新冲动所致。因此,创新发展规律就是旅游活动中有关环节或要素在内外因素的作用下,减少了旅游活动内部矛盾并促使旅游活动呈现出更高级的特征,提高了旅游经济的运行质量和效果,从而带动旅游经济健康、持续地发展。

创新发展规律从创新构成内容上分析,主要包括观念创新、技术创新和制度创新三个部分。就观念创新而言,主要指旅游经济发展中要树立和坚持可持续发展的思想观念,从全社会发展的大局出发考虑旅游业的发展,在旅游经济的增长方式上确立集约化思想,在旅游资源开发上树立环境保护超前的观念,在旅游业效益的体现上明确经济效益、社会效益和生态效益并重的意识等。就技术创新而言,要把旅游生产经营的技术进步作为可持续旅游发展的关键,按照"科学技术是第一生产力"的指导思想,推动旅游业的技术进步,切实提高旅游经济的科技含量。就制度创新而言,可持续旅游发展要求在市场经济条件下,将旅游资源和环境作为新的生产要素,按照有偿使用原则,通过市场机制,将环境成本纳入旅游经济分析和决策过程,从全局利益出发选择更有利于旅游资源和环境保护的生产经营方式。同时也改变过去无偿使用旅游资源和环境,将环境成本转嫁给社会的做法,实现旅游经济、社会和生态环境的协调发展。

四、旅游经济可持续发展的重点

长期以来,由于人们认识上的局限,在旅游开发中,存在着种种片面的倾向。在强调发展旅游经济、加快旅游开发时,往往容易忽视对旅游资源和生态环境的保护和管理;当强调要重视旅游资源和环境保护时，又极力否定对资源和环境的合理开发和利用。这些片面的倾向既违背了生态环境规律，又违背了经济规律。因此，旅游经济可持续发展的重点是：在尊重自然生态环境及旅游资源形成的基础上，把合理利用旅游资源和保护旅游环境相结合，把近期利益与长期利益相衔接，努力谋取旅游经济效益、社会效益和生态效益的协调发展。

(一)有效开发和合理利用旅游资源

开发旅游资源的目的是为了利用，但客观上对某些旅游资源的开发本身就意味着破坏，因而必须根据不同的旅游资源而采取不同的利用原则。一般讲，从旅游资源的形成可分为恒定性资源、再生性资源和非再生性资源三种类型。恒定性旅游资源是在地球的形成和运动中产生的，其数量丰富和稳定，不会因为利用而枯竭，如气候、阳光、海水、河流、高山等。因此，对这些恒定性的旅游资源要积极开发和充分利用，使其更好地服务于旅游业。再生性旅游资源主要指森林、草原、动物、植物等生物资源，对于人类来讲这是有限的，在合适条件下，是可以再生的，但若超过其再生阈值就会面临资源的衰退和枯竭，因而对再生性旅游资源应合理开发，永续利用，使其永远为旅游业及人类社会的发展服务。非再生性旅游资源是指一旦耗损就不可能再度产生的旅游资源。如文物古迹、历史文化、珍稀动植物等。由于这些旅游资源的特殊性及不可再生性，在其开发利用中，必须妥善保护，节约利用，以保持其长期有效的价值。

因此，对旅游资源的开发和保护不同于对一般资源的保护。一般资源的保护重点在于有效持续的利用，而旅游资源的保护重点是保护其特色。旅游资源的价值在于其本身的品位及特点，这是对旅游者产生吸引力的关键，因而旅游资源的合理利用就必须保护好其独特的个性特征。这就要求在旅游资源的合理开发和利用中，必须突出旅游资源的地方性、民族性和历史性特色。一是要尽可能地保持旅游资源的原始风貌，避免人为的修饰或加工而使其失去自然和历史的特色，削弱其对旅游者的吸引力。二是要突出地方性和民族性的特点，能够满足旅游者求奇、求异、求新的心理，避免在开发利用过程中使其地方性和民族性特色消失。三是要选择具有比较优势的旅游资源，开发和建设成“人无我有、人有我优”的精品和名牌旅游产品，突出其优势和特色，确保旅游资源对旅游者的吸引力和在旅游市场上的竞争力。

（二）重视和加强旅游环境的保护

发展旅游经济能促进人们对环境的保护，不断提高人们的生活质量，但若开发不当也会对环境造成危害。因此，必须把环境保护贯穿于旅游开发和旅游经济发展的始终，使旅游业发展建立在生态环境的承受能力之上，符合旅游目的地的经济社会发展实际，才能保证旅游业经济的持续发展，这就要在旅游开发中切实采取一切有效的环境保护措施。

1. 旅游目的地向旅游者提供各种景点、公园及景观时，不能损害当地的生态环境和社会经济环境，必须使旅游活动与自然环境、社会文化形成一个和谐、有机的整体，形成一个符合人类愿望的、可持续发展的旅游业。

2. 各旅游目的地在接待旅游者时，不能超过旅游景区、景点的承载能力，管好各种固体垃圾处理及排水系统，减少和控制噪音污染源，以切实保证旅游者及当地居民有一个良好的生活环境。

3. 围绕旅游景区、景点和旅游地的开发建设，发展适当的交通系统，重点放在公共交通工具和无污染的交通手段。并对游客流向及旅游景点客流分布作认真的规划和管理，限制生态环境敏感地点的游客量，控制游客的不当行为，以尽可能减少和避免旅游者对环境造成的破坏及污染。

4. 尽可能保护地方文化的本来特征及真实性，维护各种历史文物古迹，保持独具特色的地方建筑风格，严格控制和制止吸毒、酗酒、犯罪等行为，加强对当地居民的教育，尽量使旅游者了解地方风俗习惯，从而使旅游地在适应和有选择地吸收外来文化的有益方面，切实保持地方文化的精髓，增强旅游目的地的吸引力。

（三）加大对旅游经济可持续发展的资金投入

旅游业是一个高投入、高产出、高创汇的产业，特别是旅游业发展之初，在基础设施建设、旅游资源开发等方面往往需要一定的先行资本投入。从近年来全国旅游经济发展的情况看，基本形成了旅游投资主体多元化，即国家、地方、部门、集体、个人及外资一起上的格局，促进了旅游业的快速发展。因此，坚持旅游经济的可持续发展，应继续贯彻执行利用内资和引进外资相结合，国家、地方、部门、集体、个人一起上的方针，广辟财源、多方集资，加大对旅游经济可持续发展的资金投入。

1. 要积极争取国家各种专项建设资金的扶持，结合各地方社会经济发展的要求，广泛争取交通、通信、水电设施、城乡建设、环境保护与治理、扶贫救济等各项专项资金的投入，形成多渠道筹措资金、全社会大办旅游的态势。

2. 建立各级政府的旅游发展专项基金，主要用于旅游资源开发建设、环境保护和旅游业的发展，从而解决旅游经济可持续发展中的资金短缺，加强政府对旅游产业发展的宏观调控能力。旅游发展基金可占地方财政预算的一定比例，也可以从其他经济效益好的行业中拿出一定的资金，还可对旅游经营单位收取一定专项费用而形成。

3. 积极引进国外资金。利用外资是经济发展中解决资金短缺的一条途径，也是我国旅游业发展中的一条基本经验。因此，要积极创造条件，改善投资环境，利用外资进行各项基础设施的配套建设，利用外资进行各个旅游资源项目的开发，利用外资参加各个旅游开发区、旅游度假区及旅游重点目的地的建设，利用外资对一些宾馆饭店，旅游公司、旅游景点等进行改善和再开发，利用外资来加强对旅游资源的有效利用和环境保护。

4. 多形式筹集社会资金。随着我国社会经济的发展，集体、个人的收入增多，形成了旅游开发资金的重要来源之一。因此，要采取多种形式和优惠政策，通过股份制集资、发行公司债券、发展非公有制经济等，动员各种社会力量，多渠道地筹集资金，加快旅游经济的可持续发展。

（四）加快旅游经济可持续发展所需人才的培养

旅游业是一项国际化较强的产业，对人才的素质水平要求较高，同时，旅游业又是一项综合性经济产业，需要各种类型的专业人才及复合型的管理和服务人才。目前，我国旅游开发中对“硬件”开发十分注重，而对“软件”建设却没有引起足够的重视 。特别是由于高层次的旅游规划设计和 管理人才的奇缺，导致旅游资源开发规划和项目设计往往雷同，缺乏特色和创新；旅游产品设计较多处于模仿，缺乏创造和优化组合；旅游管理水平层次较低，不适应旅游经济发展的需要；旅游资源的有效利用和自然环境的保护缺乏有力的措施与管理。因此，加快旅游人才的培养不仅是旅游资源开发、建设和保护的客观需要，也是大力促进旅游经济可持续发展的现实要求。

从当前旅游经济发展的实际出发，按照可持续发展的要求，必须面向21世纪，高瞻远瞩地超前培养各级、各类旅游人才。一是要根据旅游经济可持续发展的战略和目标，结合各个地区旅游人才的需求状况、层次结构、专业比例，制定相应的旅游人才培养的发展规划。二是依托大专院校、中专职业学校及利用各种社会办学条件，多形式地加快旅游人才的培养，造就一批与旅游经济可持续发展相适应的高质量的旅游规划、设计、开发、服务及管理的专门人才。三是依托有关院校，培养具有旅游业相关技能的各类人才，如驾驶员、水电工，园艺、美工、公关、宣传、计算机、会计、医疗保健等人才，注重一专多能、一才多用的复合型人才的培养。四是制定行之有效的人才使用和管理的制度，形成合理的人才流动机制，积极吸引国内外各类旅游人才流入，从而促进旅游经济的可持续发展。

（五）制定促进旅游经济可持续发展的政策

坚持旅游经济可持续发展，不仅要统一思想、提高认识、加强组织、落实资金投入和加快人才培养，更需要从宏观上提供必要的政策保障。如果没有政局稳定和社会安定的政治条件，没有改革开放的主导性政策条件，没有经济体制的合理性及有效性条件，没有各种健全的法律、法规及有效执行的法治条件，旅游经济是不可能健康持续地发展的。因此，必须紧紧围绕旅游经济可持续发展的战略和目标，由宏观主管部门协调各相关部门制定各种相互配合、协调一致的扶持政策。

1.遵循各种经济关系相互作用的规律性，运用各种财政、金融、税收、价格政策及手段调节旅游经济活动，促进旅游资源的开发和环境保护，保证旅游经济的可持续发展。

2.积极采取行政性政策和手段进行调控。行政性政策和手段，是依靠政府行政组织运用计划、命令、指示、规定等政策性手段，对旅游经济活动进行调节和管理的方法。特别是目前，我国尚处于向市场经济的过渡中，行政政策和手段仍然是重要的宏观调控手段之一。

3.我国旅游业起步晚，发展速度快，因此加强旅游法制建设和法律政策研究，努力运用旅游法规和法律政策来调控和管理各种旅游经济活动，才能使整个旅游业做到有法可依、有法必依、执法必严、违法必究，从而把旅游经济的发展纳入法制的轨道，使旅游经济能在法制化的轨道上健康发展。

总之，旅游经济的可持续发展涉及城建、环保、交通、邮电、文化、宾馆、公共传播、艺术等方面，使旅游经济的发展具有广泛的、多层次的社会联系。因此，旅游经济可持续发展不能完全由市场过程来完成，还必须通过政府的综合协调政策，即依靠经济、行政、法律等多种政策和手段的综合运用进行总体协调和控制。在综合协调中要做到：在旅游经济发展目标上，各部门政策协调一致、相互配合、前呼后应；在支持旅游业发展力度上，各部门强弱兼之、互为补充、各尽其力；在促进旅游资源开发和环境保护上，各部门先后有序、协调一致、共同扶持，从而形成合理的政策保障体系，促进旅游经济的可持续发展。

复习与思考

一、重点概念

旅游经济增长　旅游经济增长波动　旅游经济增长方式
旅游发展　旅游发展模式　政府主导型发展模式
旅游经济可持续发展　可持续发展观念　可持续发展规律
环境保护超前规律　环境承载力　旅游环境承载力规律
综合协调发展规律　创新发展规律

二、简答题

1. 影响旅游经济增长波动的因素有哪些？

2. 如何实现旅游经济增长方式的转变？

3. 如何理解旅游经济发展的内涵？

4. 旅游经济发展模式包括哪些内容？

5. 旅游经济可持续发展有哪些要点？

6. 坚持旅游经济可持续发展应树立哪些观念？

7. 旅游经济可持续发展有些什么规律？

8. 旅游经济可持续发展应抓好哪些重点内容？

三、论述题

1. 阐述旅游经济增长与旅游经济发展的内在关系。

2. 阐述旅游经济可持续发展的重要性。

3. 结合实际，阐述如何实现旅游经济的可持续发展。

案例分析

旅游大省国际旅游发展实力比较①

旅游业发展实力是一个综合性的概念，华南师范大学教授甘巧林从总量、质量、效益和成长力四个方面构置了旅游业发展实力的指标体系，对广东、北京、上海、福建、江苏、浙江、云南、辽宁、陕西、山东等10个省市进行了国际旅游发展实力的实证分析。旅游发展实力比较是借鉴城市竞争力比较的思路，按照旅游业发展的总量、质量、效益和成长力四大板块，构置能够全面反映地区旅游业发展状况的指标体系，用以比较区域旅游业发展实力。各板块指标体系的构置思路如下：

1. 总量指标，体现了一个地区旅游业发展的规模水平，总量是实力的基础，也是发展的基础。因此，总量指标主要用接待游客规模、旅游收入和旅游机构数量三大类指标反映，其下面又包括若干二级指标。

2. 质量指标，反映了旅游业发展的内在素质特点，是决定实力强弱的内在因素。其指标主要用旅游接待条件、游客消费和停留时间、旅游人力资源三大类指标反映，其下面又包括若干二级指标。

---

① 甘巧林：《旅游大省旅游业发展实力比较》，《旅游学刊》，2003年第2期。

3. 效益指标，反映了旅游业发展的运行状况和有效性，是体现旅游业现实实力的重要因素。通常用客房出租率、劳动生产率、固定资产创收率等三大类指标来反映，其下面也分为若干二级指标。

4. 成长力指标，反映了一段时间内旅游业的变动情况，是体现旅游业发展实力的动态变化与持续性发展的态势。其构成是近几年(3～5 年)的总量、质量和效益指标的增长率，并按照一定的权重而计算的成长力指标。

5. 发展实力总指标，是根据我国旅游业发展的实际状况，对上述四大类指标赋予不同的权重值，即总量指标和质量指标各为 30%，效益指标和成长力指标各为 20%。通过加权计算后再将四大类指标加总，即构成旅游业发展实力的总指标。

按照以上构置思路并且经过计算，得到上述 10 个省市的国际旅游发展实力总指标和排序情况如案例表-4。结果表明：广东和北京实力最强，上海、江苏、浙江其次，云南成长力强而后来居上，辽宁、福建、山东、陕西居第四层次。

案例表-4　部分省区国际旅游发展实力排序

排序	省区	总量指标分值	质量指标分值	效益指标分值	成长力指标分值	发展总实力分值
		30%	30%	20%	20%	100%
1	广东	129.20	114.68	118.84	91.97	115.33
2	北京	110.94	121.08	103.94	94.86	109.37
3	上海	101.95	105.55	116.74	91.25	103.85
4	江苏	99.42	107.55	98.99	108.51	103.59
5	云南	93.24	90.70	94.24	130.46	100.12
6	浙江	96.80	94.77	110.41	101.31	99.82
7	辽宁	92.45	98.98	84.70	98.07	93.98
8	福建	94.57	91.34	90.59	96.80	93.25
9	山东	92.19	92.91	88.56	89.85	91.21
10	陕西	89.23	82.45	92.99	96.92	89.48

参考文献

1. Adrian Bull. The Economics of Travel & Tourism, Longman Cheshire Pty Limited, 1991
2. Aislabie, Colin. Economics of Tourism: Case Study & Analysis, University of Newcastle, Australia, 1988
3. Robert W. Mcintosh, Charles R. Goeldner. Tourism, Principles, Practices, Philosophies, John Wiley & sons, Inc., 1990
4. Stephen L. Smith. Tourism Analysis, Longman Group UK Limited, 1993
5. Douglas Pearce. Tourism Today, Longman Group UK Limited, 1988
6. S. Medlik. Dictionary of Travel, Tourism and Hospitaliy, Butterworth Heinemann Ltd., 1993
7. Marie Francoise Lanfant. International Tourism, International Sociological Association, 1995
8. 黄辉实.旅游经济学.同济大学出版社,1990
9. 张汝昌.旅游经济学.北京广播学院出版社,1990
10. 林南枝,陶汉军.旅游经济学.南开大学出版社,1994
11. 罗明义.现代旅游经济.云南大学出版社,1994
12. 罗明义.旅游经济研究.云南大学出版社,1996
13. 罗明义.旅游经济学.高等教育出版社,1998
14. 罗明义.旅游经济分析:理论、案例、方法.云南大学出版社,2001
15. 罗明义.国际旅游发展导论.南开大学出版社,2002
16. 魏小安,冯宗苏.中国旅游业:产业政策与协调发展.旅游教育出版社,1993
17. 马洪,孙尚清.经济社会管理知识全书(第三卷).经济管理出版社,1988
18. 中国旅游协会区域旅游开发专业委员会.区域旅游开发研究.山东省地图出版社,1996
19. 傅殷才.当代西方经济学.经济科学出版社,1995
20. 高汝熹等.管理经济学.上海远东出版社,1995
21. 王洪滨.旅游学概论.中国旅游出版社,1993
22. 国家旅游局人教司.加强旅游业的宏观管理.旅游教育出版社,1991
23. 罗月琴,陈天星.简明旅游企业会计.暨南大学出版社,1991

24. 中国旅游年鉴(1990—2002). 中国旅游出版社
25. 报刊资料:旅游经济(1990—1998 年). 中国人民大学书报资料中心
26. 报刊资料:旅游管理(1998—2002 年). 中国人民大学书报资料中心